AGRICOLA, C.

Nro. 14 Neuf Eau - fortes, d'après H. FÜGER. 9 Est.

15 Griffonnement, deux têtes, paysage au clair de lune, vue de l'église Notre - Dame à Munic (lithographié). 5 Est.

16 La Vierge et l'enfant Jésus; d'après H. HOLBEIN. Jésus - Christ au tombeau, d'après A. CARRACHE. Deux Est.

17 Portrait de F. A. Brand; Portrait de Hundskarrer. Deux Est.

18 Joseph dans la prison, d'après R. MENGS. Tobie et l'ange, d'après ELZHEIMER. Jésus - Christ et les apôtres pendant la tempête. Trois pet. Est.

19 Sainte Famille, d'après LE PARMESAN. Deux Epr., une à l'eau - forte pure, l'autre avant l. l. Deux Est.

20 La Vierge, l'enfant Jésus et St. Jean, d'après RAPHAEL; en haut.

21 La même Est. à l'eau - forte.

22 La même Est. lettres tracées.

23 La même Est. avant l. l.

24 Jésus - Christ mort pleuré par les saintes femmes; d'après un dessin de RAPHAEL. Trois Epr. la première à l'eau - forte, la seconde avant l. l., la troisième avec l. l.

25 Le jugement de Salomon, d'après N. POUSSIN. L'enlèvement d'Adonis, d'après L'ALBANE. Deux Est. en larg.

AKERSLOOT, W.

26 Jésus - Christ arrêté dans le jardin des oliviers passant une rivière, d'après H. HONDIUS. Le reniement de St. Pierre, d'après P. MOLYN. Deux Est. superbes Epr.

ALBERTI, CHERUBINO.

27 La transfiguration, P. G. V. XVII. p. 59. Nro. 25.

ALIAMET, F.

Nro. 28 Sacrifice à Pan., d'après A. SACCHI. Gr. Est. en larg.

29 La reddition de Calais. La flatterie des courtisans de Canut reprimée. Deux Est. d'après B. E. PINE, en larg.

ALIAMET, J.

30 Le Baptême, d'après N. POUSSIN. Joueur de vielle, d'après GREUZE. Deux Epr., la première à l'eau-forte, la seconde avant toute lettre. Trois Est.

31 Le rachat de l'esclave; Ancien port de Gênes. Deux Est. d'après N. BERGHEM. Epr. avant la dédicace. Très-belle.

AMAR.

32 Paysage, dess. et grav. par lui-même. Supplice de Marsias, d'après L. GIORDANO, grav. par A. O. L'ALLÉ. Vignette, BARTSCH del. J. ADAM sculp. Groupe d'enfans, d'après P. P. RUBENS, gr. par J. ALBERTI. Quatre Est.

AMMAN, JOSSE.

33 Différentes figures de guerriers, P. G. V. IX. p. 355. Nro. 6, de cette suite 6 Est.

34 Une grande salle de conseil, Nro. 13.

35 L'histoire d'Adam et d'Eve, p. 378. Nro. 15, sans clair-obscur.

36 Cartouche, p. 365. Nro. 23.

37 Pièce allégorique, p. 381. Nro. 25.

38 Cartouche, rep. 8 sujets de l'ancient et du nouveau testament. Au milieu d'en bas le portrait de M. Luther. Gr. en bois en haut. non ment. — Armoiries gr. d'après J. AMMAN par un annonyme qui s'est désigné par les lettres C. E. J. 2 Est. en haut.

39 Huit eau-fortes non mentionnés.

1*

Catalogue

du reste de la

Collection d'Estampes

de

M^r le Comte Maurice de Fries,

appartenant

à la masse Fries et Comp.;

dont

la vente se fera le 7 Janvier 1828 et jours suivants.

Première Partie.

Le présent catalogue se distribue au Magasin des Beaux-Arts de MATH. ARTARIA, Kohlmarkt N° 260, à 6 kr. l'Exemplaire.

VIENNE, 1827.
De l'Imprimerie de CHARLES GEROLD.

ABEL, J.

Nro. 1 Portrait de l'Auteur. St Jean, Vénus et l'A-
mour, l'adoration des bergers, mort de Socrate etc. Suite de 9 Est. inv. et grav. à l'eau-
forte par J. ABEL.

ABERLI, J. L.

2 Six costumes suisses, grav. par ABERLI et DUN-
KER. 6 Est. col. en haut.

3 Vue du château de Wimmis et de ses environs;
en larg. col.

4 Vue d'Yverdun, prise depuis Clindi; en larg. col.

5 Chûte du Staubbach, en haut. col.

6 Une partie des Glaciers du Grindewald. Chûte
du Staubbach. Grav. par M. PFENINGER d'après
les dessins d'ABERLI. Deux Est. en haut. col.

7 Vue prise du château de Thoun; Vue de Nidau,
grav. par C. G. GUTTENBERG, d'après les dess.
d'ABERLI. Deux Est. col. en larg.

8 Vue prise du château de Thoun. Vue de Nidau.
Deux Est. col. en larg.

9 Vue de Vevey; Vue de la vallée d'Oberhasli.
Deux Est. col. en larg.

10 Vue du village et du lac de Brientz, dess. et
gr. par ABERLI; Vue de Lausanne, gr. par
DUNKER, d'après ABERLI. Deux Est. col. en
larg.

11 Vue de la ville de Berne, du côté du nord;
Vue dessinée sur les remparts à Berne. Deux
Est. col en larg.

12 Vue de Cerlier et du lac de Bienne, en larg. col.

13 Vue dessinée à Mouri près de Berne. En larg.
col.

Nᵒ· 40 Ecussons d'armes, Costumes etc. 77 grav. en bois, non mentionnées.

ANDERLONI, F.

41 Stᵉ Madeleine, d'après LE CORRÉGE, en haut.

ANDRÉ, de Saint.

42 Jésus-Christ à la croix pleuré par la Vierge et Sᵗ Jean, d'après CH. LE BRUN, en larg.

ANDREANI, A.

43 Le triomphe de Jules-César, d'après A. MANTEGNA. P. G. V. XII. p. 101. De cette suite les Nᵗᵒ. 5 à 9, imp. sur satin violet et rehaussé d'or. 5 Est.

ANSELIN.

44 Le Siège de Calais, d'après BERTHELEMY. L'âge d'or, d'après FITZ, grav. par d'ARGENT. Col. Deux Est.

AQUA, CH. dall'.

45 Franciscus Pisaurus, d'après P. BINI. Giulio Pippi, d'après son propre portrait. Deux Est.

AQUILA, FR. FARAONE.

46 Première composition de l'assomtion de la Vierge, pour la coupole du Dôme de Parme, par LE CORRÉGE. — La Peste dit Il Morbetto, d'après RAPHAEL. Deux Est.

47 Sᵗ Ambroise et Sᵗ Charles Boromée dans les nues adorant Jésus-Christ, à côté duquel la Vierge est assise, entourées d'anges etc., d'apr. C. MARATTI, en haut.

AQUILA, P.

48 Mort de la Sᵗ Vierge, d'apr. G. M. MORANDI. Le feu des Vestales etc., d'après CIRO FERRI. Deux Est. en larg.

Nro. 49 Imagines Farnesiani cubiculi cum ipsarum mo-
naeromatibus et ornamentis etc., d'apr. ANN.
CARRACCI. Suite de 13 Est. Superbes Epr.

50 Moïse frappant le rocher; d'apr. CIRO FERRI,
en larg.

51 Hercule entre le vice et la vertu, gr. à l'eau-
forte, gr. Est. en larg.

ARDELL, J. M.

52 Jeune fille jouant au bilboquet, d'après P. MER-
CIER. The laughing Boy. Deux Est. en haut.

53 Tête de vieillard, d'après Van DYCK. La forge,
d'après BROWER. Deux Est. en haut.

54 Rubens, sa femme et son enfant, d'après lui-
même. Superbe Epr. en haut.

ASPAR, D.

55 Entrée de Notre Seigneur dans Jérusalem;
Muse appuyée sur une urne cinéraire; Vignettes
et Vases. Dix Est. comp. et grav. par ASPAR.

AUBERT, M.

56 La transfiguration, d'après RAPHAEL. — Pan
instruit par l'Amour, d'après A. CARRACCI. Deux
Est. en haut.

57 Louis XV. à cheval, d'après N. LE SUEUR. en
haut.

AUBERTIN.

58 La barque d'Isabey, d'après ISABEY. Gr. Est.
en larg.

AUBIN, A. St.

59 Portrait de Louis XIV, de Mad. de Lavallière,
de Lully, le Laocon etc. Neuf Est.

AUDENAERDE, R. van.

60 Le mystère du Rosaire, d'après C. MARATTI.
Est. en haut. Belle Epr.

Nro. 61 St Philippe de Neri ; St Antoine de Padoue, d'après C. MARATTI. Deux Est. en haut. Superbes Eprs.

62 La Ste Famille, d'après C. MARATTI. Est. octogone en larg. St Philippe de Neri, d'après le même, en haut. Deux Est.

63 La naissance de la Ste Vierge, d'après ANN. CARRACHE. Est en haut.

64 Jésus - Christ sur la montagne des oliviers ; d'après C. MARATTI. Janus, d'après le même. Deux Est. en larg.

65 L'adoration des bergers, d'apr. PIET. di CORTONA. L'adoration des rois, d'apr. C. MARATTI. Deux Est. en haut.

66 Apollon et Daphné, d'apr. C. MARATTI. Est. de deux planches assemblées.

67 Martyre de St André ; d'apr. LE DOMINIQUIN ; en larg.

AUDOUIN, P.

68 Portrait de l'Empereur Alexandre I,, d'apr. LAURENT.

69 Portrait de Mme St Aubin, en haut.

AUDRAN, B.

70 Les sept Sacremens, d'apr. N. POUSSIN. 7 Est. en larg. Très-belles Eprs.

71 Les amours de Daphnis et de Chloé. 29 pet. Est.

72 Les 4 Saisons ; les 4 Elémens, d'apr. N. LANCRET, gravées par B. AUDRAN et autres. 8 Est. en haut.

73 Combat de David et de Goliath, d'apr. MICH. ANG. BUONAROTTI. Deux Est. en larg.

74 Le Calvaire, d'apr. C. LE BRUN. Loth et ses filles sortant de Sodome, d'apr. P. VERONESE. Acis et Galatée, d'apr. F. MAROT. 3 Est.

Nᵒ. 75 Portrait de J. F. A. Willading et de J. Frisching, d'apr. J. HUBER. Joseph Clémens, Electeur de Cologne, d'apr. J. VIVIEN. 3 Est.

76 Descente de croix, d'apr. CH. LE BRUN. Gr. Est. en haut. La marge des bas coupée.

77 Le Baptême de Jésus-Christ; d'apr. L'ALBANE. Gr. Est. en larg.

78 St Paul prêchant la parole de Dieu à Ephèse; d'apr. E. LE SUEUR. Gr. Est. en larg.

79 Martyre de St Jean l'Evangéliste, d'apr. S. LE CLERC. En haut.

AUDRAN, G.

80 La peste; d'apr. P. MIGNARD. Gr. Est. en larg. Superbe Epr.

81 Portement de croix, d'apr. P. MIGNARD. Gr. Est. en larg. Superbe Epr. avant l. l.

82 Le martyre de St Laurent, d'apr. LE SUEUR. Gr. Est. en haut.

83 Présentation au temple; la Pentecôte. Deux Est., d'apr. CH. LE BRUN. En haut.

84 Le martyre de Ste Agnèse; d'apr. LE DOMINIQUIN. Gr. Est. en haut. Superbe Epr.

85 Le mystère du Rosaire, d'apr. LE DOMINIQUIN. Gr. Est. en haut. Superbe Epr.

86 L'Empire de Flore; d'apr. N. POUSSIN. En larg.

87 Un Empereur assis sur son trône rendant la liberté aux vaincus; d'apr. JUL. ROMAIN. 1ère Epr.

88 Une princesse expirant dans une tente. Un roi empeché de sacrifier une femme; d'après FR. ROMANELLI. Deux Est. en haut.

89 Martyre de St Protais; d'apr. E. LE SUEUR. Gr. Est. en larg. Très-belle Epr.

90 Judith coupant la tête à Holoferne, d'apr. les conseils de Jael. A. SACCHI pinxit. en haut.

91 Le jugement de Salomon, d'après A. COYPEL. Gr. Est. en larg.

Nᵒ. 92 La même Est. Superbe Epr.

93 Suite de 9 Estampes, d'après des peintures antiques. Neuf Est. superbes Eprs.

94 Suite de 14 Est. repr. des Amours, d'après
RAPHAEL. Quatorze Est. Belles Eprs.

95 Plafond de la chapelle du château de Seaux;
d'apr. CH. LE BRUN. 5 gr. feuilles non assemblées.

96 Le Calvaire, d'apr. N. POUSSIN. Jésus - Christ
et St Pierre marchant sur la mer, d'après
LANFRANCO. Deux Est.

97 Camille et le maître d'école de Faleries, d'apr.
N. POUSSIN. Narcisse changé en fleur, d'apr. le
même. Deux Est.

98 L'enlèvement de Pyrrhus; d'apr. N. POUSSIN.
Gr. Est. de 2 feuilles en larg.

99 Le mariage de la Ste Vierge , d'apr. N. POUSSIN,
en larg.

100 St Paul prêchant à Corinthe. L'Aurore, d'apr.
LE SUEUR, St Antoine dans le désert, d'apr.
LE CARRACHE. 3 Est.

AUDRAN , J.

101 Punitions de Psyché, d'apr. NATTIER. Deux
Est. en haut. Psyché et Cupidon à table , pet.
Est. en larg. 3 Est.

102 Jacob et Rachel, d'apr. A. COYPEL. St Benoist,
d'apr. J. RESTOUT. Deux Est.

103 Portrait de R. Secousse, d'après H. RIGAUD.
Portrait de Louis XV., d'apr. GOBERT. Deux
Est. en haut.

104 Ulysse enlevant Astyanax; d'apr. L. SILVESTRE.
Moïse sauvé des eaux, d'apr. A. COYPEL. Deux
Est. en larg.

105 Athalie devant le roi; d'apr. A. COYPEL. Gr.
Est. en larg.

106 La résurrection de Lazare; d'après JOUVENET.
Gr. Est. en larg.

107 Le Parnasse français, d'après L. GARNIER. Galathée, d'apr. C. MARATTI. Deux Est.

AUDRAN, H.

Nro. 108 Ste Famille et Ste Catherine entourés d'anges.
St François en prières, d'apr. S. VOUET. Deux
Est. en larg.

109 Les quatre Evangélistes, d'apr. E. LE SUEUR.
Pet. Est. en haut.

110 Les 4 Elémens. Quatre Est. en larg.

AUDRAN, L.

111 Mort de Saphire, d'apr. N. POUSSIN. Superbe
Epr. avant l. l.

AUTRICHE, MARIE ANNE et MARIE ELISABETH Archiduchesses.

112 Suite de 12 Est. inv. et gr. à l'eau - forte et en
manière noire.

AVELINE, P.

113 Premier et second livre de groupes d'enfans,
d'apr. F. BOUCHER. Douze Est. Scènes chinoi-
ses. Quatre Est., d'après le même. En tout
16 Est.

114 Noé faisant entrer les animaux dans l'arche, et
pendant; d'apr. B. CASTIGLIONE. Deux Est. en
larg.

AVICE.

115 L'adoration des rois, d'apr. N. POUSSIN. La
Vierge au bon secours, gravé par C. G. AM-
LING. Deux Est.

AVRIL, Père.

116 Catherine II. voyageant dans ses états en 1787,
d'apr. F. DE MEYS. Gr. Est. en larg.

AVRIL, Fils.

117 Lazare ressuscité; d'apr. E. LE SUEUR. Gr. Est.
en larg.

118 La Cananéenne, d'apr. DROUAIS. Gr. Est. en
larg.

Nro. 119 La tente de Darius, d'apr. LE BRUN. Gr. Est.
en larg. Superbe Epr.

BACHELEY, J.

120 .Vue de Rotterdam, d'apr. Van GOYEN. Paysage
d'apr. F. da CAPO, gravé par D. BALDINI. 2 Est.

BACLER d'ALBE, A.

121 Vue du Mont-Blanc, peint par BACLER d'ALBE,
publ. par CH. MECHEL. Gr. Est. en larg. col.

BAILLIE, W.

122 Un homme jouant du Luth à une femme assise
à côté de lui, derrière lui un homme jouant du
violon etc., d'apr. MOLINAER. En haut. Le lavement des pieds, d'apr. RUBENS. Deux Est.

123 Le maître d'école, dapr. A. v. OSTADE. Fumeur
regardant par une croisée, d'apr. le même.
Daniel jugeant les vieillards, d'apr. G. v. ECK-
HOUT. La même Est. retouchée en 1774. En
tout quatre Est.

124 Un homme assis à une table un livre ouvert
devant lui etc., d'apr. TERBURGH. Un homme
assis à son bureau taillant une plume, d'apr.
GER. DOW. Les joueurs de cartes, d'apr. TE-
NIERS. Trois Est.

125 Jeune femme, vue à mi-corps, tenant un livre
en main, d'apr. G. DOW.

126 Fumeur, Buveur, d'apr. C. DUSSART. Deux
Est. sur une même planche.

127 Le sacrifice d'Abraham, inv. et gr. par W. BAIL-
LIE. En haut.

128 L'Alchimiste, d'apr. TENIERS. Quarrel of Cupid and Psyche, d'apr. N. POUSSIN. Jeune fille
occupée à faire des dentelles, d'apr. GER. DOW.
Trois Est.

129 Intérieur de cabaret, d'apr. A. v. OSTADE. Deux
Eprs., dont une avant toute lettre. Intérieur

d'une maison de paysan, d'apr. le même. Deux
Eprs. dont une retouchée. Quatre Est.

Nro. 130 James Duke of Monmouth, à cheval, d'apr.
NETCHER. Belle Est. en larg.

131 Groupe de figures avec un chien, d'apr. REM-
BRANDT. Jeune fille à une fenêtre, une lampe
en mains, d'apr. GER. DOW. The piping Boy,
d'apr. HONE. Trois Est.

BAILLIEU, P. de.

132 Héliodore chassé du temple; d'apr. RAPHAEL.
Gr. Est. de 2 planches assemblées, en larg.

BALECHOU, J.

133 Ste Geneviève, d'apr. VANLOO. Superbe Epr.
avant toute lettre, du cabinet BORDUGE. L'en-
fance, d'apr. DANDRÉ BARDON. Deux Est.

BANNERMAN, A.

134 Joseph en prison expliquant les songes, d'apr.
RIBEIRA. Belle Epr. avant l. l.

BAQUOY, C.

135 Six Vignettes, d'apr. CH. EISEN. Six Est.

BARBIÉ, J.

136 Le Vicomte de Turenne, d'apr. R. NANTEUIL.

BARBIERI F. dit Le GUERCHIN.

137 Une femme et un homme qui se battent. P.
G. V. XVIII. p. 363. Nro. 1.

BARDON, DANDRÉ.

138 Un homme avec une lanterne découvrant un cadavre. Enterrement de cadavre. Deux Est.
inv. et gr. par DANDRÉ BARDON. Martyre de St
Pierre. SUBLEYRAS pinx. BARBAULT sc. Cascade de la Lasing. Dess. et gr. par BARNING.
Quatre Est.

BARON, B.

Nᵒ. 139 Portrait de George, Prince de Galles, d'après
ADOLPHE. Première Epr. avec la tête nue. Est.
en haut.

140 La même Est., seconde Epr. avec la tête cou-
verte d'un chapeau. Dans la marge du bas on
lit: Georgius III. King of Great Britain etc.
Est. en haut.

141 The card players, d'apr. TENIERS. Est. en larg.

142 Moïse exposé dans le Nil, d'apr. E. LE SUEUR.
Jupiter et Antiope, d'apr. LE TITIEN. Deux Est.

BARONI, C.

143 Martyre de Stᵉ Cécile, d'apr. N. POUSSIN. La
conversation flamande, d'apr. TENIERS, gr. par
DE LA BARTHE. Tête d'homme vû en profil, un
chapeau sur la tête, TREMOLIÈRES del. BARNIER
sc. Trois Est.

BARATTI, A.

144 L'Annonciation de la Vierge, dapr. P. VERONESE.
Est. en larg.

145 Extase de Sᵗ François, d'apr. F. VANNI. St
Sébastien, d'apr. LE GUERCHIN. Deux Est. en
haut.

146 La Vierge et l'enfant Jésus, d'apr. O. MARINARI.
Sᵗ Joseph tenant l'enfant entre ses bras, d'apr.
G. RENI. Deux Est. en haut.

BARTOLI, P. St.

147 Sept Est., d'apr. les peintures de JULES ROMAIN
au palais del T à Mantoue. Sept Est.

BARTOLOZZI, Fr.

148 Rural Sports, d'apr. A. HAUFMANN. Bain d'enfants, d'apr. G. B. CIPRIANI. Bacchanales d'enfants, d'apr. M. A. FRANCESCHINI, deux Est. —
Quatre Est.

Nro. 149 Les tireurs d'arc, d'apr. RAPHAEL. — Figure qui s'élève d'un tombeau, d'apr. M. ANGE. La nuit, d'apr. ANN. CARRACCI. Trois Est.

150 Les mêmes Est.

151 Sujets de Nymphes et enfants, d'apr. G. B. CIPRIANI. Cinq. Est.

152 Hope nursing Love, d'apr. J. REYNOLDS. Veillez Amans, d'apr. A. KAUFMANN. Mort de Clorinde; Rinaldo et Armida, d'apr. la même, deux Est. Pax artium nutrix, d'apr. B. WEST. Jonah an Oratorio, d'apr. le même. Confirmation, d'apr. STOTHARD. Billet de remercimens à l'occasion des funérailles de S. J. Reynolds, d'apr. BORNEY. Huit Est.

153 Divers vignettes etc. Six Est.

154 La charité, d'apr. sa propre invention. — Cinq Vignettes pour Milton's Paradies, Est., d'apr. STOTHARD. — Scène historique, d'apr. G. B. CIPRIANI. — Vue intérieure d'une sale, d'apr. le même. Huit Est.

155 Sujet historique, d'apr. F. VIEIRA. — Les moissonneurs, d'apr. B. WEST.

156 Orlando délivrant Olympie, d'apr. ANN. CARRACCI. — The three fine Arts, d'apr. A. KAUFMANN. Deux Est.

157 Paysans au pied du mont Vésuve, d'apr. CATH. GAUFFIER. Epr. avant toute lettre. Gr. Est. en larg.

158 The benevolent Lady; le paysage gravé par MORRIS. Epr. avec lettres ouvertes. — The dead ass; the snuff Box, d'apr. LOUTHERBOURG. Trois Est.

159 Tête d'un habitant des Isles de la mer pacifique, d'apr. HODGES.

160 Sacrifice à Vénus, d'apr. G. B. CIPRIANI. — Famille de mendiants, d'apr. AN. CARRACCI. Deux Est.

Nro. 161 Les mêmes Est. — Transparent à l'occasion du rétablissement de la santé de George III., d'apr. W. HAMILTON. Trois Est.

162 Apothéose de la famille Royale de France, d'apr. W. HAMILTON. — Autre Apothéose, d'apr. W. PETERS. Deux gr. Est. en haut.

163 Diverses Est., d'apr. LE GUERCHIN. Seize Est.

164 Des mêmes Est. Seize Est. avant l. l.

165 Diverses Etampes, d'apr. les dessins de GUERCINO. Quatre vingt deux Est.

166 Des mêmes Est. Vingt-trois Est. detachés.

167 Diverses Est., d'apr. des dessins de GUERCINO. Quatorze Estampes.

168 Diverses Est., d'apr. LE GUERCHIN. Six Est.

169 La Vierge enseignant à lire à l'enfant Jésus, d'apr. LE GUERCHIN. Deux Eprs.

170 La circoncision, d'apr. LE GUERCHIN Gr. Est. en haut.

171 Neuf eau-fortes, d'apr. LE GUERCHIN. et autres.

172 Eau-forte, d'apr. un dessin de JULES ROMAIN. — Les Nymphes au bain, d'apr. G. B. CIPRIANI. Deux Est.

173 Suite de douze Paysages, d'apr. M. RIZZI. en larg. Douze Est.

174 Paysage, d'apr. P. DI CORTONA. Autre paysage, d'apr. AG. CARRACCI. Deux Eprs. dont une avant la bordure. — Deux paysages, d'apr. A. D. GABBIANI. Cinq. Est. en larg.

175 Monument sépulcral de M. A. Franceschini, d'apr. C. MARATTI. En haut. Deux Epr.

176 Monument sépulcral de Pierre de Cortona, d'apr. C. MARATTI. Deux Epr.

177 Van Dyck's Wife, d'apr. A. VAN DYCK. Deux Eprs. dont une avant l. l.

178 Portrait d'Annibale Carracci, d'apr. lui-mêmé. Deux Epr.

179 Joannes Evelyn. dess. et gr. par BARTOLOZZI.

180 Le Capitaine Cook. Belle Epr. avant toute lettre.

Nro. 181 Sir R. Wynn. Sup. Epr. avant toute lettre.
182 G. B. Cipriani.
183 Portrait d'un ecclésiastique. Pet. Est. en rond.
184 Dr. Parnel. Belle Epr. avant toute lettre.
185 Portrait d'A. Carracci, Deux Epr.
186 Lady Cath. Beauclerk, d'apr. F. COTES.
187 Portrait de Dom Joâo, Prince du Brèsil, Regent de Portugal, d'apr. PELEGRINI.
188 Marie Christine Archiduchesse d'Autriche, d'apr. ROSLIN. Epr. avec lettres ouvertes.
189 Marie Stuart, d'apr. W. HOGARTH.
190 Aloysius Pisani, d'apr. PELLEGRINI. Epr. avant la lettre.
191 Charles Earl Camden., d'apr. GAINSBOROUGH. En haut.
192 Doctor Willis, d'apr. D. NIXON. En rond.
193 Omai a native of Utaietea, d'apr. N. DANCE. En haut.
194 Portrait du Duc de Marlborough, avec sa femme et son enfant., d'apr. S. SHELLEY, Trois Eprs. dont une avant toute lettre, et une d'essai.
195 Portrait du Prince Guillaume Henri d'Angleterre, d'apr. B. WEST. Gr. Est. en haut.
196 Portraits de deux Demoiselles assises sur un sopha, l'une occupée à dessiner, d'apr. LADY D. BEAUCLERK. Deux Epr.
197 Th. Gainsborough, d'apr. son propre portrait.
198 Buste d'Homére, d'apr. l'antique en oval. — Cicéron, dess. par CIPRIANI. Deux Est.
199 Prince de Condé, d'apr. MME. DE TOTT. En haut.
200 Portrait de Washington en pied. Superbe Epr. avant l. l.
201 Duchesse de Rutland, d'apr. SHELLEY. Avant toute lettre. — Portrait d'une dame, d'apr. ENGELHARD. — Miranda, d'apr. B. MEYER. Epr. sur pap. de chine. Trois Est.
202 La Vierge à la chaise, d'apr. RAPHAEL. Epr. avant l. l.

Nro. 203 St Jean dans le désert, d'apr. LE DOMINIQUIN.
Deux Eprs. En larg.

204 La Vierge au silence, d'apr, ANN. CARRACCI. Belle
Epr. en larg.

205 Madonna, d'apr. CARLO DOLCE. Epr. avec lettres
ouvertes. Lady and child, d'apr. SASSO FERRATO
Deux Est.

206 La Vierge et l'enfant Jésus assise, à qui St Joseph présente des cerises, d'apr. C. MARATTI. Deux
Epr.

207 Laban qui cherche ses idoles, d'apr. P. DI COR-
TONA. Deux Eprs. en larg.

208 Trois Saints de l'ordre de St Dominique, d'apr.
G. B. PIAZZETTA. La mort de Ste Justine, d'apr.
L. GIORDANO. Deux Est. en haut.

209 St Philippe de Neri, adorant la Vierge et l'enfant Jésus, d'apr. J. AMICONI. — St François adorant l'enfant Jésus, d'apr. C. MARATTI. Deux
Est. en haut.

210 Six sujets de l'histoire sainte. Deux sujets pro-
fanes, d'apr. les dessins de CASTIGLIONE. Huit
Est. tirées en brun.

211 La Madonna del Sacco, d'apr. A. DEL SARTO.
Superbe Epr. avant la lettre en larg.

212 St Paul après le naufrage, d'apr. B. WEST. Gr.
Est. en haut.

213 Laban en voyage, d'apr. ZUCCARELLI. Epr. avant
l. l. en larg.

214 La Vierge et l'enfant Jésus, d'apr. LE PARMESAN.
— La Ste famille, d'apr. B. LUTI. Deux Eps.

215 Suite de six petites Est. du nouveau testament,
d'apr. PIAZETTA. — Ste famille, d'apr. C. MA-
RATTI. Sept Est.

216 Flight into Egypt., d'apr. C. MARATTI. Epr. avec
lettres ouvertes en haut.

217 Enfant endormi, d'apr. E. SIRANI. Deux Eprs.

218 Juvenis auscultans etc., d'apr. P. TIBALDI. En
haut.

Nᵗᵒ. 219 La même Est. tirée en rouge.

220 Le jugement universel, d'apr. M. ANGE. Epr. avant l. l.

221 Tobie et l'ange, d'apr. C. MARATTI. Deux Eprs. — Présentation au temple, d'apr. A. D. GABBI-ANI. — Jésus-Christ chez Emaüs, d'apr. le même Quatre Est.

222 Venus, Cupid and Satyr, d'apr. L. GIORDANO. En larg.

223 La même Est. avant l. l. mais avec les armes.

224 Clitie, d'apr. ANN. CARRACCI. Belle Epr. avant la lettre.

225 Hercule confiant Déjanire au Centaure, d'apr. L. PECHEUX. Epr. avant l. l. — Narcisse, d'apr. B. LUTI. Deux Est. en haut.

226 Vénus endormie, d'apr. ANN. CARRACCI. En oval. — Sacrifice à Diane, d'apr. P. di CORTONA. Deux Est.

227 Cupidon taillant son arc. — Jupiter et Io, d'apr. le CORRÈGE. Deux Est. en haut.

228 Les mêmes Est. avec lettres ouvertes imp. en rouge.

229 Mercure et Minerve donnant des armes à Persée, d'apr. CIPRIANI. — Apollon et les muses, vignette, d'apr. le même. — Faune et satyre, d'apr. C. CIGNANI. Trois Est.

230 Titius déchiré par le vautour, d'apr. M. ANGE. Deux Eprs. Même composition, d'apr. L. CAN-GIASI. Trois Est.

231 Trois plafonds, d'apr. GUARANA. Un plafond, d'apr. FONTEBASSO. — Quatre Est.

232 La mort du Comte Chatham, d'apr. J. C. COPLEY. Très-belle Epr. lettres ouvertes, et avec le fourreau de l'épée de Pitt, en blanc.

233 La même Est. à l'eau-forte.

234 Le départ des fils de Tippoo du Zenana, d'apr. M. BROWN. — La remise du traité définitif par les princes en otage, d'apr. le même, grav. par

D. ORME. Superbes Epr. avec lettres ouvertes
Deux Est.

Nro. 235 Mort du Général Cook, d'apr. J. WEBBER; le
paysage gravé par W. BYRNE. Superbe Epr. avec
lettres ouvertes sur pap. de la chine.

236 Camille survenant lorsque les romains pesèrent l'or
pour payer le tribut aux Gaulois, d'apr. S. RICCI.
— Didon mourante, d'apr. G. B. CIPRIANI. En
oval. Deux. Est.

237 La mort de Didon, d'apr. G. B. CIPRIANI. Epr.
avant l. l.

238 Laocon attaqué par les serpents, d'apr. P. di
CORTONA. Deux Eprs.

239 Trois Billets d'entrée: for the benefit of Mr Gi-
ardini, d'apr. G. B. CIPRIANI. Trois Est.

240 Billet d'entrée: for the benefit of Mr Salpietro,
inv. et gr. par BARTOLOZZI. — Autre: for the
benefit of Mr Borghi; et pour Messr Bach and
Abel's Concert, d'apr. G. B. CIPRIANI. Trois Est.

241 Diverses gravures, d'apr. les dessins de L. da
VINCI, les CARRACHES, et autres maîtres italiens;
1 Vol. fol. publié par CHAMBERLAINE.

242 Cinq Camées, d'apr. l'antique. Trois Est.

BARTSCH, A. de.

243 Vignette offrant deux Génies ailés qui feuillètent
dans un livre. Catalogue de l'oeuvre d'A. de
Bartsch, par Fr. de Bartsch. Nro. 6.

244 La même Est. Epr. non term. ret. à la sanguine.

245 Petit ange assis etc. Nro. 8.

246 Génie, un genou en terre entouré de plusieurs livres. Nro. 11.

247 Dédicace pour la tragédie: Edwin et Emma.
Nro. 13.

248 Vignette pour le second livre de l'Enéide travestie
par Blumauer. Nro. 18. Très rare.

249 Portrait du père Arnaud, représenté dans un
jardin ayant un livre en main. Nro. 19.

Nro. 250 Vignette emblématique où l'on voit un aigle ayant une palme dans le bec etc. Nro. 20. Prem. Epr. où l'aigle n'a point de palme dans le bec.

251 La même Est. Eau-forte pure.

252 Vignette emblématique avec un treillage. Nro. 21.

253 Portrait d'A. de Bartsch, d'apr. son propre dessin. Nro. 23. Deux Eprs. une non terminée, l'autre terminée. Deux Est.

254 De la même Est. deux Eprs. Une avec l. l. au fond blanc, et avec le mot: deliniavit, l'autre Epr. ordinaire. Deux Estampes.

255 Portrait de Mademoiselle S** en buste vûe de trois quarts. Nro. 25. Deux Eprs.

256 Portrait de Madame M*** en bonnet de nuit. Nro. 26. Epr. non term. et Epr. ord. Deux Est.

257 La même Est. Epreuve à l'eau-forte toute pure.

258 Un Encadrement Nro, 27. Seconde Epr. Frontispice de livre. Nro. 28. Deux Est.

259 Six Est. pour une histoire universelle. Nro. 29, 31, 32, 33, 34. Cinq. Est.

260 Des mêmes Est. le Nro. 31. Epr. à l'eau-forte pure Nro. 32. Epr. avant. l. l. Nro. 34. Epr. à l'eau-forte pure. Trois Est.

261 Buste de Maurice Comte de Lascy Nro. 35. Portrait d'A. Berghofer Nro. 36. Epr. à l'eau-forte pure, avant l. l. et contre-épr. Quatre Est.

262 Portrait de Charles Prince de Ligne Nro. 37, Trois Eprs. dont une à l'eau-f. pure, la 2de non terminée, la 3me ord. — Portrait de D. Tschida Nro. 38. Deux Epr. dont une non term. et avant l. l. — Portrait de Josephine Tschida Nro. 39. Cinq. Estampes.

263 Portrait d'un Colonel d'Arnautes Nro. 41. Prem. et seconde Epr. Deux Est.

264 Portrait de Ch. Brand Nro. 42. Deux Epr. dont une avant l. l. Deux Est.

265 Portrait du Baron Knesevich Nro. 43. Le retour de l'enfant prodigue Nro. 44. Seconde Epr.

Nᵒˢ. 266 Groupe de quatre figures orientales Nʳᵒ· 45. Un petit chien-loup déchirant un morceau de papier Nʳᵒ· 46. Prem. Epr.

267 Trois planches pour la description de l'Orphique Nʳᵒ· 47 à 49. Trois Est.

268 Tête d'un vieillard à grande barbe Nʳᵒ· 50. Un paysan vû par le dos. Nʳᵒ· 51. Un cheval de charre vû de profil et dirigé vers la gauche Nʳᵒ· 52. Trois Est.

269 Un cheval de charrue Nʳᵒ· 52. Femme trayant une vache, d'apr. A. CUYP. Nʳᵒ· 53. Deux Eprs. Un cavalier traversant un bois pendant la nuit. Nʳᵒ· 56. Quatre Est.

270 Un tableau surmonté de la lyre d'Apollon Nʳᵒ· 59. Une bordure, au bas de laquelle on voit un piédestal surmonté d'un médaillon etc. Nʳᵒ· 60. Deux Eprs. dont une avant le titre et avant les mots : quo vota trahunt, sur le médaillon. Trois Est.

271 Pallas debout près d'un tombeau. D'apr. l'antique Nʳᵒ· 61. Trois Eprs. dont une avant l. l. sur pap. de la chine. Trois Est.

272 St Jean Baptiste dans le désert Nʳᵒ· 62. Frontispice pour la collection d'estampes du Chevalier de Hauer, Nʳᵒ· 63. Deux Eprs. dont une à l'eau-forte pure. Trois Est.

273 Portrait de M. Molitor, Nʳᵒ· 64. Portrait de J. de Backe, d'apr. lui-même, Nʳᵒ· 65. Deux Epr. dont une avant l. l. Trois Est.

274 Les Boeufs en Goguettes, d'apr. N. BERGHEM. Nʳᵒ· 66. Deux Eprs. dont une à l'eau-forte pure, l'autre avant l. l.

275 Groupe de cinq chevaux de trait rassemblés devant une mangeoire, d'apr. St. van BLOEMEN. Nʳᵒ· 67. Deux Eprs. dont une avant l.l. Portrait de F. Bol, d'apr. lui-même. Nʳᵒ· 68. Trois Est.

276 Différentes Études de Paysages, d'apr. CH. BRAND. Nʳᵒ· 69 à 76. Huit Est.

277 Jeune paysan riant d'un air niais, d'apr. A.

BROUWER. N^ro. 77. Paysan assis etc., d'apr. le même. N^ro. 78. Deux Eprs. dont une avant l. l. Le martyre de St André, d'apr. G. COURTOIS. N^ro, 79. Deux Eprs. dont une à l'eau f. pure et avant toute l. Quatre Est.

N^ro. 278 Un guerrier arrêtant le cheval d'un cavalier qui lui porte un coup de sabre. N^ro. 80. Trois Epr. dont une 2de Epr. avant l. l., l'autre avec l'inscription : Adam Bartsch. Pour souhaiter la bonne année. 1800.

279 Lé grand prêtre ayant sur ses bras l'enfant Jésus présenté par la Ste Vierge etc., d'apr. C. G. F. DIETRICH. N^ro. 81. Deux Epr. dont une avant l. l. Deux Est.

280 La même Est. Epr. avant l. l. sur pap. de la chine.

281 Jésus-Christ mis au tombeau par les disciples, d'apr. le même. N^ro. 82. Trois Epr. dont une sur pap. de la chine et une non terminée. Trois Estampes.

282 La même. Est. Epr. à l'eau-forte pure.

283 St Philippe baptisant l'Eunuque, d'apr. le même N^ro. 83. Deux Epr. une non terminée, l'autre avec l. l. non remplie. Deux Est.

284 La même Est. Deux Epr. dont une avant l. l., l'autre Epr. ordinaire. Deux Est.

285* Un jeune garçon ayant le chapeau sous le bras et portant un grand pain etc. N^ro. 84. Seconde Epr.

286 Jeune femme à mi-corps, portant un panier de fleurs, d'apr. le même. N^ro. 85. Très rare.

287 La même Est.

288 La même Est.

289 Etudes de sept sur différentes têtes, une même planche, d'apr. le même, N^ro. 86. Très rare.

290 Paysage montagneux, d'apr. le même. N^ro. 87. Très rare.

291 La même Est. répétée.

Nro. 292 La même Est. répétée.

293 Portrait de J. Musso, d'apr. J. DORFMEISTER. Nro. 88.

294 Différentes Estampes, d'apr. A. DÜRER. Nro. 89 à 94. Le Nro. 92 double. Sept Est.

295 De Nro. 92 une Epr. d'essai avec les trois taches noires dans le fond.

296 Buste d'un vieillard, d'apr. Van DYCK, Nro. 95. Quatre Epr. dont une Epr. d'essai, la seconde Epr. d'essai au fond blanc, la troisième Epr. ord. et la quatrième contre-épr. Quatre Est.

297 Portrait de J. Livens, d'apr. le même. Nro. 96. Trois Epr., dont une avant le mot Livens et copie. Trois Est.

298 Repos en Egypte, d'après G. Van den EKHOUT. Nro. 97.

299 La même Est. Epreuve d'essai avant que la planche ait été coupée à gauche.

300 Le même sujet traité d'une manière différente, d'apr. le même. Nro. 98. Deux Eprs, dont une non terminée. Deux Est.

301 La même Est. Epr. avant l. l.

302 Suite de 8 Estampes, d'apr. les dessins de R. LA FAGE. Nro. 99 — 106.

303 Cette Suite répétée.

304 De Nro. 99 une Epr. d'essai.

305 Repos en Egypte, d'apr. R. LA FAGE. Nro. 106. Deux Epr.

306 Dieu le père porté en l'air par des anges, d'apr. R. LA FAGE. Nro. 107. Deux Eprs.

307 Le triomphe de la religion chrétienne, d'après R. LA FACE. Nro. 108. Groupe d'une femme couchée à terre etc., d'apr. le même. Nro. 109. Deux Est.

308 Uranie, d'apr. H. FÜGER. Nro. 110. Etudes de quelques muses, d'après le même. Nro. 111. Deux Est.

Nʳᵒ· 309 Jeune garçon tenant une palette et des pin-
ceaux, d'apr. H. FÜGER. Nʳᵒ· 112. Deux Epr.
dont une non terminée.

310 Dessin de la Statue de l'Empereur Joseph II.,
d'apr. H. FÜGER. Nʳᵒ· 113. Deux Eprs. dont
une première Epr.

311 Dessin du Bas-relief capital de cette Statue.
Nʳᵒ· 114. Deux Eprs. dont une à l'eau-forte.

312 Un héraut de la couronne de Hongrie annon-
çant l'ordre de l'insurrection etc. Nʳᵒ· 119. Deux
Eprs. dont une non terminée.

313 Le Génie de la Pannonie, etc. Nʳᵒ· 120. Deux
Epr.

314 Un enfant assis dans un lit, jouant du flageolet, d'apr. J. JORDANS. Nʳᵒ· 121.

315 Un garçon entrant par la porte d'une chambre
etc., d'apr. J. JORDANS. Nʳᵒ· 122. Seconde et
troisième Epr. Deux Est.

316 Divers sujets d'animaux, d'apr. T. HAMPHUIZEN,
H. ROOS et PH. WOUWERMANNS. Nʳᵒ· 123 à 129.
Sept Est.

317 De cette Suite les Nʳᵒ· 124, 125, 126, 127 en
Epr. à l'eau-forte pure. De Nʳᵒ· 124, 128,
129 en Epr. non terminées. Sept Est.

318 Portrait de Martin Schongauer, d'apr. J. LARGH-
MAIR. Nʳᵒ· 135. Première Epr. avant l. l.

319 Un Apôtre écrivant, d'apr. J. LIVENS. Nʳᵒ· 136.
Un vieillard à mi-corps vû de profil, d'apr. le
même. Nʳᵒ· 137. Deux Est.

320 De Nʳᵒ· 136 une Epr. à l'eau-forte pure; de
Nʳᵒ· 137 une Epr. à l'eau-forte pure, l'autre
avant l. l. Trois Est.

321 Groupe de quatre moutons, d'apr. Van der MEER.
Nʳᵒ· 138. Epr. d'essai.

322 Une étable, dans laquelle une vache vêle, d'apr.
P. POTTER. Nʳᵒ· 139. Quatre Epr. avec diffé-
rences, dont deux à l'eau-forte.

Nro. 323 Un troupeau de moutons passant près d'une fontaine, d'apr. H. ROOS. Nro. 140. Trois Eprs. dont une d'essai et l'autre à l'eau - forte pure.

324 Un troupeau de deux vaches et de six moutons, d'apr. H. ROOS. Nro. 141. Deux Eprs., dont une à l'eau - forte pure.

325 Un troupeau de trois moutons, d'un bélier et d'une chèvre, d'apr. J. WEENINX. Nro. 142.

326 Un puits délabré etc., d'après J. WEENINX. Nro. 143.

327 Le concert, d'apr. FR. MIERIS. Nro. 144. Première et seconde Epr. Deux Est.

328 La même Est., Epr. à l'eau - forte pure, et Epr. non terminée. Deux Est.

329 Un épagneul vû de face, et se tenant sur les deux jambes de derrière, d'apr. M. MOLITOR. Nro. 145. Première Epr.

330 De cette Est. la seconde et troisième Epr. Deux Est.

331 Un jeune paysan assis au pied d'un grand arbre etc., d'apr. M. MOLITOR. Nro. 147. Deux vaches, un mouton et une chèvre dans un paysage, d'apr. le même. Nro. 148. Deux Est. Eprs. avant l. l.

332 Les mêmes Est. Epr. avant l. l., sur papier de la chine.

333 Différens chevaux, d'apr. L. PFOOR. Nro. 149 à 154. Epr. avant toutes lettres. Six Est.

334 De cette suite les Nros 152, 154, en Epr. non terminées. Deux Est.

335 Copies trompeuses pour les Vol. 1, 4 et 5 du Peintre - Graveur. Nro. 155 à 170. Suite de 16 Est. Epr. choisies.

336 La Ste Vierge transportée au ciel, d'apr. N. POUSSIN. Nro. 171.

337 Portrait de Rembrandt. Nro. 173. Epr. d'essai avant l. l. et autre Epr. d'essai antérieure. Deux Est.

Nro. 338 Différentes Est., d'apr. des dessins de REM-
BRANDT. Nro. 174 à 180. Sept Est.

339 De cette suite le Nro. 175. Epr. d'essai et le
Nro. 176. Prem. Epr. avant les mots: Le départ du jeune Tobie. Deux Est.

340 Différentes Est., d'apr. des dessins de REM-
BRANDT. Nro. 181 à 186. Six Est.

341 De cette suite les Nros 181, 182, 183, 185 et
186, en Epr. avant les Nros   Cinq Est.

342 Quatre boeufs passant un ruisseau, d'après
G. ROMEYN. Nro. 187. Epr. avant l'inscription.

343 Différentes Etudes d'animaux, d'apr. H. ROOS.
Nro. 188 à 199. Douze Est.

344 De cette suite le Nro. 192. Prem. Epr. moins
terminée et avant l. l.

345 Différentes Etudes d'animaux, d'apr. H. ROOS.
Nro. 200 à 211. Douze Est.

346 De cette suite le Nro. 210 à l'eau-forte toute
pure.

347 Différens animaux, d'apr. des dessins de différens maîtres hollandois. Nro. 219 à 224. Six
Est.

348 Un troupeau composé de deux vaches, de trois
moutons et d'une chèvre, d'apr. H. ROOS. N.225.
Epr. avant l'inscription.

349 Les funérailles de P. Decius Mus., d'apr. P. P.
RUBENS. Nro. 226. Epr. avant les armes et
avant l. l.

350 La même Est., d'apr. P. P. RUBENS. Gr. Est.
en larg. Epr avant l. l.

351 La même Est. non terminée, retouchée au pin-
ceau par M. MOLITOR.

352 Buste d'un vieillard à grande barbe, d'après
P. P. RUBENS. Nro. 228. Deux Epr. Prem. Epr.
et une Epr. à l'eau-forte toute pure. Trois Est.

353 Différentes Etudes de chevaux, d'apr. G. P. RU-
GENDAS. Nro. 229 à 240. Epr. avant l. l. et
avant les Nros. Douze Est.

Nro. 354 Tête d'un chien-loup, d'apr. C. SAFTLEEVEN. Nro. 241. Deux Eprs. dont une avant l. l.

355 Des chiens terrassant un sanglier, d'apr. F. SNYERS. Nro. 242. Deux Epr. dont une à l'eau-forte pure, l'autre avant l. l.

356 Portrait de G. Terburg, d'apr. lui-même. Nro. 243. Prem. Epr.

357 Différens animaux, d'apr. des tableaux de différens maîtres hollandois. Nro. 244 à 249. Six Est.

358 De cette suite les Nros 244, 247, 249, en Epr. avant toute l., et Nro. 244, 246, 248 à l'eau-forte pure.

359 Portrait d'un vieillard, d'après C. VISCHER. Nro. 250. Sorcière à mi-corps, d'apr. le même Nro. 251. Un garçon de paysan un genou en terre près d'un tonneau, d'apr. le même. Nro. 252. Trois Est.

360 De ces Est. le Nro. 250, sur pap. de la chine et Nro. 252 avant l'inscription. Deux Est.

361 Trois chevaux au pâturage, d'apr. PH. WOUWERMANS. Nro. 253. Epr. à l'eau-forte pure et avant l. l. Deux Est.

362 Cupidon en l'air, d'apr. LE CORRÈGE. N. 254. Deux Eprs.

363 La même Est. Deux Epr., et une Epr. postérieure. Trois Est.

364 Différentes Estampes, d'apr. des dessins du GUERCHIN. Nro. 255 à 260. Six Est.

365 La même suite répétée.

366 Sujets de la Bible, d'apr. des dessins du GUERCHIN. Nro. 261 à 266. Six Est.

367 La même suite, mais Nro. 261 et Nro. 266 en Epr. à l'eau-forte pure. Six Est.

368 Vierges, d'apr. le GUERCHIN. Nro. 267 à 274. Huit Est.

369 La même suite, mais Nro. 269 et Nro. 274 à l'eau-forte pure. Huit Est.

Nro. 370 Saints, d'apr. le GUERCHIN. Nro. 275 à 281.
Sept Est.

371 De cette suite Nro. 275. Epr. ord. Nro. 277,
278, 279 à l'eau - forte pure Nro. 280, 281.
Epr. non terminées. Six Est.

372 Sujets de l'histoire et de la fable, d'apr. le
GUERCHIN. Nro. 282 à 288. Sept Est.

373 De cette suite Nro. 283, 286 en Epr. ord. et
Nro. 288 à l'eau-forte. Trois Est.

374 Têtes, d'apr. le GUERCHIN. Nro. 289, 291 à 294.
Cinq Est.

375 De cette suite Nro. 289, 293, à l'eau-forte pure ;
de Nro. 291 deux Eprs., de Nro. 294 une Epr.
ord. Cinq Est.

376 Différents autres sujets, d'apr. le GUERCHIN.
Nro. 295 à 301. Sept Est.

377 De cette suite Nro. 295, 298, 301 Epr. ord.
Nro. 297 moins terminée. Nro. 300 à l'eau-
forte. Cinq Est.

378 Dieu le père, d'apr. le GUERCHIN. Nro. 302.
Deux Epr. une moins terminée.

379 La Ste Vierge et l'enfant Jésus, d'apr. le GUER-
CHIN. Nro. 305. Un ange couché sur des nues,
d'apr. le même. Nro. 307. Deux Est.

380 Les mêmes Est. répétées. Deux Est.

381 Divers Estampes, gravées d'apr. F. BAROCCIO
et autres maîtres italiens. Nro. 308 à 313. Six
Est.

382 De cette suite Nro. 308 à 312 répétées; plus
Nro. 310, 312, 313 avant les Nros. Huit Est.

383 La Ste Vierge debout sur des nues, d'apr. F.
BAROCCIO. Nro. 314.

384 Etude de la Ste Vierge à genoux, d'apr. P. VE-
RONESE. Nro. 316. Deux Eprs.

385 La même Est. Epr. d'essai.

386 La Ste Vierge et l'enfant Jésus, d'apr. ANN.
CARRACCI. Nro. 317. Ste Catherine de Sienne,
d'apr. le même, Nro. 318. Deux hommes cou-

verts de manteaux à genoux, d'apr. le même.
Nᵣₒ. 320. Trois Est.

Nᵣₒ. 387 De Nᵣₒ. 318 une Epr. non terminée; de Nᵣₒ. 320
une Epr. ord.

388 Oczakow pris d'assaut par les Russes, d'apr.
F. CASANOVA. Nᵣₒ. 322. Epr. avant l. l.

389 Jésus - Christ rendant la vie au fils de la veuve
de Naïm, d'apr. C. MARATTI. Nᵣₒ. 324. Le portrait d'Ant. Allegri, d'apr. le même. Nᵣₒ. 326.
Deux Est.

390 Les mêmes Est. répétées, et de Nᵣₒ. 324, une
Epr. avant l'inscription. Trois Est.

391 Différentes Est., d'apr. LE PARMESAN. Nᵣₒ. 327
à 332. Six Est.

392 La même suite répétée. Six Est.

393 De la même suite, les Nᵣₒₛ 327, 328 avant le
Nᵣₒ., de Nᵣₒ. 328 Epr. d'essai au trait seul;
de Nᵣₒ. 329 Epr. d'essai avant le lavis dans le
cadre; et de Nᵣₒ. 332, deux prem. Epr. avant
la bordure. Six Est.

394 La Stᵉ Vierge et l'enfant Jésus dans les nues,
d'apr. LE PARMESAN. Nᵣₒ. 334. Etude d'une
martyre à genoux, d'apr. le même. Nᵣₒ. 335.
Mutius Scevola posant sa main sur le brasier,
d'apr. le même. Nᵣₒ. 336. Un jeune homme etc.,
d'apr. le même. Nᵣₒ. 338. Quatre Est.

395 De Nᵣₒ. 336 et 338, deux Eprs. Etudes de
douze différentes têtes, d'apr. le même. N. 339.
Cinq Est.

396 La Stᵉ Vierge, l'enfant Jésus et St Jean, d'apr.
B. MURILLO. Nᵣₒ. 341. Trois Epr., dont une
à l'eau - forte pure, et une autre non terminée.
Trois Est.

397 Le petit St Jean dans le désert etc., d'apr.
MURILLO. Nᵣₒ. 342. Trois Epr. dont une sur
papier de la chine, la seconde à l'eau - forte
pure, la troisième non terminée. Trois Est.

Nro. 398 La résurrection de Jésus - Christ, d'apr. JULES
ROMAIN. Nro. 343. Epr. avant l. l. Silène ivre,
d'apr. le même. Nro. 344. Bacchus et Ariadne,
d'apr. le même. Nro. 345. Epr. ord. et Epr.
à l'eau - forte pure. Apollon sur le Parnasse,
d'apr. le même. Nro. 346. Cinq Est,

399 Jeune fille lisant, d'ap. G. RENI. Nro. 347. Deux
Epr., dont une sur papier de la chine.

400 La Ste Vierge à genoux, l'enfant Jésus etc.,
d'apr. RAPHAEL. Nro. 348. La Ste Vierge assise, l'enfant Jésus etc., d'apr. le même. N. 349.
Etude de la Ste Vierge et de deux saintes femmes, d'apr. le même. Nro. 350. La lapidation
de St Etienne, d'apr. le même. Nro. 351. Quatre Est.

401 Etude d'une figure d'Apollon, d'apr. RAPHAEL.
Nro. 352. Deux faunes et une bacchante, d'apr.
le même. Nro. 353. Epr. avant l. l. La figure
du Dante, d'apr. le même. Nro. 354. Portrait
d'une jeune femme à longs cheveux, d'apr. le
même. Nro, 355. Quatre Est.

402 Etude de trois figures d'hommes, d'apr. RA-
PHAEL. Nro. 356. Etude de deux mères, d'apr.
le même. Nro. 357. Deux Eprs., dont une à
l'eau - forte pure. Combat de quelques Gladia-
teurs, d'apr. le même. Nro. 358. Quatre Est.

403 St François Xavier, d'apr. FR. VANNI. Nro. 359.
Une religieuse debout dans une chapelle, d'apr.
le même. Nro. 360. Deux Eprs. Cupidon et
Psyché, d'apr. TH. della VITE. Nro. 361. Quatre Est.

404 Des troupes françaises en marche, d'apr. G.
KOBELL. Nro. 461. Autre sujet semblable, d'apr.
le même. Nro. 462. Cavalerie du roi de Ba-
vière, d'apr. le même. Nro. 463. Prem. Epr.
Infanterie du roi de Bavière. Nro. 464. Prem.
Epr. Quatre Est.

Nᵣₒ. 405 Chariot de bagage russe, d'apr. G. KOBELL.
Nro. 465. Femme d'un officier russe en marche,
d'apr. le même. Nro. 466. Marche de Hous-
sards impériaux, d'apr. le même. Nro. 467.
Marche d'un régiment de Hulans imp. , d'apr.
le même. Nro. 468. Quatre. Est.

406 Un gentilhomme à cheval etc. , d'apr G. KOBELL.
Nro. 469. avant l. l. Deux gentilshommes à
cheval, d'apr. le même. Nro. 470. avant l. l.
Deux enfants allant au - devant de leur père etc.
d'apr. le même. Nro. 471. Deux enfants portant à boire et à manger à leur père, d'apr. le
même. Nro. 472. Quatre Est.

407 L'approche de l'orage, d'apr. G. KOBELL. Nro. 473.
Le vent et le tonnère , d'apr. le même. Nro. 474.
La pluie , d'apr. le même. Nro. 475. L'arc - en-
ciel, d'apr. le même. Nro. 476. Quatr Est.

408 De Nro. 474 à 476 des Eprs. avec le bord coupé. Trois Est.

409 Trois planches explicatives pour le catalogue
de l'oeuvre de Rembrandt. Nro. 485 à 487.
Trois Est.

410 Quatre Vignettes, pour le catalogue de l'oeuvre
de Mr A. de Bartsch. Nro. 502 à 505. Les Nros 502
et 505 gr. sur une planche et Nro. 503 et 504
sur l'autre. Deux Est.

411 Les mêmes vignettes, mais l'estampe rép. N. 503
et 504 à l'eau-forte pure. Deux Est.

BAS , J. PH. LE.

412 Exercice d'infanterie, onze pièces.

413 Les oeuvres de miséricorde, d'apr. D. TENIERS.
Sup. Epr. avant toute lettre. Gr. Est. en larg.

414 Vue de St Pétersburg, d'apr. LE PRINCE. Revue de la maison du Roi au trou d'enfer, d'apr.
LE PAÖN. Deux gr. Est. en larg.

415 Deux Vues de l'isle Barbe, d'apr. D. OLIVIÉ.
Deux gr. Est. en larg.

Nro. 416 La tentation de St Antoine; Intérieur de Cabaret, d'apr. TENIERS. Les Écosseuses de Poix, d'apr. GREUZE. Trois Est. en larg.

417 Le Chimiste; St Antoine; le passetems de Flandres, d'apr. TENIERS. Trois Est.

418 Le Midi; l'Après - dinée, d'apr. N. BERGHEM. Deux Est. en larg.

419 Les pécheurs Flamands; Guinguette flamande; Retour de Guinguette; d'apr. TENIERS. Trois Est.

420 La Boudinière; la maison rustique, d'apr. TENIERS. Deux Est. en larg.

421 La ferme, la bassecour; d'apr. TENIERS. Deux Est. en larg.

422 Troisième, sixième et neuvième Vue de Flandres, d'apr. TENIERS. Trois Est.

423 Adoration des Rois, d'apr. P. VERONESE. Prédication de St Jean, d'apr. FR. MOLA. Cimon nourri par sa fille, d'apr. N. COYPEL. Trois Est.

424 Deux ruines, d'apr. J. P. PANINI. Achille reconnu par Ulysse, d'apr. TENIERS. Trois Est.

425 Le bon mari, d'apr. BROWER. Le retour des bestiaux, d'apr. BERGHEM. Départ pour la chasse, d'apr. C. PARROCEL. Trois Est.

426 Quatre Vignettes, d'apr. EISEN. Vendeur de pâtés, d'apr. BOUCHER. Deux femmes et enfants assis dans un paysage, inv. et gravé par LE BAS. Allégorie sur La Fontaine, inventé par l'auteur, dessiné par EISEN, gravé par LE BAS. Sept Est.

BASIRE, J.

427 Pilade et Oreste, d'apr. B. WEST. Superbe Epr. avant l. l.

BASAN, F.

428 L'adoration des bergers, d'apr. P. P. RUBENS. Vue intér. de la Cathédrale de Dorth, d'apr. STEENWYCK. Ecce Homo et la mort de St François, d'apr. M. A. DI CARAVAGGIO. Quatre Est.

Nro. 429 Persée se lavant à la fontaine Hypocrène, d'apr. S. BOURDON. La lecture diabolique, d'apr. TE-NIERS. Tête de paysan, d'apr. CRAESBECK. Trois Estampes.

430 Le satyre complaisant, d'apr. RAUX. F. BASAN. Exc. Vue de Pec, d'apr. LANTARA. F. BASAN. Exc. Deux Est.

BASSEPORTE, F. Mad.

431 Martyre de St Fidèle, d'apr. A. ROBERT. En haut.

BAUDET, E.

432 St Augustin et St Guillaume invoquant la Ste Vierge, d'apr. LANFRANCO. The finding of Mo-ses, d'apr. SALV. ROSA; gr. par BALDREY. Deux Est. en haut.

433 L'Enlévement des Sabines, d'apr. N. POUSSIN. Gr. Est.

434 Vénus et l'amour, d'apr. N. POUSSIN. Paysage, d'apr. MOLENAER, et trois Garçons jouant aux cartes. Deux Est. gr. par BAUDOUIN. L'amour lisant, d'apr. LE CORRÈGE. Gr. par A. BAADER. Quatre Est.

BAUSE, J. F.

435 La Madelaine pénitente, d'apr. BATTONI. Epr. avant toute lettre. Les trois Apôtres, d'apr. M. A. da CARAVAGGIO. Deux Est. en larg.

436 L'amour aiguisant une flèche, d'apr. R. MENGS. Deux Epr. l'une non terminée, l'autre avant toute l. Die studierende Kunst, d'apr. DIETRICH. Jupiter couronnant Hercule avec la couronne de l'immortalité. Dess. par FÜGER, gravé par K. BALD-AUF. Trois Est.

437 Rosetta, d'apr. C. NETSCHER. Epr. avant toute lettre. Vénus et l'Amour, d'apr. C. CIGNANI. Deux Est. en haut.

438 Pierre I., d'apr. LE ROY. Epr. avant toute let-

tre et avant la bordure : P. Mauru, d'apr.
OESER. Deux Est.

Nro, 439 J. R. Forster, E. Platner : Louise Auguste, Kron-
prinzessin von Dänemark. Trois Port., d'apr.
A. GRAFF.

440 J. G. Sulzer. C. W. Müller. J. J. Spalding.
Trois port., d'apr. A. GRAFF.

441 C. M. Wieland, d'apr. MAY. J. Winkelmann,
d'apr. A. MARON. J. A. v. Segner, d'apr. FÜGER.
Trois Est. en haut.

BAZIN, N.

442 St François Séraphique. St Benoist. Deux Est.
en haut.

443 Jésus - Christ. St Pierre. St Jean l'évangéliste,
d'apr. VALENTIN. St Etienne, d'apr. BEDEAU.
Quatre Est. en haut.

444 St Bruno. St Benoist, d'apr. PH. de CHAMPAGNE.
Tête de Mort. Trois Est.

BEAUVARLET, J.

445 Portrait de Poquelin de Molière, d'apr. S.
BOURDON.

446 L'incrédulité de St Thomas, d'apr. MATH. PRETTI.
Commencé par J. CANALE, term. par BEAUVAR-
LET; avant toute lettre en larg.

447 Triomphe de Mardochée, d'apr. DE TROY. Superbe Epr.

448 Triomphe de Mardochée, d'apr. DE TROY. Superbe Epr. avant toute lettre.

449 Esther couronnée par Assuerus, d'apr. DE TROY.

450 Esther couronnée par Assuerus, d'apr. DE TROY.
Superbe Epr. avant toute lettre.

451 Toilette d'Esther, d'apr. DE TROY.

452 Toilette d'Esther, d'apr. DE TROY. Superbe Epr.
avant toute lettre.

453 Mardochée refuse de fléchir les genoux devant
Aman, d'apr. DE TROY.

454 Mardochée refuse de fléchir les genoux devant

Aman, d'apr. DE TROY. Superbe Epr. avant toute
lettre.

Nᵣₒ. 455 L'Arestation d'Aman, d'apr. DE TROY. Superbe
Epr. avant toute lettre.

456 L'Evanouissement d'Esther, d'apr. DE TROY. Superbe Epr. avant toute lettre.

457 Le festin d'Aman, d'apr. DE TROY. Superbe Epr.
avant toute lettre.

458 Evanouissement d'Esther; Jugement de Salomon,
d'apr. DE TROYE. Deux Est.

459 Portrait de deux enfants, d'apr. DROUAIS le
fils, en larg.

460 La marchande de marrons. La marchande de
pommes cuites, d'apr. GREUZE. Deux Est.

461 Les mêmes Estampes.

462 Le jeu de Trictrac, d'apr. A. van OSTADE. Toilette pour le Bal, d'apr. DE TROY. Deux Est.

463 Loth et ses filles. Susanne et les vieillards;
d'apr. L. GIORDANO. Deux Est. avant toute lettre, avec les armes.

464 Mort d'Adonis, d'apr. A. TURCO. Susanne et les
vieillards, d'apr. G. CANGIASI. Deux Est.

465 La femme rusée, d'apr. C. BEGA, La double sur-
prise, d'apr. G. DOUW. Deux Est.

466 L'enlèvement d'Europe, d'apr. L. GIORDANO. En
larg.

467 L'enlèvement des Sabines, d'apr. L. GIORDANO.
En larg.

468 Jugement de Pâris, d'apr. L. GIORDANO. En larg.

469 Acis et Galathée, d'apr. L. GIORDANO. En larg.

470 Paysan, d'apr. GREUZE, gravé par FR. DESCHAMPS,
femme BEAUVARLET.

BECKENHAM, P.

471 Couronnement de la Vierge, d'apr. CAUCIG. Eile
des Lebens, d'apr. H. FÜGER. Deux Est.

BEHAM, H. S.

Nro. 472 Histoire de l'enfant prodigue, en taille de bois.
Gr. Est en larg.

BELLANGE, J.

473 Les saintes femmes au tombeau. Deux aveugles
qui se battent. Deux Est.
474 Deux aveugles se battant, inv. et gr. à l'eau-
forte par BELLANGE. En haut.
475 Le sacrifice d'Iphigénie, inv. et gr. à l'eau-forte
par BELLANGE. Gr. Est. en haut.

BEND, I.

476 Sujet de l'histoire romaine. Gr. Est. en larg.

BENDL, J.

477 Grande fontaine. Gr. Est. en haut.
478 Défaite des Bavarois en Tyrol en 1703. Gr. Est.
en larg.
479 Quatre Plafonds. En larg. Quatre Est.
480 Trois Lampes, en haut. Trois Est.
481 Divers vases. Quinze Est. en haut.
482 Des Traineaux; en larg. Quatre Est.
483 Des fontaines; en larg. Quatre Est.
484 Tête de Pan. Etudes d'enfant. Deux Est.

BEICH, J. F.

485 Portrait de l'auteur gr. par J. J. HAID, d'apr.
BERGMÜLLER. En haut.
486 Suite de huit paysages. J. F. BEICH inv. et fec.
acq. fort. Huit Est. en haut.
487 Suite de six paysages. J. F. BEICH fecit. Six
Est. en haut.

BELLA, STEPH. della.

488 Portrait de l'auteur, assis devant un vase. Vue
d'une place publique. Est. nón term. — Groupe

d'enfants. Deux Eprs. dont une avant l. l. Quatre Est.

N⁰. 489 Six grandes Vues du port de Livourne. Six Est.

490 Entrata in Roma dell'Ambasciatore di Pollonia. Suite de 6 Est.

491 Recueil de divers Caprices. Suite de vingt Estampes.

492 Trois Maures à cheval, en rond. Trois Est. Trois Têtes en oval. Trois Est., en tout 6 Est.

BENCOVICH, F.

493 Saint Pierre de Pise, peint et gravé par BENCO-VICH. En haut. Portrait d'une femme gr. par BONACINA. Les alentours allég. gr. par A. BESU-TIO, d'apr. C. de FLORIS. Deux Est.

BENEDETTI, M.

494 Sibilla, d'apr. GUIDO RENI. Musica, d'apr. DO-MENICHINO. Deux Est.

495 Roman Charity, d'apr. CARLO CIGNANI. Est. en larg.

496 Demetrius Polyorcctes avec sa maitresse. La femme de Phocion, d'apr. CAUCIG. Deux Est. en larg.

497 La femme de Phocion, d'apr. CAUCIG. Epr. avant la lettre.

498 The Childs dressing., d'apr. H. SINGELTON. Epr. avant toute lettre, en haut. Allégorie, d'apr. H. FUSELI. Deux Est.

499 Portrait de Canova, d'apr. LAMPI. En haut.

BENNET, S.

500 The dutsch Minstrel, d'apr. REMBRANDT.

BENOIST, G. P.

501 Portrait de René Des-Cartes, d'apr. F. HALS. Portrait de Galilée, d'apr. VILLAMAENA. Deux Estampes.

Nᵒ· 5o2 Jupiter et Junon, d'apr. J. A. JULIEN de PARME.
Gr. Est. en haut.

BERARDI, F.

5o3 Neuf divers Estampes, tirées d'une suite.

BERGHE, J J. van den.

5o4 Nymphs bathing. Diana and shepherdess, d'apr.
DIETRICH. Deux Est.

BERGLER, J.

5o5 Suite de 6o Est. gravées par J. BERGLER.

BERGMÜLLER, J. G.

5o6 Les douze Mois de l'année. Suite de douze Est.
en haut.

5o7 Les dons du St Esprit, suite de huit Est. Les
quatres Saisons, suite de quatre Est. Douze Est.
en haut.

BERNARD, J.

5o8 Don Pietro Campomanes, d'apr. R. MENGS. Thérèse Comtesse Kinsky, d'apr. GRASSI. Deux
Estampes.

5o9 Hélène Apollonie Princesse de Ligne, d'apr.
LE CLERC. Jugement de Pâris, d'apr. L. GIOR-
DANO. Deux Est.

5io Femme vûe par le dos jouant du luth, d'apr.
M. A. da CARAVAGGIO. En haut.

BERNARDI, P.

5ıı La pittura e la scultura, d'apr. G. RENI. Tête
d'homme, d'apr. G. van ECKHOUT. Gr. par D. BER-
GER fils. Deux Est en haut.

BERRETTINI, P.

5ı2 Les peintures de P. BERRETTINI, dans les salles
du Grand-Duc de Florence, gravées par diff.
artistes. Vingt-neuf Est.

Nro. 513 Vie de Ste Bibiane, d'apr. les peintures de
P. BERRETTINI. Gr. par AUDENAERT. Cinq Est.

BERTAUX, DUPLESSIS.

514 Sujets militaires, onze. Est. à l'eau-forte pure.

BERTELIUS,

515 Le denier de César, d'apr. D. CAMPAGNOLA. En
larg.

BERTONNIER, et P. AUDOUIN.

516 Portrait de Martin du Théâtre de l'opéra comi-
que, d'apr. RIESENER. En haut.

BERVIC, C. C.

517 La demande acceptée, d'apr. N. C. LÉPICIÉ. Superbe Epr. avant la dédicace, en larg.

BESTLAND, C.

518 The Royal Academicians assembled in their con-
cil chambre, d'apr. SINGELTON. Gr. Est. en
larg.

BETOU, A.

519 Douze eau-fortes rep. un plafond.

BETTELINI, P.

520 Assomption de la Vierge, d'apr. GUIDO RENI.
Gr. Est. en haut. Epr. avec lettres non remp.
521 Jupiter et Junon, d'apr. ANN. CARRACCI. En haut.
522 Portrait d'homme, d'apr. WICAR.
523 Bélisaire, d'apr. F. REHBERG. En haut.
524 Ecce homo, d'apr. le CORRÈGE. Epr. avec lettres ouvertes, en haut.
525 Sibylla Persica, d'apr. GUERCINO. En haut.
526 Ugolino et ses enfants en prsion, d'apr. L. SA-
BATELLI. Dante et Beatrice, d'apr. P. ERMINI.
Deux Est en haut.

Nro. 527 Les mêmes Est. rép.

528 Dante et Beatrice.

529 St Joseph et l'enfant Jésus, d'apr. B. MURILLOS. Joueurs de Cartes, d'apr. M. A. da CARAVAGGIO. Deux Est.

530 Cupidon, d'apr. GUIDO RENI. Portrait de Beatrice Cenci, d'apr. le même. Deux Est.

531 Practical excercise et Pendant, d'apr. A. KAUFF-MAN. Deux Est.

BICKARD, JOBST.

532 Tête d'homme avec un turban. — Autre tête d'homme avec un chapeau. Deux Est.

BIDERMANN, J. J.

533 Vue du Glacier de Rosilaui. Gr. Est. en larg. col.

534 Vue de la ville de Berne. Gr. Est. en larg. col.

535 Vue de la ville de Zoug. Gr. Est. en larg. col.

536 Vue de Thome. Gr. Est. en larg. col.

537 Vue de la ville de Zurich. Gr. Est. en larg. col.

538 Vue de la ville de Fribourg. Gr. Est. en larg. col.

539 Vue d'Altdorf. Gr. Est. en larg. col.

540 Vue de la ville de Soleure. Gr. Est. en larg. col.

541 Vue du bourg de Schwitz. Gr. Est. en larg. col.

542 Vue de la ville de Lucerne. Gr. Est. en larg. col.

543 Vue du Bourg d'Appenzell. Gr. Est. en larg. col.

544 Vue de Herisau. Gr. Est. en larg. col.

545 Vue du Bourg de Glaris. Gr. Est. en larg. col.

546 Vue de Sarnen. Gr. Est. en larg. col.

547 Vue de Stanz. Gr. Est. en larg. col.

548 Vue de la ville de Basle. Gr. Est. en larg. col.

549 Vue de la ville de Schaffhausen.. Gr. Est. en larg. col.

550 Maison de Paysan à Stettlen près de Berne, gravé par M. G. EICHLER, publ. par BIDERMANN. Gr. Est. en larg. col.

BIERMANN, P.

551 Vue de la ville et d'une partie du Lac de Zoug.

Vue de Rapperschwyl. Dess. par BIERMANN
publ. par CH. MECHEL. Deux gr. Est. en larg. col.

BILLWILLER, J. L.

Nro. 552 Portraits des Professeurs de l'Académie de
Vienne. Sept Est.

BIRET,

553 Le ménage ambulant, d'apr. GREUSE. La grand
Maman, d'apr. le même. Bataille, d'apr. VAN-
LOO. Paysage, d'apr. FR. KOBELL. Quatre Est.

BIRMANN, P.

554 Voyage pitt. de Basle à Bienne, d'apr. les dess.
de P. BIRMANN, grav. par différents artistes.
Trente - six Est. avec texte.

BISCHOP, JEAN.

555 Suite de 58 Eau - fortes, d'apr. divers artistes,
y compris le titre qui porte: Paradigmata gra-
phices variorum artificium etc. plus le Nro. 22
et 30 double. 60 Est.

BISI, M.

556 La Vierge et l'enfant Jésus, St Antoine et Ste
Barbe., d'apr. B. LUINI. Superbe Epr. avant l. l.

BISSELL,

557 Quatre eau - fortes. Les docteurs, d'apr. REM-
BRANDT. Cinq Est.

BITTHEUSER, J. P.

558 Amour et Psyché, d'apr. GERARD. Sapho, d'apr.
le même. Deux têtes de Vestales, d'apr. SCHEF-
FAUER. Quatre Est.

559 La Cène, d'apr. L. de VINCI. Superbe Epr. avant
la lettre remplie.

BLAKE, w.

Nro. 560 Beggar's Opera, d'apr. w. HOGARTH. Gr. Est. en larg.

BLANCUS, J. P.

561 Portraits des Comtes de Visconti. Suite de 14 Est. y compr. le titre qui porte: Vite dei dodici Visconti etc.

BLECK, P.

562 Rembrandt van Ryn, d'apr. lui-même.

BLEULER.

563 Vue du Lac de Pusclave. Vue du Furcka Gletscher. Deux Est. en larg. col.
564 Source du Rhin. Chûte du Rhin â Schaffhouse. Deux Est. en larg. col.
565 Chapelle de G. Tell. Vue du Mont-Blanc. Deux Est. en larg. col.
566 Vue du Grindelwald, et pendant. Deux Est. en larg. col.
567 Combat des Français et des Russes sur le pont du Diable. En larg. col.

BLOEMAERT, A.

568 Portrait d'Ab. Bloemaert.
569 Les mendiants, d'apr. A. BLOÉMAERT. Suite de trente Est. Autre Suite, d'apr. le même. Quinze Est. En tout quarante-cinq Est.

BLOEMAERT, CORN.

570 Ste famille, d'apr. LE PARMESAN. Gr. Est. en haut.
571 Trois Saintes Vierges avec l'enfant Jésus; Ste Madeleine, d'apr. A. BLOEMAERT. Quatre Est. dont deux signés au-verso P. MARIETTE.
572 Six paysages, d'apr. A. BLOEMAERT. Un hibou

assis, des lunettes sur son bec, d'apr. H. BLOE-
MAERT. Sept Est.

Nro. 573 Douze têtes de paysans, d'apr. HONDHORST, A.
BLOEMAERT etc. Douze Est., dont sept marqués au-verso P. MARIETTE.

574 St Jean dans le désert, d'apr. P, LOCATELLI.
Allégorie, d'apr. N. POUSSIN. Deux Est.

575 Jason enlevant la Toison d'or, d'apr. FR. RO-
MANELLI. Allégorie, d'apr. le même. Deux Est.

BLOEMAERT, FRÉD.

576 Principes de dessin, d'après A. BLOEMAERT.
Nro. 1 à 160. Le Nro. 1 double, le Nro. 146
manque. Cent soixante Est.

577 Les cinq sens, d'apr. A. BLOEMAERT. Cinq Est.
Groupes de Paysans etc. Quatre Est., en tout
Neuf Est.

578 St Jean dans le désert; St Ermite; Groupe
de paysans. Trois Est., d'apr. A. BLOEMAERT.

BLOND. J. C. LE.

579 Trois Est. en larg. imp. en couleurs.
580 St François en extase. Gr. Est. en haut. col.
581 Ste Agnèse. Gr. Est. en haut. col.
582 Portrait [de Carondelet, d'apr. RAPHAEL. Gr.
Est. en haut. col.

BLONDEAU, J.

583 Jésus-Christ à la croix, d'apr. CYRO FERRI.

BLUCK.

584 Vue en Bohème, d'apr. WALMSLEY. Deux vues
de l'isle de Wight, d'apr. le même, grav. par
CARTWRIGHT et HASSEL. Trois Est. en larg. col.

BLYTH, R.

585 Don Quixote in the sable mountains; Killing
an Enemy. Deux Est., d'apr. MORTIMER.

BÖLLMANN, J.

Nro. 586 Les Planètes, d'apr. RAPHAEL. Suite de 9 Est.
Livre de portraiture, grav. par L. DE BOULOGNE.
Suite de 24 Est. manque Nro. 2. Trente deux
Est.

. BOISSIEU, J. J. DE.

587 Portrait de l'auteur; Cat. RIGAL. Nro. 1. Prem.
Epr. où le dessin représente le portrait de l'é-
pouse de l'auteur.

588 Même portrait, seconde Epr., où le dessin représente un paysage.

589 St Jérôme, assis près d'un arbre. Nro. 2.

590 Deux pères du désert. Nro. 3.

591 Le souverain Pontife Pie VII. bénissant des enfants. Nro. 4.

592 Promenade du souverain Pontife Pie VII. sur la
Saône. Nro. 5.

593 Les Moines au choeur. Nro. 6.

594 Famille réunie devant une cheminée. Nro. 7.

595 L'Ecrivain public. Nro. 8.

596 Les grands tonneliers. Nro. 9.

597 Les joueurs de boules. Nro. 10.

598 L'Ermitage. Nro. 11.

599 Intérieur de ferme. Nro. 12.

600 Intérieur de ferme. Nro. 13.

601 Le maître d'école. Nro. 14.

602 Vieillard faisant l'aumône à une vieille. Nro. 16.

603 Vieux Mendiant assis. Nro. 17.

604 Vieillard assis faisant lire un enfant. Nro. 18.

605 La même Est. à l'eau-forte pure. Nro. 18.

606 Vieillard donnant une leçon de botanique à quatre enfants. Nro. 20. Pièce rare.

607 Fête champêtre. Nro. 21.

608 Les petits charlatans. Nro. 22.

609 Les petits tonneliers. Nro. 23.

610 Deux enfants jouant avec des bulles de savon.
Nro. 25.

Nᵒ. 611 Peintre peignant un vieillard à longue barbe. Nro. 26.

612 Vieillard jouant du hautbois. Nro. 27.

613 Vieillard jouant de la vielle. Nro. 29.

614 Vue du temple de la Sybille et de la Cascade à Tivoli. Nro. 30. Epr. avant l. l. sur papier de la chine.

615 La même Est. Nro. 30. Prem. Epr. moins travaillée.

616 Vue du passage du Garillano. Nro. 31.

617 Vue du temple du soleil etc. Nro. 32. Epr. avant la dédicace.

618 Vue d'Aquapendante. Nro. 33. Première Epr.

619 Vue du temple de Vesta. Nro. 34.

620 Vue du sépulcre de Cecilia Metilla. Nro. 35. Prem. Epr. avant les armes et avant l. l.

621 Vue du pont Lucano. Nro. 36.

622 Vue de l'isle Barbe sur la Saône. Nro. 37. Prem. Epr. avant l'adresse.

623 Entrée du village de Lantilly. Nro. 38.

624 Vue du pont et du château de Stᵉ Colombe. Nro. 39.

625 Vue près de l'Arbresle, en Lyonnais. Nro. 40.

626 Vue de Saint-Andéole, en Lyonnais. Nro. 41.

627 Vue des bords de la rivière d'Ain. Nro. 42.

628 Vue de Champ-Verd. Nro. 43. Vue du château de Madrid. Nro. 44. Epr. avant l'adresse. Deux Est.

629 Vues de St Romain sur Gier, Nro. 45; du grand chemin de Fontainebleau, Nro. 46; de l'entrée de la forêt de Fontainebleau, Nro. 47; de la fontaine de Choulan, Nro. 48; de Montagnes avec cascades à droite, Nro. 49; d'une cascade tombant d'une maison très élevée. N. 50. Six Est.

630 Intérieur d'une forêt, où des buchons abattent un vieil arbre. Nro. 55.

631 Passage du gué. Nro. 56.

Nᵣₒ. 632 Des hommes au bord d'une rivière, d'où ils viennent de tirer un noyé. Nro. 57.

633 Villageois conduisant une charette sur un grand pont de trois arches en pierre. Nro. 58.

634 Des Villageois se reposant au coin d'un bois. Nro. 59.

635 L'Oratoire. Nro. 60.

636 Un homme à cheval, un rustre et deux vaches passant à gué une rivière. Nro. 61.

637 La Cascade. Nro. 62. Epr. avant l. l.

638 La même Est. Nro. 62. Epr. avant l. l. sur pap. de la chine.

639 Vue d'un lieu champêtre, où coule une rivière. Nro. 63.

640 Paysage traversé par une rivière. Nro. 64.

641 Vieille chapelle entourée d'arbres. Nro. 65.

642 La Digue. Nro. 66.

643 Vieux château délabré où est un cabaret. N. 67. Prem. Epr. avant l'adresse.

644 Bateliers conduisant un bateau chargé de vieux arbres. Nro. 68. Prem. Epr. avant l'adresse.

645 Bateau en réparation dans un chantier à Savigny. Nro. 69.

646 Pâtre à pied et femme à cheval, et quatre boeufs traversant une campagne. Nro. 70.

647 Entrée d'une forêt. Nro. 71.

648 Autre entrée de forêt. Nro. 72.

649 Vue d'une campagne pendant l'hiver. Nro. 73.

650 Vue d'une campagne au printemps. Nro. 74.

651 Paysage où est une baraque en planches et en paille. Nro. 75.

652 Pays coupé par une rivière qu'un pâtre, deux vaches et un chien passent à gué. Nro. 76.

653 Anesse debout près d'un anon couché. Nro. 77.

654 Vue d'un petit bois. Nro. 78.

655 Vue de mer, à gauche une barque à voile. Nro. 80.

656 La même Est. répétée.

Nro. 657 Moulin d'Italie. Nro. 81.

658 Les petites Laveuses. Nro. 82.

659 Paysage traversé par une rivière sur laquelle est un pont à trois piles. Nro. 83.

660 Suite de dix paysages. A Paris chez BASAN. Nro. 84 à 93.

661 Suite de six paysages. Lyon, 1739. Nro. 94 à 99.

662 Le souverain Pontife Pie VII. Nro. 100.

663 Vieillard à front chauve. Nro. 103.

664 Vieillard vû presque de face un bonnet sur la tête. Nro. 104.

665 Homme tourné vers la gauche, tête nue. N. 105.

666 La boudeuse. Nro. 106.

667 Quatre Etudes, au bas à gauche un vieillard les mains jointes. Nro. 107.

668 Trois Etudes de têtes d'hommes, une tête de bouc, une tête de bélier. Nro. 108.

669 Sept Etudes de têtes. Nro. 109.

670 Etudes, parmi lesquels un homme pinçant de la guitare. Nro. 110.

671 Huit Etudes de têtes. Nro. 111.

672 Vieillard à barbe blanche un manchon en main, douze autres Etudes etc. Nro. 112.

673 Chatte assise, un petit chat couché. Nro. 113.

674 Homme vû de trois quarts, d'apr. VAN DYCK. Nro. 126.

675 Homme les mains croisées, vêtu d'un manteau noir, d'apr. D. TENIERS. Nro. 127.

676 Chasseur son fusil sur l'épaule sortant d'une bois etc., d'apr. J. WYNANTS. Nro. 129.

677 La même Est. Nro. 129. Epr. avant l'adresse, sur pap. de la chine.

678 Villageois prêt à passer à gué une rivière où sont deux vaches et un chien, d'apr. BERGHEM. Nro. 131.

679 Pays montueux, d'apr. BERGHEM. Nro. 132.

680 La Digue rompue, d'apr. ASSELIN CRAESBECK. Nro. 133.

Nro.

681 Vue d'une campagne, d'apr. RUYSDAEL. N. 134.

682 La même Est. Nro. 134. Epr. avant l'adresse sur pap. de la chine.

683 Le moulin à eau, d'apr. RUYSDAEL. Nro. 135.

684 Le moulin de Ruysdael, d'apr. RUYSDAEL. N. 136.

685 Pays coupé par un chemin où un homme se repose, d'apr. RUYSDAEL. Nro. 137.

686 Un pâtre et un taureau traversant une riviére, d'apr. RUYSDAEL. Nro. 138.

687 Le repos des faucheurs, d'apr. A. Van der VELDE. Nro. 139.

688 Les grands Charlatans, d'apr. K. DU JARDIN. Nro. 140.

689 Deux femmes et un jeune garçon près d'un lavoir où tombent les eaux d'une fontaine etc. d'apr. N. POUSSIN. Nro. 141.

690 Pâtre jouant du flageolet près d'une bergére qui garde des chèvres etc., d'apr. CLAUDE LE LORRAIN. Nro. 142.

691 Vue de la montagne de Bons-yeux près St Chaumond, avant l. l. Vue prise de Chambery, avant l. l. Vue de la grande croise près de St Chaumond. BOISSIEU del., SCHWEYER, sc. Deux paysages, d'apr. BOISSIEU, grav. par MARIE FISCHER. Cinq Est.

BOISSON, E.

692 Les jeunes Athéniens et Athéniennes tirant au sort, d'apr. P. PEYRON. Gr. Est. en larg. Sup. Epr.

BOIVIN, RENÉ.

693 Le livre de la conquête de la toison d'or, d'apr. L. THIRY. 24 Est. avec texte.

694 Les mêmes Est. plus deux. Sup. Epr. sans les vers français au bas. Sans texte. 26 Est.

695 Homme debout habillé d'une manière grotesque et portant deux flambeaux; en haut. Femme

nue vue par le dos tenant un bouclier et une
lance, d'apr. MAITBE ROUX. Deux Est.

Nro. 696 Vases, Candelabres, Arabesques etc., d'apr.
MAITRE ROUX. 15 Est.

697 Diane, d'apr. MAITRE ROUX. En larg.

698 La même Est. prem. et sup. Epr. avant l'adresse
de VALEGGIO.

699 La danse des Dryades, d'apr. MAITRE ROUX.

700 La même Est. Epr. retouchée. — Autre planche
rep. le même sujet. Deux Est.

701 Clélie et ses compagnes, d'apr. JUL. ROMAIN. —
La même comp. gr. par un anonyme. Deux gr.
Est. en larg.

BOIZOT, MARIE L. A.

702 L'Oriental à la fenêtre, d'apr. NETSCHER. La
hollandaise à son clavecin, d'apr. G. METZU. La
Sainte famille, d'apr. RAPHAEL, grav. par FR.
BORSI. Trois Est.

BOL, H.

703 Les mauvais pasteurs, en larg.

704 La fête de l'oie. Gr. Est. en larg.

705 Danse de paysans et paysannes, pet. Est. en
rond. — Rebecca. Est. en rond. Deux Est.

706 Quatre fêtes de village. En rond. Quatre pet.
Estampes.

BOLSWERT, BOÈCE À.

707 Quatre Paysages, d'apr. A. BLOEMAERT. La
Vierge et l'enfant Jésus, d'apr. le même. Cinq
Estampes.

708 Les Saints Hermites, d'apr. A. BLOEMAERT. Suite
de vingt Six Est. y compr. le titre.

709 Trois Est. d'une suite de la vie de Jésus-Christ.
La Vierge et l'enfant Jésus, d'apr. A. BLOEMAERT.
Vénus, Pallas, d'apr. le même. Six Est.

Nro. 710 L'adoration des bergers, d'apr. A. BLOEMAERT. Gr. Est. en haut.

711 La même Est. avant l'adresse de BONENFANT. Superbe Epr.

BOLSWERT, s. à.

712 Ste Cécile. Ste famille, d'apr. REMBRANDT. Deux Estampes.

713 Jésus-Christ et les Apôtres, d'apr. P. P. RUBENS. Dix-huit Est. compr. le titre.

714 L'enfant Jésus et le petit St Jean, d'apr. RUBENS. St Aloysius de Gonzaga; St Jean de la Croix, le Baptême de Clovis. Quatre Est.

BOLT, J. F.

715 Artistische Versuche. Suite de 31 Est. en 3 cahiers.

BONATO, P.

716 La Vierge de Montenero, d'apr. un dessin de S. TOFANELLI.

717 La Santa Famiglia, d'apr. LE CORRÈGE. Epr. avant l. l.

718 Les sept planètes, d'apr. RAPHAEL. En larg. Sept. Est.

719 Erminie et Tancrede, d'apr. LE GUERCHIN. Gr. Est. en larg.

720 Enée et Anchise, d'apr. LE BAROCHE. Gr. Est. en larg.

721 Mausolée de l'Archiduchesse Christine, d'apr. CANOVA. Gr. Est. en haut.

722 La vie du Pape Pie VI, d'apr. L. AGRICOLA, et autres, gr. par BONATO, FONTANA, et autres. 20 Est.

BONNET, L.

723 Première Est. aux trois crayons, d'apr. BOUCHER.

La Sabine, peint et grav. par BOGUET. Deux Estampes.

BORCHT, H. van der.

Nro. 724 Jésus-Christ mis au tombeau, d'apr. RAPHAEL. En haut.

BORCHT, P. v.

725 Six sujets de l'ancien testament. Six Est. dont quatre endommagées.

BORTIGNONI, J.

726 Dix-huit Est., d'apr. des peintres d'Italie, gr. par BORTIGNONI, et autres, cartonné.

BOS, CORN.

727 Bas-reliefs. Cinq Est.
728 Sujet allégorique sur la Justice, d'après M. HEMSKERH.
729 Laocon, d'apr. l'antique.
730 Les Géants attaquant l'Olympe.
731 Triomphe de Bacchus, d'apr. J. ROMAIN. Gr. Est de 3 pièces jointes ensemble.
732 Le sacrifice d'Abraham. — La Vierge et l'enfant Jésus. Deux Est.
733 Vénus sur son char. — Homme attaché par les mains à un arbre. Deux Est.

BOS, JACQUES.

734 Hercule Farnese.
735 Jason, d'apr. l'antique.

BOSCHINI, MARCO.

736 Diane sur son char, d'apr. LE TINTORETTO. En larg.

BOSSU, LE.

737 Résurrection du Lazare, d'apr. H. BRANDE. Gr.

Est. en larg. — Allégorie, d'apr. P. BERRETINI. Gr.
par J. B. BONACINA. — St Vincent, d'apr. J. B. CI-
GNAROLI. Gr. par A. BOLZONI. Trois Est.

BOTH, AND.

Nro. 738 Quatre Paysans autour d'une table dans un paysage. En larg.

BOTTATS, FR.

739 Portrait de J. B. et de Leo van Heil, d'apr.
J. B. van HEIL. — Portrait de J. Vrancquant, et
de P. Danckerse de Ry, d'apr. son propre port.
Quatre Est.

BOTTSCHILD, S.

740 Divers Estampes inv. et gr. par lui-même, et
autres. Quarante-six Est.

BOUCHARDON, EDME.

741 Cent-trente-sept Est. gravées par diff. artistes,
d'apr. les inventions de BOUCHARDON, y compris
le portrait de l'auteur, peint par DROUAIS, grav.
par J. BEAUVARLET.

BOUCHER.

742 Divers Est. à l'eau-forte. Quatre Est. — Trois
pet. Est. inv. et gr. par BOSSI. — Sept. Est.

BOULANGER, J.

743 La Vierge et l'enfant Jésus. En haut.
744 Sapientia Christi, d'apr. LE BRUN. — Tête de
la Vierge, Tête d'ange, deux Est., d'apr. LOYR.
St Jean Bapt., d'apr. L. da VINCI, avant toute
lettre. Ste famille, d'apr. G. RENI. St François,
d'apr. S. VOUET. Six Est.
745 Portrait de David l'Aigneau. — Vénus et Bacchus,
d'apr. S. VOUET. Deux Est.

BOURDON, s.

Nᵒ. 746 Repos en Egypte, inv. et gr. par s. BOURDON.
Est. en larg.

747 Les sept Oeuvres de Miséricorde, peints et
gravés par lui - même. 8 Est. y compris le
titre. Superbe Epr.

BOURGEOIS de la RICHARDIÈRE.

748 Le petit St Jean, d'apr. LUINI. En haut.

BOUTTATS, PH.

749 Intérieur d'un cabaret, d'apr. c. BEGA. Très
belle Epr.

BOYDELL, JOHN.

750 Jason et le dragon, d'apr. SALV. ROSA. Gr. Est.
en haut. Epr. avant l. l., mais avec les armes.

751 Le Médecin et son pendant, d'apr. A. van OSTADE.
Epr. avant toutes lettres, mais avec les armes.
Deux Est.

752 La galerie de Shakespeare. Magnifique collection d'Est. grav. par les meilleurs artistes d'Angleterre, d'apr. les tableaux de leur plus fameux peintres. Sup. Epr. avant l. l. 101 Est.
très grand format, non rélié.

BRAEU, N.

753 Le mariage de la Vierge. Jésus - Christ devant
Pilate. Le portement de croix, d'apr. LE TIN-.
TORETTO. 3 Est. en haut.

BRAND, J. CH.

754 Divers paysages et griffonnemens, dont plusieurs premières Epr. non terminées. Soixante-
six Est.

BRAND, F.

755 Divers paysages et griffonnemens, dont plusieurs premières Epr. non terminées. Soixante-
quinze Est.

Nro. 756 Trois vués des environs de Frosdorf, d'après les dessins de MOLITOR, grav. par BRAND, JAN-SCHA et ZIEGLER. Quatre Est. dont une à l'eau-forte pure. Gr. Est. en larg.

757 Une vache et deux moutons couchés, à la gauche un chien qui boit d'une jatte, d'après BERGHEM. Extrèmement rare. Il n'existe de cette Estampe que 4 Epr.

BRAY, DE.

758 St Jean dans le désert; inv. et gr. à l'eau-forte par DE BRAY. Flore, d'apr. C. MARATTI, grav. par F. BRUNET. Deux Est. en haut.

759 St Jean dans le désert, inv. et gr. à l'eau-forte par DE BRAY. Lucius Albinus donnant son char aux vestales, d'apr. S. BOURDON, gr. par J. B. BREBES. Deux Est.

BREBIETTE, P.

760 Portrait de l'auteur, Portrait de F. Quesnel. Deux Est.

761 Ste famille, d'apr. A. del SARTO. Autre Ste famille, d'apr. le même. Deux Est.

762 Divers Est. en forme de frise. Onze Est.

763 Divers Est. en forme de frise. Douze Est.

764 Ste Géneviève, Ste Marguérite, Ste Barbe, Ste Madeleine, autre Ste Madeleine, Ste Catherine. Six Est. en larg.

765 La force, la foi, la charité, la justice, etc. Huit Est.

766 Sacrifice d'Abel, Sacrifice d'Abraham, Bataille etc. Huit Est.

767 Jupiter, Apollon, Bacchus, Pluton, d'après POLIDORO. Cérès et Bacchus, etc. Huit Est.

768 Des génies sur un éléphant, entouré de satyres etc. Diane et ses nymphes. Deux Est. en larg.

769 Jésus-Christ dans le ciel entouré de Saints, d'apr. J. PALMA. Gr. Est. de deux feuilles join-

tes en larg. avant l. l. La musique, la peinture, la grammaire, l'arithmétique. Suite de
quatre Est. Cinq Est.

N⁰. 770 Des Bacchanales, en forme de frise. Quatorze
Est. en larg.

BRETSCHNEIDER.

771 Entrée du Roi Frédéric de Bohème à Prague.
Suite de 9 Est. en larg.

BROMLEY et BLACKBERD.

772 The Death of Captain Faulknor, d'apr. STOT.
HARD. Gr. Est. en haut. Première Epr. avec
lettres ouvertes.

BROSAMER, J.

773 Marc Curce. P. G. V. VIII. N⁰. 8.
774 Lucrèce. P. G. V. VIII. N⁰. 9.
775 Laocon. N⁰. 15.
776 Un palefrenier dormant dans une écurie. P. G.
V. VIII. p. 470. N⁰. 15. Gr. en bois en haut.
Sup. Epr.

BROUWER, J.

777 Portrait de M. A. Visscher, d'apr. C. DUSART.
La Déesse Flore, d'apr. C. MARATTI, gr. par
F. BRUNET. Deux Est.

BROWNE, J.

778 Banditti prisoners, d'apr. J. et A. BOTH. Gr.
Est. en haut. Très belle Epr.
779 St Jean prêchant dans le désert, d'apr. SALV.
ROSA. Gr. Est. en larg. Epr. à l'eau-forte pure.
780 St Jean prêchant dans le désert, d'apr. SALV.
ROSA. Epr. à l'eau-forte pure. Gr. Est en. larg.
781 Le Baptême de l'Enuque, d'apr. J. et A. BOTH.
Gr. Est. en larg. Belle Epr.
782 La même Est. Epr. à l'eau-forte pure.

Nro. 783 The Cascade, d'apr. G. POUSSIN. Gr. Est. en
larg. Superbe Epr.

784 Paysage, d'apr. CLAUDE LORRAIN; à l'eau-forte
pure. En larg.

785 Paysage à l'eau-forte pure. Gr. Est. en larg.

786 Paysage à l'eau-forte pure. Gr. Est. en larg.

BRUGGEN, J. van den.

787 Paysan fumant. Paysan endormi, près de lui
un autre paysan debout. 2 Est. en haut.

788 Portrait du graveur, d'apr. N. DE LARGILLIER.
Gr. en man. noire. Portrait d'Ad. Fisscher,
d'apr. C. DUSSART, grav. par J. BROUWER. Deux
Est. en haut.

789 Portrait de l'artiste, d'apr. N. DE LARGILLIER.
La Vierge et l'enfant Jésus, d'apr. J. R. PITTONI,
grav. par FR. BRUNET. Deux Est.

BRUN, GABRIELLE LE.

790 Ste Thérèse, d'apr. CH. LE BRUN. En haut.

BRUYN, AB. DE.

791 L'histoire de Susanne. Suite de 7 Est.

BRUYN, N. DE.

792 Deux génies appuyés sur une tête de mort. —
Vignette avec l'inscr. : Omnia mea mecum porto.
2 pet. Est.

793 Le Calvaire. Gr. Est. en larg., inv. et grav.
par lui-même.

794 Grand Paysage, d'apr. J. BREUGHEL. Marq. au
verso P. MARIETTE. En larg.

795 Divers animaux quadrupèdes. Suite de six Est.
en larg.

796 Divers quadrupèdes. Six. Est. — Grand paysage, d'apr. J. BREUGHEL. En larg. Sept Est.

797 Divers poissons, écrevisses etc. Suite de douze
Est. en larg.

Nᵒ. 798 Suite de douze Est. représ. des écrivisses, cra-
bes etc. En larg.

BRY, TH. DE.

799 Le bain. La charité. Le combat. 3 Est. en
rond.
800 Adam et Eve, d'apr. JOD. a WINGHE.
801 Le Capitaine prudent. Superbe Epr. Le Capitaine des folies. Orgueille et folie. Trois
Est. en rond.
802 Quatre médaillons en rond représ. chacun les
bustes de trois Empereurs romains entouré
d'ornemens. Quatre Est.

BRY, J. TH. DE.

8o3 Le doge et la noblesse de Venise rassemblés
sur une place, d'apr. TH. BARENZEN. En rond.
Sᵗ Jérôme dans sa cellule, d'apr. A. DÜRER.
Deux Est.
804 Le triomphe de Jésus-Christ. L'arrivée de
Rebecca chez Isaac. 2 Est. en larg.
8o5 Les lettres de l'alphabet. Suite de 24 Est.
806 Le triomphe de Bacchus, d'apr. JUL. ROMAIN.
8o7 Marche de soldats. Trois Est. — Danse de
Seigneurs, danse de paysans. Deux Est. Cinq
Est.
8o8 Dessins de gaines, etc. Onze Est.
8o9 Portraits des Sultans et Sultannes turcs. Suite
de 48 Est. en haut.
810 Election et couronnement de l'Empereur Ma-
thias I. Suite de quatorze Est. en larg.

BUCHHORN, L.

811 Portrait de Frédéric II., d'apr. FRITSCH. Portrait de Gottlieb Hiller. Jupiter et Io, d'apr.
PH. LAURY. Trois Est.

BUCK, s. et N.

Nro. 812 Vues de Dover et de Rochester. Deux gr. Est. en larg.

BURKE, th.

813 Henry and Emma. Angelica and Sacriponte. Deux Est., d'apr. A. KAUFMANN. Oh! che boccone, d'apr. SICARDI. Trois Est.

814 Angelica Kaufmann et la muse Clio, d'apr. A. KAUFMANN. Pemière Epr. lettres ouvertes. — The birth of Shakespeare, d'apr. la même. Deux Est.

815 The holy family, d'apr. MURILLOS. Est. en rond.

816 The holy family. Epr. avant l. l.

BUS, corn.

817 L'adoration du veau d'or, d'après RAPHAEL. Deux Epr., dont une contre-épreuve.

BÜSINCK, l.

818 Jésus-Christ et les Apôtres, d'apr. P. LALLEMAN. Suite de 12 clair. obscurs en haut.

819 Clair obscurs, d'apr. P. LALLEMAN. 4 Est.

BYLAERT, j. j.

820 Paysanne assise, d'apr. une étude de C. SAGTLEVEN. En haut.

BYRNE, w.

821 Spring, d'apr. H. MEYER; grav. par W. et LETITIA BYRNE. — Autumn, d'apr. le même, grav. par W. BYRNE et J. SCHUMAN. Deux Est. en larg.

822 Le château de Carnarvon, d'après R. WILSON. En larg.

823 Apollon berger auprès du Roi Admet, d'après PH. LAURA. Epr. avant l. l., mais avec les armes, en larg.

824 Paysage, d'apr. R. WILSON. En larg.

CABINETS.

Nro. 825 Cabinet du Roi, Edit. de 1727 et 1743. 23 Vol.
in fol. rel. en 16 Vol. mar. r. plus les médaillons antiques doubles en 1 Vol. br.; PERRAULT,
Mémoire pour servir à l'histoire nat. des animaux. Paris, Imp. Royale, 1771. Suite de dits
Mémoires. Paris, Imp. Royale, 1776. 2 Vol. fol.
rel. en mar. r. aux armes du Roi, en tout 19
Vol. in fol.

826 Cabinet de l'Archiduc Léopold. De ce recueil
53 Est. sup. Epr. montés, avant les numéros.

827 Cabinet de l'Archiduc Léopold. De ce recueil
231 Est. avant les numéros.

CAGLIARI, P.

828 La Vierge et l'enfant Jésus accomp. du petit
St Jean, de Ste Anne et Ste Catherine, PAULO
CAGLIARI inventor. Gr. à l'eau-forte en larg.

CALENDI, G.

829 Entrée des Anglais dans Toulon. — Evacuation
de Toulon. Deux Est., d'apr. A. FERAUD. Superbes Epr. avec lettres ouvertes. En larg.

830 Bas-reliefs de la porte du Baptistère de St Jean
à Florence, d'apr. L. GHIBERTI. Suite de 11 Est.
y compris le titre.

CALLOT, J.

831 Portraits de l'artiste, gr. par J. LUBIN, BOSSE
et autres, 6 Est.

832 Huit portraits.

833 Le nouveau testament, 11 Est. — Les 4 Ban-
quets, 4 Est. — La vie de l'enfant prodigue,
11 Est., le titre est avant l'inscription. 26 Est.

834 Les Mystères de la passion et de la vie de la
Ste Vierge, 21 Est. — La grande passion, 7 Est.
— La petite passion, 12 Est. plus un petit por-
tement de croix, en oval et en larg. rare. 41 Est.

Nro. 835 La vie de la Ste Vierge en 14 Est. , deux suites
dont une avant les inscriptions. — Gloriosissi-
mae Virginis deiparae elogium etc., en 9 Est.
plus 3 Est. doubles et avant l. l. 40 Est.

836 Les 4 pénitens et pénitentes, 8 Est. y compr.
le titre, gr. par BOSSE, plus une Est. avant l.
l. 9 Est. — Le petit Jésus mettant le pied sur un
dragon. Deux Epr. dont une avant le nom de
CALLOT. — Les 7 péchés mortels, suite de 7
Est. — 18 Est.

837 Jésus - Christ, la Ste Vierge et les apôtres, 16
Est. — Sujets saints, 35 Est., en tout 51 Est.

838 Les martyres des apôtres, en 16 Est., deux
suites dont une avant les numéros. 32 Est.

839 La tentation de St Antoine. Suite de 10 Est.
rép. des médailles. 11 Est.

840 Vue de Florence et des environs, suite de 12
Est., plus une vue du Campo Vaccino, gr. par
SYLVESTRE. Suite de 20 paysages, en tout 33
Est.

841 Les 4 petits paysages, deux suites dont une
avant le nom de CALLOT. 8 Est. Suite de 11
paysages, en tout 19 Est.

842 Les caprices, gravés à Nancy. 50 Est. — Les
caprices, gravés à Florence. 50 Est. Deux Est.
de la grandeur des caprices, rép. Deux femmes vues l'une par devant l'autre par derrière.
Deux fileuses. 102 Est.

843 La suite intitulée: Varie figure gobbi, 21 Est.
— La suite intitulée: Varie figure etc., 15 Est.
et 2 fois le titre avant et avec le mot: fecit;
plus les 5 pièces de la même suite avant les
lointains. 44 Est.

844 Suite des Balli ou Gurucucu, 24 Est. — Les
Gueux, 25 Est., en tout 49 Est.

845 La Noblesse, 12 Est. — Les pantalons, 3 Est.
— Les Bohémiens, 4 Est., en tout 19 Est.

Nro. 846 Les grandes misères de la guerre, 18 Est. Epr.
avant l. l. introuvables. — Les exercises militaires, 13 Est. y compr. le titre, 31 Est.

847 Les grandes misères de la guerre, 18 Est. très
belles Epr. — Les petites misères de la guerre,
7 Est., en tout 25 Est.

848 Les Batailles des Médicis, 15 Est. Deux pièces
d'études. 17 Est.

849 Les 3 intermèdes de Florence, 3 Est. — Entrées de ballet, 4 Est.— Les joûtes et tournois
de Florence, 3 Est. — Les 4 chars triomphales,
2 Epr. — Le char qui roule sur les eaux.
13 Est.

850 Le combat à la barrière. — Les 3 sacrifices et
la femme voilée, 4 Est. — Seize entrées. 21
Est.

851 Divers paysages, fêtes, etc. 24 Est.

852 Divers eau-fortes, 22 Est.

853 Divers eau-fortes, 22 Est.

854 Le Siége de Breda, 6 Est. — Sujet allégorique
sur la religion, 2 Epr. dont une avant l'adresse
d'ISRAEL SYLVESTRE. 8 Est.

855 La grande foire de village, 3 Epr.

856 Divers Est., d'apr. J. CALLOT. 65 Est.

CAMERATA, J.

857 Tobie et l'ange; le bon samaritain; deux Est.,
d'apr. D. FETI. — Jésus-Christ entouré de
Saints, d'apr. A. VACCARO. Trois Est.

858 Joseph et la femme de Putiphar, d'apr. SIM.
CANTARINI. — Le sommeil, d'apr. J. CRESPI.
Deux Est.

859 La Peste, d'apr. C. PROCACCINI. Gr. Est. en larg.

CAMPAGNOLA, D.

860 Le massacre des innocents, gr. en bois. P. G.
V. XIII. p. 484. Nro. 1.

CAMPANELLA , A.

Nro. 861 Vénus blessée par l'amour. — Nymphe au bain.
Deux Est, d'apr. RAPHAEL. En haut.

CAMPION , C.

862 Portrait de Mademoiselle Loir , dess. et gravé
par CAMPION. Scène villageoise , d'apr. FRA-
GONARD. Vignette. Trois Est.

863 Tête d'homme , d'apr. REMBRANDT. Deux griffonnemens , d'apr. le même. Trois Est.

CANIANI , J.

864 Plan et Vue du Forum de Milan. Deux gr. Est.
en larg.

CANOT , P. C.

865 Combats navals, d'apr. R. PATON. Deux Est.
sup. Epr. avant toute lettre.

866 Le grand pont sur la Taaffe, d'apr. R. WILSON
en larg.

867 Groupe de Bestiaux dans un paysage, d'apr.
ROSA DI TIVOLI. En larg.

868 Seconde Vue de Flessingue, d'apr. J. PILLEMENT.
L'Amoureux buveur, d'apr. D. TENIERS. Paysage, d'apr. J. PILLEMENT. Trois Est.

CANUTI , DOM. MARIA.

869 St Dominique adorant la Vierge et l'enfant Jésus, d'apr. G. RENI. Gr. à l'eau-forte en haut.

CARANNI , P.

870 Vénus et l'Amour, d'apr. LE PARMESAN. Gr.
Est. en haut.

CARATTONI , J.

871 La Sibylé Tiburtine, d'apr. CONCA. En haut.

CARDON, A.

Nro. 872 Flore and Ceres. Comic and tragic Muse, d'apr.
R. COSWAY. Deux Est.

873 Ste Thérèse adorant le Sauveur, d'apr. P. P.
RUBENS. Est. en haut. Epr. avant l. l.

874 L'Enlévement de Ganimède, d'apr. REMBRANDT.
Superbe Epr. avant l. l.

875 La Bataille d'Alexandrie, d'apr. LOUTHERBOURG.
Gr. Est. en larg. — Portraits des Généraux qui
ont commandée l'armée anglaise en Egypte, d'apr.
le même. Gr. Est. en haut. — Deux Est.

CAREY, R. C.

876 Vue aux environs de Tivoli, d'apr. DIETRICH.
Gr. Est. en larg.

CARMONA, E. S.

877 La Vierge et l'enfant Jésus, d'apr. A. van DYCK.
En haut.

CARMONA, M. S.

878 Portrait de H. Collin de Vermont, d'apr. ROSLIN.
En haut.

879 Portrait de F. Boucher, d'apr. ROSLIN. En
haut.

CARS, J. F.

880 Portrait du Cardinal de Polignac, d'apr. H. RI-
GAUD. En haut.

CARS, L.

881 Portrait de Mlle Clairon dans le rôle de Médée,
d'apr. VANLOO, grav. par L. CARS et J. BEAU-
VARLET. Gr. Est. en haut.

882 Portrait de Michel Anguier, d'apr. G. REVEL. En
haut.

N^{ro}. 883 Portrait de S. Bourdon, d'apr. H. RIGAUD. En haut.

884 Portrait du Cardinal Gaston de Rohan, d'apr. H. RIGAUD. En haut.

885 Fuite en Egypte, d'apr. C. VANLOO. — L'Aveugle, d'apr. GREUZE. — Jeune femme jouant de la serinette, d'apr. CHARDIN. Trois Est.

886 Cephale et l'Aurore, l'enlèvement d'Europe, deux Est., d'apr. LE MOINE. Sujet emblématique, d'apr. le même. Trois Est.

887 Le sacrifice d'Iphigénie, d'apr. LE MOINE. — Le temps enlevant la vérité, d'apr. le même. Deux Est.

CASANOVA,

888 Une Bataille, inv. et gr. par lui-même, en larg.

CAVALLERIS, J. B. de.

889 Le massacre des innocents, d'apr. B. BANDINELLI. Gr. Est. en larg.

890 L'Arche de Noé, d'apr. RAPHAEL. En larg.

891 L'Ecole d'Athène, d'apr. RAPHAEL, gr. Est. de deux feuilles non assemblés.

CAVE, F. LA.

892 Alexandre et Roxane, d'apr. A. COYPEL. En larg.

CAYLUS, A. C. PH. COMTE de, et NIC. LE SUEUR.

893 Des pêcheurs retirant leurs filets, d'apr. JULES ROMAIN. — Timoclée justifiée par Alexandre, d'apr. P. del VAGA. — La Messe, d'apr. POL. da CARAVAGGIO. — Les Egyptiens submergés dans la mer rouge, d'apr. FR. PENNI. — Un homme conduisant un lion, d'apr. B. PERUZZI. 5 Est.

894 L'Empereur Henry IV aux pieds du Pape Gregoire VII, d'apr. FR. ZUCCHARI. — La chûte de

Phaeton, d'apr. J. CESARI. — Martyre de Ste
Ange, d'apr. P. TESTA. — Un abbé rendant la
vûe à un aveugle, d'apr. J. BONNATTI. — St
François Xavier mourant, d'apr. L. GIMINIANI.
— St Philippe de Nery, d'apr. L. GARZI. Six
Estampes.

Nro. 895 Vingt-trois div. Est., d'apr. divers dessins originaux.

896 Divers eau-fortes. Cinq Est.

CECCHI, G. B.

897 Quatorze Est. d'une suite plus nombreuse d'Est.
d'apr. des tabl. de divers maîtres italiens.

CECCHINI, F.

898 Portrait de D. Velasquez, d'apr. lui-même en
haut.

899 La Visitation, d'apr. A. BONVICINO. En larg.
Epr. avant. l. l.

CESIO, C.

900 Les angles peintes par G. RENI, dans le Palais
Mazanino, à Rome. Suite de onze Est. y compris le titre.

CHAMBARS, TH.

901 Ste Madeleine, d'apr. R. MENGS. Epr. avant la
lettre.

902 St Martin partageant son manteau avec un pauvre, d'apr. P. P. RUBENS. Epr. avant l. l.

903 Le Concert, d'apr. M. A. da CARAVAGGIO. Gr.
Est. en larg.

CHARPENTIER,

904 Descente de Croix, d'apr. VANLOO. — Bacchus
et Ariadne, d'apr. une cornaline gravée. par
EL. CHEREAU. Deux Est.

CHASTEAU, G.

Nro. 905 Le Martyre de St Etienne, d'apr. AN. CARRACHE.
— La Naissance de la la Ste Vierge, d'apr. DE
LA FOSSE. Deux Est. en haut.

906 St Jean prêchant dans le désert, d'apr. C. MA-
RATTI. Gr. Est. en larg.

CHÂTEAU, N.

907 St Jérôme, d'apr. BALTH. de SIENNE. — St
Pierre délivré de la prison, d'apr. A. COYPEL.—
Sujet tiré des Eclogues de Virgile, d'apr. le
même. Trois Est. en haut.

908 Renaud et Armide, d'apr. L. SILVESTRE le jeune.
— Jésus - Christ marchant la croix sur le dos
et montrant à un apôtre la voie du salut, d'apr.
AN. CARRACHE. Deux Est.

CHATILLON,

909 Dieu apparoissant à Moïse dans le bucher ar-
dent, d'apr. S. BOURDON. En haut.

CHAUVEAU, FR.

910 Sujets rémarquables tirés de l'histoire grecque.
Suite de 19 Est. y compr. le titre inv. et gr.
par FR. CHAUVEAU.

911 Descente de la Croix, d'apr. N. POUSSIN. Epr.
avant l. l.'— Ste Marguérite, d'apr. le même.
Deux Epr. dont une la marge d'en bas coupée.
Trois Est.

912 Repos en Egypte, d'apr. N. POUSSIN. Epr. avant
la lettre.

913 Ste famille, d'apr. L. DE LA HIRE. — Ste Cécile,
d'apr. LE DOMINIQUIN. — Arc triomphale, d'apr.
CH. LE BRUN. Trois Est.

CHENU, P.

914 Les amusemens des Matelots, d'apr. D. TENIERS

— Portrait de François I., revêtu des emblêmes de Minerve, Diane, Mercure et de Cupidon, d'apr. N. dell' ABBATE. Deux Est.

Nro. 915 La Campagne; paysage, d'apr. A. v. der VELDE. — Les baigneuses, paysage d'apr. Van der NEER, et Van der WERF. — L'Adoration des bergers, d'apr. BASSANO. Trois Est.

CHEREAU, FR.

916 Portrait de B. Bossuet, d'apr. RIGAUD. — J. B. L. Picon, d'apr. le même. Deux Est.

917 Portrait de E. Renaudot, d'apr. J. RANC.

918 Portrait de Conrad Detleu et Dhen, d'apr. H. RIGAUD. Première Epr.

919 Portrait de N. Launay, d'apr. H. RIGAUD.

920 Jésus - Christ à la croix, d'apr. LE GUIDE. Gr. Est. en haut.

CHEREAU, J.

921 Portrait de Marie Princesse de Pologne, Reine de France, d'apr. VANLOO.

922 Le lavement des pieds, d'apr. BERTIN. — La Visitation de la Ste Vierge, d'apr. FRÉRE JEAN ANDRÉ; de cette Est. la marge d'en bas coupée. Deux Est.

CHEVALIER, N.

923 Le Cabinet du Sieur GIRARDON. Quarante - un Est. y comp. le portrait du Sieur Girardon, grav. par DREVET.

CHEVILLET,

924 Portrait d'un Magistrat, d'apr. GREUZE. — Autre portrait d'homme. Deux Est.

925 Portrait d'un Magistrat. En haut.

CHOFFARD, P. Ph.

926 Oeuvre complet de ce maître. 540 Est.

CLAAS, ALAERT.

Nro. 927 Le baptême de l'Eunuque, P. G. V. IX. Nro. 12.
928 Gattamelata, Nro. 3o.
929 Le porte-enseigne, Nro. 4o.
93o Vignette, Nro. 43.
931 Vignette, Nro. 54.
932 Un homme nu sur une coquille tenant une voile de la main droite; autre homme couché à ses pieds etc. Est. en haut. non ment.

CLAESSENS, L. A.

933 Portrait de H. Hooft Danielsz, d'apr. A. de LELIE.

CLAIR-OBSCURS.

934 David jouant devant Saul, d'apr. F. FLORIS.
935 David jouant devant Saul, d'apr. F. FLORIS, endommagé. — Vue intérieure d'une ville. Deux Est.
936 Etude d'un homme nu. — Tête d'homme. Deux Estampes.
937 Le déluge, gr. en bois, gr. Est. en larg. de 2 Feuilles jointes.
938 Sibilla persica, Sibilla frigia, Sibilla europea, Sibilla libica. Quatre Est. gr. en bois en haut.
939 Décoration de Théâtre, gr. par JÉRÔME BOLD, d'apr. B. NERONI, nommé RICCIO. P. G. V. XII. p. 156. Nro. 29, première Epr. sign. au-verso J. MARIETTE, 1728.
94o Repos en Egypte, d'apr- LE BARROCHE. P. G. V. XII. p. 36. Nro. 11.

CLAROT, J.

941 Le départ de Hector, d'apr. CASPAR. Gr. Est. en haut.
942 Le Panthéon à Rome, d'apr. TH. de THOMON. Gr. Est. en larg.

Nro. 943 Tête de Vierge, d'apr. L. da VINCI. — Cléo-
patre expirante, d'apr. G. CAGNACCI, en haut. —
Joseph et la femme de Putiphar, en larg. Trois
Estampes.

944 Portrait de Raphael Mengs, d'apr. lui-même.
En haut.

CLARUS, FAB.

945 Mars et Vénus. — Mercure et Vénus. Deux
eau-fortes, d'apr. NIC. POUSSIN. En larg.

CLERC, SEB. LE.

946 Oeuvre complet de ce maître contenant. 3860
Est. Sup. Epr. dont plusieurs introuvables.

CLERCH, J. F.

947 Moïse enfant devant Pharaon, d'apr. ANG. HAUF-
MANN. Gr. Est. en larg.

CLERCH, J.

948 Intérieur d'une prison, d'apr. PLAZER. — Pendant du morceau précédant, d'apr. le même, grav.
par J. LEON. Deux gr. Est. en larg. Superbes
Epr. avant l. l.

949 Le Naufrage, d'apr. LOUTHERBOURG. Gr. Est. en
larg. Superbe Epr. avant l. l.

950 Vénus endormie, d'apr. L. GIORDANO. Gr. Est.
en larg.

951 Diane et Endymion, d'apr. A. BALESTRA. Gr. Est.
en larg. Epr. avant l. l.

952 Femme hollandaise, d'apr. REMBRANDT. En haut.

953 Portrait de D. de Zepharovich, d'apr. LAMPI. —
Portrait de Léopold II., d'apr. KREITZINGER.
Deux Est.

COCHIN, C. N.

954 Jacob et Rachel, d'apr. LE MOINE. — Laban et
Jacob, d'apr. RESTOUT. Deux Est.

Nᵒ. 955 Alexander et Roxane, deux Est., d'apr. deux
diff. dessins de RAPHAEL. — La mort d'Hippolyte, d'apr. J. DE TROY. Gr. Est. en larg. Trois
Estampes.

956 Jésus - Christ guérissant les malades de Généza-
reth, d'apr. P. DULIN. — St Augustin est sacré
Evêque, d'apr. L. de BOULLONGNE. Deux Est.

957 Prise de Philipsburg et Combat de Friburg; Bataille de Nördlingen, d'apr. ST. della BELLA. Deux
gr. Est. en haut.

958 Les nôces de Cana, d'apr. PAUL VERONESE. En
larg.

COCK, H.

959 Vue intérieure du Musée des antïques dans le
jardin du Cardinal della Valle à Rome. Gr. par
un anonyme, COCK exc. 1553.

960 La parabole du mauvais serviteur, gr. par un
anonyme marquant D. V. C. F. COCK exc. 1554.
Quatre Est.

961 Les 4 évangelistes gr. par un anonyme marquant B. B. F. COCK. exc. 1551. Quatre Est.

COCK, J.

962 Paysage, d'apr. BREUGHEL. Gr. Est. — St Jérôme en pénitence au milieu de ruines, d'apr.
M. HEMSKERKEN. Deux Est.

963 Suite de treize Paysages, d'apr. BREUGHEL. En
larg.

964 Vue des monumens antiques de Rome. Suite de
vingt - trois Est. y compris le titre qui porte:
Praecipua aliquot Romanae antiquitatis etc.

965 Divers Paysages, suite de quarante - cinq Est.
y compr. le titre : Praediorum Villarum etc.

COELEMANS, J.

966 David vainqueur de Goliath, d'apr. N. POUSSIN.
— Paysage, d'apr. J. B. CASTIGLIONE. Deux Est.

Nro. 967 Portrait de Le Bret, d'apr. H. RIGAUD. — Portrait de J. B. Boyer, d'apr. le même. Deux Est.

COLLAERT, A.

968 L'enfant Jésus et St Jean auprès d'une fontaine, d'apr. J. STRADANUS. — Vignette, d'apr. P. P. RUBENS. Deux Est.

COLLAERT, J.

969 Dessins d'orfévreries. Quatre Est. en haut.

COLLIGNON, F.

970 Les quatre Evangelistes, d'apr. LE DOMINIQUIN. Quatre Est.

COLOMBINI, C.

971 La Scra famiglia, d'apr. R. ALLEGRANTI. — La Sta Conversazione, d'apr. S. PACINI. Deux Est. en larg.

CONTARDI, A.

972 Portrait du Pape Pie VII., d'apr. J. B. WICAR. en haut.

973 Jésus - Christ donnant à St Pierre les clefs, d'apr. N. POUSSIN. Gr. Est. en larg. lettres ouvertes.

CONTE, A.

974 Tête de Christ, d'apr. L. da VINCI. Pet. Est. en haut.

CONTI, C.

975 Vue en Autriche, d'apr. CH. BRBND. En larg.

976 Les Voyageurs attaqués par de brigands, d'apr. PH. WOUWERMAN. En larg.

977 Amusement des hollandais en été et en hiver. Deux Est.; d'apr. FERG.

COOK, TH.

Nro. 978 Sujet mythologique, d'apr. B. WEST. Superbe Epr. avant l. l. en larg.

COORNHERT, D. V.

979 La parabole du festin, d'apr. M. HEMSKERK. Suite de six Est. — Sujet allégorique, d'apr. le même. Sept Est.

CORBET, C.

980 Portrait de George III. Roi d'Angleterre, d'apr. TRY.

CORBUT, P.

981 The Humorist, d'apr. J. MOLENAAR. En haut.

CORT, C.

982 Un Prêtre à genoux chargé des instrumens de la passion. — Heraclitus. — Democritus. — Portrait de P. Victorius. Deux Paysages. Six Est.

983 Histoire de Jacob et de Rachel, d'apr. F. FLORIS. Six Est.

984 L'Adoration des bergers. — Le couronnement d'épines. — La naissance de la Ste Vierge. — La mort de la Ste Vierge. Quatre Est.

985 Ste Madeleine, d'apr. LE TITIEN. — La Vierge dans les nues couronnée par des anges, d'apr. T. ZUCCARO. — J. Ch. mis au tombeau, d'apr. F. ZUCCARO. — La pentecôte, d'apr. le même. Quatre Est.

986 La Ste Vierge couronnée par J. Ch. et adorée par quatre Saints, d'apr. F. ZUCCARO. Gr. Est. en haut.

987 La Transfiguration, d'apr. RAPHAEL. Gr. Est. en haut.

COSATTI, L.

988 Suite de six Est. d'apr. les peintures de D. BECCAFUME. Gr. Est. en larg.

COSSIN, L.

Nro. 989 Portrait de Louis XIV., Roi de France; peint et gr. par L. COSSIN. En haut.

COYPEL, A.

990 Le Baptême de Jésus - Christ, peint et gr. par A. COYPEL. En haut.

991 Un Satyre dompté par les amours, d'apr. AN. CARRACCI.

992 La même Est.

993 Bacchus et Ariadne; inv., peint. et gr. à l'eau-forte par A. COYPEL, terminé par G. AUDRAN. Gr. Est. en larg.

CRANACH, L.

994 Portrait de Jean - Frédéric I. de Saxe. P. G. V. VII. Nro. 131.

CRIVELLANI, B.

995 Les peintures de PELLEGRINO TIBALDI. Suite de seize Est. en haut.

CROS, DU.

996 Quatre Vues près de Rome, d'apr. DU CROS. En larg.

CRUGER, TH.

997 La foi, l'espérance, la justice, la charité, d'apr. A. del SARTO. Quatre Est. — St Bruno, d'apr. LANFRANCO. Cinq Est.

CUERENHERT, DIRCK, V.

998 Suite de douze Est. rep. les exploits de l'Empereur Charles V., d'apr. M. HEMSKERK. Douze sujets allégoriques, d'apr. le même. Vingt - quatre Est.

CUNEGO, ALOYSIUS.

Nᵒ. 999 Le mariage de la Vierge, d'apr. LE GUERCHIN. Jésus-Christ mort posé sur le tombeau, d'apr. le même. — St Pierre délivré par l'ange, d'apr. LE DOMINIQUIN. Trois Est. en haut.

CUNEGO, D.

1000 Portrait de J. Ingenhousz. En haut.

1001 L'Ecole d'Athène, d'apr. RAPHAEL. Gr. Est. en larg. en manière noire,

1002 Sibylla Amalthea, Sibylla Hellespontiaca, Sibylla Libyca, Sibylla Phrygia, d'apr. LE GUERCHIN, la dernière grav. par J. PETRINI. Quatre Est.

1003 Stᵉ Cécile, St Valérien, d'apr. DOMENICHINO. En larg.

1004 Stᵉ Madeleine, d'apr. LE CORRÈGE, en man. noire. St Jérôme, d'apr. G. RENI. Deux Est. en haut.

1005 Stᵉ Marie Madeleine, d'apr. ANN. CARRACCI. — La Vierge et l'enfant Jésus, d'apr. LE CORRÈGE. Deux Est.

1006 Galatéa, d'apr. AG. CARRACCI. En larg.

1007 L'annonciation, d'apr. LE DOMINIQUIN. — Naissance de la Vierge; Fuite en Egypte, d'apr. le même. Trois Est.

1008 Le char du soleil; le temps et la vérité, d'apr. LE DOMINIQUIN. Deux Est. en larg.

1009 Andromaque pleurant la mort d'Hector, d'apr. G. HAMILTON. En larg.

1010 Colère d'Achille au départ de Briséis, d'apr. G. HAMILTON. En larg.

1011 Priam rachette le corps mort d'Hector, d'apr. G. HAMILTON. En larg.

1012 Achille pleurant la mort de Patroclus, d'apr. G. HAMILTON. En larg.

1013 Achille traînant Hector à son char, d'après G. HAMILTON. En larg.

Nro. 1014 Le jugement universel, d'apr. M. ANGE. Suite de quatorze Est.

1015 La Vierge et l'enfant Jésus dans les nues adorés par six Saints, d'apr. LE TITIEN. Gr. Est. en haut. Epr. avec lettres tracées.

1016 Peintures de RAPHAEL MENGS dans la salle du Papyrus dans le Vatican. Quatre Est.

1017 Suite de sept Est., d'après les peintures à fresque de J. LANFRANCO, dans l'église St Jean à Rome, dont six gr. par D. CUNEGO, et une par S. COPPA. Sept Est.

CUNEGO, J.

1018 Les peintures de GASPAR POUSSIN au palais Colonna. Suite de dix Est.

1019 Deux paysages, d'apr. FR. DE CAPO. En larg.

CUNEGO, L.

1020 Ste Agnèse, d'apr. A. del SARTO. En haut.

CUNGIUS, C.

1021 Suite de sept Est. formant un plafond, d'apr. PIETRO DI CORTONA. Sept Est.

CURTI, BERN.

1022 Ste Famille, d'apr. A. CARRACCI. Gr. à l'eauforte en larg.

DALEN, C. van.

1023 L'Incrédulité de St Thomas, d'apr. G. CRABETH. En larg.

DALLINGER.

1024 Sujet d'animaux, d'apr. N. BERGHEM, en larg. — Groupe d'enfants, d'apr. N. POUSSIN. Epr. avant toute lettre, en haut. Deux Est.

DALTON, R.

Nro. 1025 Hercule se reposant après avoir tué l'hydre de Lerme, d'apr. L. CARRACCI. En haut.

DAMENY, J.

1026 Divers vases, suite de douze Est. en haut.

DANCKERTS, C. et D.

1027 Jésus-Christ et St Pierre, d'apr. C. VIGNON, gr. par C. DANCKERTS. — Allégorie, d'apr. J. SPILENBERGER, gr. par D. DANCKERTS. Deux Est. en haut.

DANIELL, W.

1028 Vue du pont de Kelso, d'apr. son propre dessin. Gr. Est. en larg. col.
1029 Vue de Canton, d'apr. son propre dessin. Gr. Est. en larg. col.

DANZEL, J.

1030 Socrate mourant, d'apr. SANE. Gr. Est. en larg. — La charité romaine, d'apr. COYPEL, en haut. Deux Est.

DARCIS, J.

1031 Suite de douze chevaux, d'après C. VERNET. Douze Est.

DARET, P.

1032 Vierge et l'enfant Jésus, d'apr. S. VOUET. — Même sujet traité différemment, d'apr. le même. — Autre traité différemment, d'apr. le même. Trois Est.
1033 Jésus-Christ à la croix, d'apr. S. VOUET. — Mise au tombeau, d'apr. le même. — La Visitation, d'apr. M. CORNEILLE. Trois Est. en haut.
1034 La Vierge et l'enfant Jésus, d'apr. AN. CARRACHE. — Repos en Egypte, d'apr. S. VOUET. —

Vénus endormie, d'apr. LE SUEUR. — La charité. (La marge d'en bas coupée.) Quatre Est.

DAUDET.

Nro. 1035 Scène champêtre, d'apr. BERGHEM. Epr. avant
toute lettre, en larg.

DAULLÉ, J.

1036 Mr de Nestier, Ecuyer du roi, à cheval, d'apr.
DE LA RUE.

1037 Portrait d'un Evêque, en buste. Epr. avant
toute lettre.

1038 Marguérite de Valois, Comtesse de Caylus,
d'apr. H. RIGAUD.

1039 J. B. Rousseau, d'apr. AVED.

1040 Catherine Mignard, d'apr. P. MIGNARD.

1041 H. Rigaud et sa femme, d'apr. lui-même.

1042 Même Est.

1043 Portrait de Mad. Favart sous l'habit d'une paysanne, d'apr. C. VANLOO.

1044 Mlle Pelissier, d'apr. H. DROUAIS.

1045 Même Est.

1046 Ch. Alex. de Lorraine, d'apr. M. de MYTENS.

1047 Jupiter et Calisto, d'apr. N. POUSSIN. — Vénus
endormie, d'apr. le même. — Le rafraichisse-
ment des voyageurs, d'apr. F. BOUCHES. Trois
Est. en larg.

1048 Neptune sur son char, d'apr. P. P. RUBENS.
— Vengeance de Latone, d'après JOUVENET.
Deux Est.

1049 Les tendres adieux de la laitière, d'apr. LE
NAIN. — Fête bachique, d'apr. le même. Deux
Est en larg.

1050 Les mêmes Est.

1051 Deuxième rencontre de Cavalerie, d'apr. Van
der MEULEN. — L'école champêtre, d'apr. LE
NAIN. Deux Est. en larg.

Nᵒ. 1052 Le chirurgien flamand, d'apr. D. TENIERS. —
Le prix de la beauté, d'apr. DE TROY. Deux
Est. en larg.

DAVENT, L.

1053 Sujets de Mythologie, P. G. V. XVI, p. 316.
Nᵒ. 18, 19, 20, 22, 24, 26 et Nᵒ. 24 répété.
7 Est. en haut.

DAVID, G.

1054 Divers sujets tirés de l'histoire et de la fable,
inv. et gr. par G. DAVID. Six Est. en larg.

1055 Divers sujets, inv. et grav. par G. DAVID.
Dix Est.

1056 L'adoration des Rois, d'apr. D. DOSSI. En haut.

1057 Thésée domptant le taureau de Marathon. Gr.
Est. en larg. Superbe Epr. ayant toute lettre.

DEBUCOURT, P. L.

1058 Cheval arabe de Mameluck, d'apr. C. VERNET.
— La poste russe, d'apr. SOUERWEID. Deux
Est.

1059 Les chiens ayant perdu la trace, d'apr. C. VER-
NET. Gr. Est. en larg.

DELFF, G. J.

1060 Henri Math. Comte de Turn Valsassina, d'apr.
M. J. MIEREVELD.

1061 Catherine, Comtesse de Culenborch, d'après
M. MIEREVELD.

1062 Wolfgang Giul. Comte Palatin du Rhin, d'apr.
J. MIEREVELD.

1063 Charles I. Roi d'Angleterre, d'apr. D. MYTENS.

1064 Elisabeth, Reine de Bohème, d'apr. J. MIERE-
VELD.

DEMARTEAU.

1065 Têtes, Griffonnemens, Sujets champêtres etc.
Vingt-huit Est.

DENON, v.

Nᵒ. 1066 Portraits de l'artiste. 3 Est.

1067 Portraits des plus fameux peintres, d'apr. leur propres tableaux, qui existent dans la galerie de Florence. 48 pet. Est.

1068 Portrait de Mad. Le Brun. — H. Ramberg. — Autre portrait d'un artiste. Trois Est.

1069 Le Pelletier. — Portrait de député. 2 Est.

1070 Divers portraits. 4 Est.

1071 Divers portraits. 3 Est.

1072 Divers portraits. 7 Est.

1073 Divers portraits. 7 Est.

1074 Divers portraits. 6 Est.

1075 Divers portraits. 6 Est.

1076 Divers portraits. 6 Est.

1077 Divers portraits. 5 pet. Est.

1078 Divers portraits. 5 pet. Est.

1079 Divers paysages. 6 Est.

1080 Divers paysages. 6 Est.

1081 Divers têtes. 7 Est.

1082 Divers têtes. 7 Est.

1083 Divers têtes. 7 Est.

1084 Divers eau-fortes, inv. et grav. par l'artiste. 8 Est.

1085 Divers eau-fortes, inv. et grav. par l'artiste. 8 Est.

1086 Divers eau-fortes, inv. et grav. par l'artiste. 8 Est.

1087 Divers eau-fortes, inv. et grav. par l'artiste. 8 Est.

1088 Divers eau-fortes, inv. et grav. par l'artiste. 8 Est.

1089 Divers eau-fortes, inv. et grav. par l'artiste. 8 Est.

1090 Divers eau-fortes, inv. et grav. par l'artiste. 4 Est.

1091 Divers eau-fortes, inv. et grav. par l'artiste. 6 Est.

Nro. 1092 Divers eau - fortes , inv. et grav. par l'artiste. 6 Est.

1093 Divers eau - fortes , inv. et grav. par l'artiste. 6 Est.

1094 Divers eau - fortes , inv. et grav, par l'artiste. 6 Est.

1095 Costumes des députés. 11 Est.

1096 Sujets du voyage en Egypte, 24 pet. Est.

1097 Paysages, d'apr. CLAUDE LORRAIN. 3 Est.

1098 La Calomnie; Dieu apparoissant à Abraham. — Femme assise embrassant un enfant. — Autre femme assise lisant, près d'elle un garçon. 4 Est., d'apr. RAPHAEL.

1099 Le Martyre de St Pierre l'hermite. — Le laboureur. — Cupidon assis. 3 Est. d'apr. LE TITIEN.

1100 Portrait du Titien. — Présentation au temple. — Figure près d'un pont rompu. — Femme et enfant à cheval. 2 Epr., dont une changé de bistre. 5 Est., d'apr. LE TITIEN.

1101 St Jérôme dans le désert, d'apr. LE TITIEN. Gr. Est. en larg.

1102 Le corps mort de Jésus - Christ pleuré par les Stes femmes. — Jeune homme conduisant un aveugle. 2 Est., d'apr. A. CARRACHE.

1103 L'adoration des bergers. — Femme assise et deux enfants. — St François. 3 Est., d'apr. A. CARRACHE.

1104 Principale partie du tableau appellé Le St Jérôme. — Mariage de Ste Catherine, 2 Epr. — Repos en Egypte. 4 Est., d'apr. LE CORRÈGE.

1105 Tête d'ange. — Autre tête d'ange. — Deux bustes d'enfants. — Une femme et un enfant qui dorment. 4 Est., d'apr. LE CORRÈGE.

1106 Présentation au temple. — Mariage de Ste Catherine. — Femme portant un vase sur la tête. — Génie du feu. 4 Est., d'apr. LE PARMESAN.

1107 La Mélancolie. — Groupe de têtes et figure debout qui écrit, sur une même planche. — Grou-

pe de têtes, et deux figures assises, sur une
même planche. — Ecole de filles. — Moïse,
Adam et Eve, sur la même planche. — Homme
et femme tenant un enfant dans un berceau.
6 Est., d'apr. LE PARMESAN.

Nro. 1108 Divers eau-fortes, d'apr. les dessins du GUER-
CHIN. 7 Est.

1109 Divers eau-fortes, d'apr. les dessins du GUER-
CHIN. 7 Est.

1110 Divers eau-fortes, d'apr. les dessins du GUER-
CHIN. 8 Est.

1111 Divers eau-fortes, d'apr. des maîtres italiens.
9 Est.

1112 Adoration des bergers, d'apr. LE TINTORETTO.
— Petite Crèche, d'apr. BASSANO. — Sujet de
conversation, d'apr. le même. 3 Est.

1113 Vierge assise tenant l'enfant Jésus, d'apr. NIC.
dell' ABATI. — Femme assise tenant un vase,
d'apr. JULES ROMAIN. — Soldat debout, d'apr.
S. ROSA. — Cinq têtes, d'apr. LE GAROFALO. —
Un ange jouant du luth, d'apr. J. ROSSO. — Ste
famille, d'après SCHIDONE. 2 Epr. — Tête
d'homme, d'apr. GIORGIONE. 8 Est.

1114 Paysage. — Homme et femme jouant avec un
enfant et un chien. — Deux sujets de mendiants. — 8 sujets pour l'hist. de Don Qui-
chotte. 12 Est.

1115 Des assassins. — Une vieille femme qui demande l'aumône. — Un pauvre. — Trois danseurs. — Des canoniers. — Deux petites figures. 6 Est., d'apr. CALLOT.

1116 Têtes de chevaux, d'apr. BOURGIGNON. — Bustes
de jeune garçon et de jeune fille, 2 Est., d'apr.
GREUZE. — Marine, d'apr. VOLAIRE. 4 Est.

1117 La conjuration de Catilina, d'apr. SALV. ROSA.
Gr. Est. en larg.

1118 Le coup de vent, d'apr. ZUCCHARELLI. Gr. Est.
en larg.

Nro. 1119 Grand paysage, d'apr. v. d. VELDE. En larg.

1120 Le grand taureau, d'apr. P. POTTER. Gr. Est. en larg.

1121 Chasse au sanglier, d'apr. SNEYERS. — Paysage, d'apr. HOBBEMA. 2 Est.

1122 Paysage d'apr. CANALETTO. — Intérieur d'un temple. — Adoration des bergers 3 Est.

1123 Paysage, d'apr. Van GOYEN. 2 Epr., dont une avant la bordure. — Paysage, d'apr. BREUGHEL. — Concert, d'apr. HONDHORST. 4 Est.

1124 Le départ pour le Sabat. — Paysage. — Les fumeurs. 3 Est., d'apr. D. TENIERS. — Tête d'homme vêtu de noir, d'apr. le même. 4 Est.

1125 Bustes de deux hommes, d'apr. A. van DYCK. — Le Philosophe, d'apr. METZU. 2 Est.

1126 L'adoration des bergers, d'apr. N. MAES.

1127 Groupe de lions, d'apr. QUADAL. En larg.

1128 Portrait de Rembrandt. — Portrait de la mère de Rembrandt. — La Ste famille. 3 Est., d'apr. REMBRANDT.

1129 Joseph racontant ses songes à ses parents. — Le bon samaritain. 2 Est., d'apr. REMBRANDT.

1130 La résurrection du Lazare. — L'ange quittant la famille de Tobie. Belle Epr. avant toute lettre. 2 Est., d'apr. REMBRANDT.

1131 La mort de la Ste Vierge. 2 Epr. — L'ange quittant la famille de Tobie. 3 Est., d'apr. REMBRANDT.

1132 Effet de lumière dans un intérieur, d'apr. REMBRANDT.

1133 Femme au bain. — Philosophe. 2 Est., dans le goût de REMBRANDT. — Le déjeuné à Ferney, d'apr. V. DENON, gr. par NÉE et MASQUELIER. 3 Est.

DESPLACES, L.

1134 Pie V. à genoux, d'apr. FR. JOAN ANDRÉ. Gr. Est. en haut.

Nᵒ. 1135 Marguérite Becaille, d'apr. N. DE LARGUILLIÈRE. En haut.

1136 Le triomphe de Titus et de Vespasien, d'apr. JULES ROMAIN. — Alcide et Alceste, d'apr. A. COYPEL. — La Matrone d'Ephèse, d'apr CH. COYPEL. Trois Est.

1137 Descente de la croix, d'apr. J. JOUVENET. — L'Amour réfugié chez Anacreon, d'apr. COYPEL. — Minerve protégeant la vérité contre l'erreur et l'ignorance, d'apr. A. COYPEL. — Trois Est. en haut.

1138 Orphée, d'apr. P. P. RUBENS. — Marcus Curtius, d'apr. la statue de J. L. BERNIN. — Sujet d'histoire, d'apr. A. COYPEL. Trois Est.

1139 L'adoration des bergers, d'apr. JULES ROMAIN. — Sainte Claire, d'apr. J. R. GAULI. — Vénus et l'Amour, d'apr. A. COYPEL. Trois Est. en haut.

DICKINSON, w.

1140 L'ange gardien conduisant au ciel l'ame d'un enfant, d'apr. W. PETERS. En haut.

DICKINSON et WATSON.

1141 Portrait de George III. assis sur son trône, d'apr. J. REYNOLDS. Gr. Est. en haut. Sup. Epr. avant l. l.

DIETERICH, c. w. e.

1142 Vingt-sept Est., gravées par divers artistes, d'apr. DIETERICH.

1143 La ruine; le tombeau, deux Est., d'apr. WEHLE. En larg.

DIETSCH, j. c.

1144 Suite de neuf paysages à l'eau-forte, inv. et gr. par lui-même. En larg.

DIETTERLIN, B.

Nro. 1145　Sujet allégorique.　En haut.

DIETTERLIN, W.

1146　Titre pour un livre d'architecture, inv. et gr.
à l'eau-forte par l'artiste.　En haut.

DODD, R.

1147　Naufrage du vaisseau Guardian, peint et grav.
par R. DODD.　En larg.

DOFIN, O.

1148　St Jean l'Evangéliste, gr. à l'eau-forte, d'apr.
ANN. CARRACCI.　En ovale.

1149　Pluton, gr. à l'eau-forte, d'apr. AUG. CARRACCI.
En ovale.

DOLENDO, Z.

1150　Sujet historique, d'apr. A. BLOEMAERT. En rond.

DORIGNY, M.

1151　Diverses Est., d'apr. S. VOUET. Quarante-cinq
Est.

1152　Pan et Sirynx, inv. et gr. par M. DORIGNY.
En larg.

DORIGNY, N.

1153　L'Ecole du dessin, d'apr. C. MARATTI. — St
Pierre et St Jean guérissant les malades, d'apr.
L. CIGOLI.　Deux Est. en haut.

1154　Les planètes, peintes par RAPHAEL dans le Palais Chisi à Rome.　Suite de neuf Est. en haut.

1155　Martyre de St Pierre, d'apr. V. LAMBERT, —
Sujet Saint, d'apr. C. MARATTI. Deux Est. en
haut.

1156　La Trinité, d'apr. GUIDO RENI. — St Pierre
marchant sur les eaux, d'apr. J. LANFRANCO.
Deux Est. en haut.

Nᵣₒ. 1157 Coupole de l'église de Ste. Agnèsc à Rome, peinte par CIRO FERRI. Gr. Est. en haut.

1158 La transfiguration, d'apr. RAPHAEL. Gr. Est. en haut. Superbe Epr.

1159 Les Cartons de RAPHAEL à Hamptoncourt. Suite de sept gr. Est. et le titre, en larg. Superbes Epr.

1160 Les quatre Evangelistes peintes dans des angles par LE DOMINIQUIN. Quatre gr. Est. en haut.

1161 Mêmes Est. sup. Epr.

1162 Deux sujets tirés de la fable, d'apr. FR. ALBANO. Deux gr. Est. en larg.

1163 Les mêmes Est. un peu endommagées.

DOSSIER, M.

1164 Vertumne et Pomone, d'apr. H. RIGAUD. En haut.

DREVET, CL.

1165 Ph. L. Comte de Sinzendorf, d'apr. H. RIGAUD. — Portrait de femme repr. comme Cérès, d apr. le même. Deux Est. en haut.

DREVET, P.

1166 J. A. De Mesmes comte d'Avaux, d'apr. H. RIGAUD. en haut, la marge coupée.

1167 F. Girardon, d'apr. VIVIEN. En haut.

1168 Guillaume Cardinal Dubois, d'apr. H. RIGAUD. En haut.

1169 H. Rigaud tourné vers la gauche, d'apr. lui-même. En haut.

1170 H. Rigaud tourné vers la droite, d'apr. lui-même. En haut.

1171 Le Duc du Maine, d'apr. H. RIGAUD. En haut. La marge coupée.

1172 G. Kneller, d'apr. N. de LARGILLIÈRE. avant l. l. en haut.

Nᵒ. 1173 Ch. de Guldenleu Comte de Samsoye, d'apr. H. RIGAUD. En haut.

1174 J. B. Keller, d'apr. H. RIGAUD. En haut.

1175 M. Titon, d'apr. H. RIGAUD. En haut.

1176 Ch. G. Dodun Marquis d'Herbault, d'apr. H. RIGAUD, En haut.

1177 P. Nolascus Couvay, d'apr. TOURNIERRE. En haut.

1178 N. Boileau Despreaux, d'apr. H. RIGAUD. En haut.

1179 Pierre Gillet, d'apr. H. RIGAUD. En haut.

1180 N. Cadesne femme de Mʳ Desjardin, d'apr. H. RIGAUD. En haut.

1181 M. Bertin, d'apr. H. RIGAUD. En haut.

1182 Ludovicus Aug. Dombarum Princeps, d'apr. F. DE TROY. En haut.

1183 Olivier Cromwel, d'apr. Van der WERFF. En haut.

1184 La présentation au temple, d'apr. L. DE BOULLOGNE. En larg. — St Bruno, d'apr. J. JOUVENET. En haut. Deux Est.

1185 L'annonciation de la Vierge, d'apr. A. COYPEL. — L'Envoyé d'Abraham et Rebecca, d'apr. le même. Deux Est. en haut.

DUBOURG, L. F.

1186 Cinq Paysages inv. et gr. par L. F. DUBOURG, En larg.

1187 Six divers sujets inv. et gr. par DUBOURG.

1188 Paysage, d'apr. VAN HUYSUM. — Paysage L. F. DUBOURG inv. 1721. M. ELGERSMA. fec. — Deux Paysages J. van HUYSUM pinx. M. ELGERSMA fec. Quatre Est.

DUCHANGE, G.

1189 Stᵉ Cécile. — Tobie rendant la vue à son père. — Le Bain de Diane. — Sacrifice de la fille de Jephtha. Quatre Est., d'apr. A. COYPEL.

1190 Le Combat des Amazones, d'apr. P. RUBENS.

gr. d'apr. l'estampe de L. VORSTERMANN. En
larg.

Nᵣₒ. 1191 Charles de la Fosse, d'apr. H. RIGAUD.

1192 Jupiter et Leda, d'apr. LE CORRÈGE. En larg.

1193 La résurrection du fils de la veuve de Naïm. —
Les vendeurs chassés du temple. — Jésus-Christ
à table chez Simon. Trois Est., d'apr. J. JOU-
VENET.

DUGHET, JEAN.

1194 Les 7 Sacrements, d'apr. N. POUSSIN, gr. à
l'eau-forte. 7 gr. Est. en larg.

DURER, A.

1195 De la passion de Jésus-Christ, les Nᵣₒ. 7, 10,
11, 12, 13, 14, 16, 18, gr. au burin par un anonyme qui au coin gauche d'en bas du Nᵣₒ. 13,
s'est désigné par les lettres : J. S. N. non mentionnées. 8 Est. en haut.

1196 Groupe de 5 chiens gr. par un anonyme, d'apr.
A. DURER. En larg.

1197 Ecce Homo, gr. par un Anonyme, d'apr. A. DU-
RER. — Le chiffre d'A. DURER se trouve au coin
gauche d'en bas. A côté une insc. de 2 lignes :
Ecce homo — — potest; en haut. 2ᵈᵉ Epr.

DÜRR, J.

1198 Filippe Iᵉʳ, Duc de Brunswick.

1199 J. Schilter.

1200 Filippe I., Landgrave de Hesse.

DUFLOS, CL.

1201 D. F. Bouthillier de Chavigny, d'apr. H. RI-
GAUD.

1202 La même Est.

1203 Fr. Marguérite de Silly, d'apr. A. PEZEY.

1204 M. R. de Voyer de Palmy Marquis d'Argenson,
H. RICAUD pinx. CL. DUFLOS sculp. 1711.

Nro. 1205 Jupiter et Antiope, d'apr. LE BARBIER l'ainé. —
Triomphe de Bacchus. — Triomphe d'Amphitrite,
d'apr. CH. NATOIR. — Vénus et l'Amour, d'apr.
A. COYPEL. Quatre Est.

1206 Les veuves montrant à St Pierre les robes que
Dorcas leur faisait, d'apr. LE SUEUR. — Ste Madelaine, d'apr. A. COYPEL. — L'Enlévement d'Europe, d'apr. F. BOUCHER. — Le prophète Isaias.
Quatre Est.

DUNKER, B. A.

1207 Chaîne d'alpes. — Vue d'Avanche. — Vue de
Morat. Trois Est. col.

DUPERAC, E.

1208 Vue de l'intérieur de St Pierre de Rome. En
larg.

DUPUIS, C.

1209 Sujets tirés de la vie des empereurs Alexandre
Sévère, Trajan, Ptolomée, Philadelphe et de
Solon, d'apr. N. COYPEL. Quatre Est. en larg.

DUPUIS, N.

1210 Ch. F. P. Le Normant, d'apr. L. TOQUET. En
haut.

1211 Ph. Wouwerman, d'apr. C. DE VISCHER. En haut.

1212 St Sébastien, d'apr. L. CARRACHE. — Le mariage
de la Vierge, d'apr. C. VANLOO. Deux Est. en
haut.

1213 Lucrèce, d'apr. G. RENI. — St Nicolas, d'apr.
PIERRE. — L'amour monté sur un satyre, d'apr.
A. COYPEL. Trois Est.

DURET, P.

1214 Le marechal de campagne, d'apr. PH. WOUWER-
MAN. En larg. — Homme déchiré par un lion,
d'apr. M. A. CHALLE. en haut. Deux Est.

DURMER, F. V.

Nᵒ. 1215 Douze diverses Est. dont quatre avant l. l.

1216 Cupidon tirant une épine du pied de Vénus couchée, d'apr. A. NAHL. En larg.

DURNO, J.

1217 La mort de Virginie, J. DURNO pinxit et fecit.
En larg.

DUTTENHOFER.

1218 Trois Paysages avant toute lettre, dont un non
terminé, et un à l'eau-forte pure. Trois Est.
en larg.

DUVET, JEAN.

1219 Des animaux de toutes espèces près d'une fontaine, P. G. V. VII. p. 514, Nᵒ. 42.

Catalogue

du reste de la

Collection d'Estampes

de

Mr. le Comte Maurice de Fries,

appartenant

à la masse Fries et Comp.

dont

la vente se fera le 4 Février 1828 et jours
suivants.

Seconde Partie.

Le présent catalogue se distribue au Magasin des Beaux-
Arts de MATH. ARTARIA, Kohlmarkt No. 260, à 6 kr.
l'Exemplaire.

VIENNE, 1827.
De l'Imprimerie de CHARLES GEROLD.

EARLOM, R.

Nᵒ. 1220 Chasse au sanglier, d'apr. P. P. RUBENS. Gr. Est. en larg. Superbe Epr. avant l. l.

1221 La Zingara, d'apr. LE CORRÈGE. En haut.

EDELINK, G.

1222 F. M. le Tellier, Marquis de Louvois, d'apr. MIGNARD. En larg.

1223 H. Rigaud, d'apr. lui-même.

1224 M. Desjardins, d'apr. H. RIGAUD.

1225 Ch. Le Brun, d'apr. N. de LARGILLIÈRES.

1226 Nic. Parfaict, d'apr. NANTEUIL.

1227 L. de Lauvergne. — Montenard de Tressan, d'apr. DESMARES.

1228 Portrait de Crispin, d'apr. NETSCHER.

1229 J. P. de Lionne, d'apr. J. JOUVENET.

1230 Jacques Prince de Galles, d'apr. de TROYES.

1231 Portrait de Madame Helyot, d'apr. J. GALLIOT.

1232 G. C. Fagon, d'apr. H. RIGAUD. — Fred. Leonard de Brusselles, d'apr. le même. Deux. Est.

1233 Pierre de Montarsis, d'apr. A. COYPEL.

1234 Louis XIV., pour la collection d'Odieuve. — Pierre Sunirey de St Remy. — S. Flechier. — Fr. Henri de Montmorency. Trois Est., d'apr. H. RIGAUD. — Jacques Blanchard, d'apr. son propre portrait. Cinq Est.

1235 La Tente de Darius, d'apr. P. MIGNARD. Gr. Est. en larg.

1236 L'Annonciation de la Vierge, d'apr. N. POUSSIN. en larg.

Nro. 1237 Grande Thèse, d'apr. CH. LE BRUN. Gr. Est. de deux planches non unis, en haut.

EGGER, J.

1238 Ch. Prince de Schwarzenberg, d'apr. J. MERZ. Epr. avant 1, 1.

EISEN, C.

1239 Diverses Estampes gravées par divers artistes, d'apr. les compositions de C. EISEN. Cent-dix Estampes.

EISNER, J.

1240 La mort de César, et pendant, d'apr. H. FÜGER. Deux Est. en larg.

ELLIOT, W.

1241 Le soleil couchant, d'apr. J. PILLEMERT. En larg.

ENDER, TH.

1242 Suite de six paysages gr. à l'eau-forte, en larg.

EREDI, B.

1243 Diverses Estampes, d'apr. les meilleurs peintres des Ecoles d'Italie. Neuf Est.

ERHARD, J. C.

1244 Vue des environs de Fulneck, d'apr. FR. SCHEYE-RER. 4 Est. à l'eau-forte en larg.

FACIUS, G. S. et J. G.

1245 Rubens, Rubens's Wife. Deux pet. Est., d'apr. P. P. RUBENS. — Les quatre Saisons, d'apr. W. HAMILTON. Quatre Est. en rond. Six Est.

N^{ro.} 1246 La grande fenêtre de New College à Oxford peinte par SIR JOS. REYNOLDS. Sept Est. et deux feuilles de texte.

1247 Le jugement de Midas. — Apollon et les Muses. Deux Est., d'apr. C. MARATTI. En larg.

1248 Danae, d'apr. LE TITIEN. En larg.

1249 La Famille de Ben. West., d'apr. B. WEST. Gr. Est. en larg.

1250 The Cow herd, d'apr. P. POTTER. Sup. Epr. lettres ouvertes en larg.

1251 Des anges dansant devant la Ste Famille, d'apr. Van DYCK. — Dédale et Icare, d'apr. LEBRUN. L'Age d'or, d'apr. B. WEST. Trois Est.

FAGE, R. LA.

1252 Cinq Est. inv. et gr. par lui - même, plus le titre de l'ouvrage et 2 feuilles de texte.

1253 4 Sujets divers gr. par F. ERTINGER.

1254 Sujets de l'ancien et du nouveau testament, gr. par FR. ERTINGER. 10 Est.

1255 Bacchanales, gr. par FR. ERTINGER. 6 gr. Est. en larg.

1256 Bacchanales gr. par FR. ERTINGER. Suite de 8 Est.

1257 Bacchanales gr. par Fr. ERTINGER. Suite de 8 Est. en larg.

1258 Grande frise comp. de 6 Est. gr. par FR. ERTIN-GER. En larg.

1259 Divers sujets tirés de l'histoire de Toulouse, gr. par FR. ERTINGER. Suite de 10 Est. et titre.

1260 Suite de 4 Est. inv. et gr. par lui - même. — La même suite gr. en contre-partie, 8 Est.

1261 Cinq Est. inv. et gr. par lui - même.

1262 Bacchanales, suite de 8 Est. en larg. par C. VERMEULEN. — Sujet allégorique, en haut. — 9 Est.

1263 Quatre gr. Est gr. par C. SIMONNEAU.

Nᵣₒ. 1264 Principe de dessin, suite de 12 Est. gr. par
TREMOLIÈRES. En haut.

1265 Sujets divers, gr. par C. DE LA HAYE. 13 Est.

1266 Sujets divers, gr. par LE COMTE DE CAYLUS.
5 Est.

1267 Bacchanales. 9 Est.

1268 Le combat de Josué. — Le Déluge. — Passage
de la mer rouge, gr. par G. AUDRAN. — Moyse
frappant le rocher. — Tobie donnant la sépulture aux morts. gr. par LE CHARPENTIER. — Sujet de Mythologie. 6 Est.

FALCK, J.

1269 Portrait du Baron de Herrelunda, d'apr.
COOPER.

1270 Sujet historique, d'apr. G. DA CENTO. — Concert
vocal. Deux Est. en larg., la dernière avant
toute lettre.

FALCKEYSEN, T.

1271 La Mort du Général Wolfe, d'apr. B. WEST.
Sup. Epr. en larg.

FANTETTI, C.

1272 Sujet allégorique, d'apr. N. POUSSIN. En larg. —
St Jérôme et St François - Xavier adorant la
Vierge et l'enfant Jésus, d'apr. LE PARMESAN.
En haut. Deux Est.

FARIAT, B.

1273 La Vierge et l'enfant Jésus, St Jean Baptiste;
Ste Catherine, St Paul, etc. d'apr. AUG. CARRACHE.
En haut.

FAUCCI, C.

1274 Van Dyck. — Montesquieu. — A. D. Gabbiani.
— Trois Est.

1275 Quinze Est., d'apr. divers Peintres.

FEBRE, V. LE.

Nᵒ. 1276 Bacchanale, d'apr. LE TITIEN. Gr. à l'eau-forte en larg.

FEIGL, J.

1277 Intérieur d'une maison rustique dans laquelle une vieille assise peigne un garçon, d'apr. G. DOW. En haut.

FEOLI, V.

1278 Vues des Salles du Museo Chiaramonti. 24 gr. Est.

FERRONI, H.

1279 La tempérance, d'apr. RAPHAEL. — Joseph et la femme de Putiphar, d'apr. C. MARATTI. — Deux Est.

FESSARD, ST.

1280 St Charles-Boromée adorant la Vierge et l'enfant Jésus, d'apr. H. SCARSELLINO. En haut.

FICQUET.

1281 Portrait d'homme, d'apr. KLOCKER EHRENSTRAHL. J. B. Rousseau, d'apr. AVED. Deux Est.

FIESSINGER, F, G.

1282 Ecce Homo, d'apr. J. ARPINO. En haut.
1283 La prudence, d'apr. FRANCESCHINI. — Cupidon d'apr. LE GUIDE. Deux Est.

FIESINGER, G.

1284 Bernadotte, Mirabeau, d'apr. J. GUERIN. Deux Est.

FILLOEUL, G.

1285 La Ste Vierge, L'Ange Gabriel. — Deux Est., d'apr. C. LE BRUN. En haut.

FINLAYSON ,G.

Nᵒ. 1286 Le Chaudronier , d'apr. J. WENIX. En haut.

FISCHBACH, J.

1287 Paysages et sujets d'animaux, gr. à l'eau-forte,
Sept Est.

FISCHER, J.

1288 La femme adultère, d'apr. H. FÜGER, à l'eau-
forte. La même Est. chargée de bistre. 2 gr.
Est. en larg.

1289 La même Est. chargée de bistre. — Autre Epr.
retouchée à la craie blanche. 2 Est. en larg.

1290 Portrait du Corrège , d'apr. lui-même. — H. X.
de Hauer, d'apr. WEICHSELBAUM. Deux Est.
sur pap. de la chine.

1291 Portrait de J. de Buk. — Portrait d'homme en
profil, deux Epr. Trois Est.

1292 Portrait du Graveur, deux Epr. dont une avant
toute lettre. — Portrait de femme, deux Epr.
avant toute lettre. Quatre Est.

1293 Jésus-Christ disputant avec les docteurs de la
loi, d'apr. J. RIBEIRA. En larg.

1294 La même Est. Epr. non term.

1295 La même Estampe. Epr. avant toute lettre imp.
sur satin.

1296 Sujet d'histoire , gr. d'apr. GERARD. En haut
Epr. avant l. l.

1297 Divers Est. gr. à l'aqua-tinta, huit Est.

1298 De même 15 Est.

1299 De même 6 Est.

1300 Diverses Est. gr. au burin , dix pet. Est.

1301 Diverses Eaufortes inv. et gr. par lui-même. Vingt
pièces.

1302 De même 20 Est.

1303 De même 20 Est.

1304 De même 10 Est.

Nro. 1305 De même 10 Est.

1306 De même 10 Est.

1307 De même 7 Est.

1308 Portrait du Comte de Magnis, d'apr. J. ABEL.

1309 Portrait de l'Empereur François II. en profil. Deux Epr. dont une non term.

1310 Vue de la Grotte près d'Ostrow. gr. Est. gr. à l'aqua tinta.

1311 Dix paysages, grav. d'ap. FISCHER par MAGNIS.

1312 Treize Eau-fortes, d'apr. les dessins de FISCHER et autres grav. par la Comtesse FLORE DE KAGENECK. — Tête de femme, gr. d'apr. J. FISCHER par MARIE COMTESSE DE CZERNIN. Quatre Est.

FITTLER, J.

1313 Tigranes devant Cyrus, d'apr. B. WEST. En larg.

1314 La Bataille du Nile, d'apr. P. J. DE LOUTHERBOURG. Gr. Est. en larg., superbe Epr.

1315 Victoire navale remportée par le Comte Howe le 1r. Juin 1794, d'apr. P. J. DE LOUTHERBOURG. Gr. Est. en larg.

1316 La même Est. Eau-forte pure.

1317 Victoire remportée par l'Amiral Duncan dans la mer du nord le 11 Oct. 1797, d'apr. P. J. DE LOUTHERBOURG. Gr. Est. en larg.

1318 La défense de Gibraltar, d'apr. R. PATON. Trois gr. Est. en larg.

FLIND, P.

1319 Les douze mois de l'année. Suite de treize Est. en rond.

FLIPART, J. J.

1320 Jésus guérissant les lépreux, d'apr. DIÉTRICY. Gr. Est. en larg. sup. Epr. avant l. l.

Nro. 1321 J. B. Greuze, d'apr. son propre port. — Paysage avec figures, d'apr. P. AVELINE, pet. Est. — Le Dessniateur, d'apr. CHARDIN. — Ste Famille, d'apr. JULES ROMAIN. — Quatre Est.

FLODING, P., GRAV. SUÉDOIS.

1322 Des soldats endormis, d'apr. F. BOUCHER. En haut.

FLORIS, F.

1323 Cléopatre devant Marc-Antoine. En larg.

1324 Diverses Estampes, d'apr. son invention 21 Est.

FOLKEMA, J.

1325 Portrait d'homme, d'apr. L. DA VINCI. — Le port. d'Edam, d'apr. D. DE JONG. gr. par FALLIETH Deux Est.

1326 Portrait de J. Tyken, d'apr. A. FOLKEMA.

FOLO, J.

1327 Le Martyre de St André, d'apr. LE DOMINIQUIN. Gr. Est. en larg. Sup. Est. avec lettres tracées.

1328 Diane abandonnée des Nymphes, d'apr. B. NOCCHI. Gr. Est. en larg.

1329 Angélique et Medoro, d'apr. T. MATTEINI. En haut.

1330 Le massacre des Innocents, d'apr. N. POUSSIN. Gr. Est. en larg.

1331 Jésus-Christ à la croix entouré de la Ste Vierge et de St Jean, d'apr. MICHEL ANGE. En haut avant toute lettre.

1332 La Ste Famille, d'apr. RAPHAEL. Gr. Est. en haut, avant l. l.

1333 Virgo cum puero Jésu, d'apr. RAPHAEL. En haut.

1334 La même Est. lettres ouvertes.

1335 Sibylla Cumana, d'apr. LE DOMINIQUIN. En haut.

Nᵒ· 1336 Le temps protégeant la vérité contre la haine et la calomnie, d'apr. N. POUSSIN. Gr. Est. en larg.

FONTAINEBLEAU, ECOLE DE.

1337 Un Empereur Romain haranguant des soldats, P. G. V. XVI, p. 392, Nᵒ 39.

1338 Un jeune homme buvant de l'eau etc. P. G. V. XVI, p. 407, Nᵒ 81.

FONTANA, P.

1339 Jésus - Christ mis au tombeau, d'apr. LE GUERCHIN. En larg. Belle Epr. lettres tracées.

1340 Judith coupant la tête à Holoferne, d'apr. G. RENI. En haut.

1341 Sibylla Persica, d'apr. LE GUERCHIN. — La Musique, d'apr. ROMANELLI. Deux Est. en haut.

FRAGONARD.

1342 Esquisses à l'eau - forte, d'apr. divers tableaux de maîtres italiens. Treize Est.

FRANCESCHI, G. B.

1343 L'Adoration des bergers, d'apr. RAPHAEL. En larg.

FRANCO, G.

1344 Sujets historiques, d'apr. B. CASTELLO. Suite de dix Est. en haut.

FRANCO, J.

1345 Les Métamorphoses d'Ovide, Suite de dix-neuf Est. y comp. le titre et quatre feuilles de texte.

FRANÇOIS, J. C.

1346 Portrait de Fr. Quesnay, d'apr. FREDOU.

Nʳᵒ. 1347 Corps de Garde, d'apr. VANLOO. Gr. est en larg.

1348 Groupe de 4 génies, gr. à l'eau-forte en haut.

FRANSSIÈRES, J. DE.

1349 Moïse au puit, d'apr. S. BOURDON. Gr. Est. en larg.

FRATREL, J.

1350 Divers portraits, allégories etc. Suite de dix-neuf Est. et deux feuilles de texte.

FREIDHOF, J. J.

1351 L'Enlèvment, d'apr. F. ALBANI. Gr. Est. en larg.

1352 Angélique et Medoro. — Achilles trempé dans l'eau. Deux gr. Est. en haut, d'apr. C. ROTARI. Sup. Epr. avant l. l.

1353 Diane et ses Nymphes, d'apr. P. LIBERI. En haut.

1354 Sçène historique, d'apr. N. POUSSIN. Gr. Est. en larg. Sup. Epr. avant l. l.

1355 Portrait d'un Seigneur à cheval, d'apr. BECKER. en haut, sup. Epr. avant l. l.

1356 Danse de Bacchantes, d'apr. J. J. LANGENHÖFFEL. Gr. Est. en haut avant la lettre.

1357 Joseph et la femme de Putiphar, d'apr. C. CIGNANI. — La Mendiante, d'apr. REMBRANDT. Deux Est. en haut.

1358 Tête de Christ, d'apr. ANN. CARRACCI, En haut. — Portrait d'une Dame, d'apr. A. KAUFMANN. Deux Est.

FREUDENBERGER, S.

1359 Le retour du marché. — Le Repas rustique. Deux Est. en larg. col.

1860 Scènes villageoises. Deux Est. col.

Nro. 1361 Le Villageois content. — Les soins maternels. Deux Est. en larg. col.

1362 La fileuse; la dévidense, la propreté villageoise; la toilette champêtre. Quatre Est. en haut. col.

1363 La petite fête imprévue. — Les Chanteuses du mois de Mai. Deux Est. en larg. col.

1364 Départ du soldat suisse. — La visite au Chalet. — L'hospitalité suisse. — Trois Est. col. en larg. la dern. gr. par D. LAFOND, d'apr. J. FREUDENBERGER.

FREY, JAC.

1365 Le sacrifice de Noé. — Sujet mythologique. Deux Est., d'apr. N. POUSSIN. En larg.

1366 La Charité, d'apr. FR. ALBANI. En larg. Ste Pétronelle, d'apr. LE GUERCHIN. En haut, Deux Est.

1367 La Ste Famille, d'apr. RAPHAËL. — Mort de Ste Anne, d'apr. A. SACCHI. Tombeau de Grégoire XIII, d'apr. C. RUSCONI. Trois Est. en haut.

1368 Hercules enfant, d'apr. ANN. CARRACHE. — St Jérôme, d'apr. AUG. CARRACHE. — Sistovo in Bulgaria, gr. à Londres, par J. G. FFEY. Trois Est.

1369 Les pères de l'église, d'apr. LE GUIDE. Hérodiade tenant la tête de St Jean Baptiste, d'apr. le même. Deux Est. en haut.

1370 La Ste Vierge entourée, d'anges tenant l'enfant Jésus qui terrasse le Dragon, d'apr. C. MARATTI. Un Ecclésiastique soutenu par un ange adorant un tableau de la Ste Famille, d'apr. le même. Deux Est. en haut.

1371 Repos en Egypte. — St Bernard devant Innocent II. — Cléopatre. Trois Est. en haut, d'apr. C. MARATTI.

1372 Plafond, d'apr. C. MARATTI. En haut. Deux Epr.

Nro. 1373 La Ste Cène, d'apr. L. DA VINCI. Gr. Est. en larg. Epr. avant l. l.

FREY, J. DE.

1374 Portrait du Poëte G. A. Brederode, d'apr. D. BALLIE. En haut.

1375 Deux têtes d'hommes, l'une orné d'un bonnet à plume, d'après REMBRANDT. Deux Est.

1376 Portrait d'homme à mi-corps, d'apr. REMBRANDT. — Portrait d'homme endormi, d'apr. J. LIEVENS. Deux Est.

1377 Portrait d'homme un grand chapeau sur la tête, d'apr. REMBRANDT. — Vieille femme pelant une pomme, d'apr. le même. Deux Est.

1378 Le Philosophe, l'Hermite, d'apr. BREHELEN-KEMP. Deux Est. en haut.

1379 Buste de Guerrier, d'apr. REMBRANDT. — Tête d'un Saint. Deux Est.

1380 Syndics de la Halle aux draps. — Démonstration anatomique. Deux sup. Est., d'apr. REMBRANDT. En larg.

1381 Paysage, d'apr. REMBRANDT. En larg.

FREY, J. M.

1382 Sujets d'animaux, d'apr. J. G. WAGNER. Quatre Est. en larg.

FREY, J. P. DE.

1383 Isaac, Jacob et Rebecca, d'apr. J. CONING. En larg.

FREY, R. M.

1384 Le bon vieillard en négligé, d'apr. N. MAAS. En haut. — La vestale, d'apr. J. RAOUX, grav. par M. FREY. En larg. Deux Est.

1385 L'Amour et Psyché, d'apr. SCHOEPF. Deux Epr. dont une avant l. l. en haut.

Nro. 1386 La Vierge, l'enfant Jésus endormi et St Jean, d'apr. RAPHAEL. En rond. Epr. avant l. l.

1387 Vierge et l'enfant Jésus, d'apr. RAPHAEL. En haut.

FREZZA, J. H.

1388 Le sacrifice d'Iphigénie, d'apr. LE DOMINIQUIN. — Le jugement de Pâris, d'apr. C. MARATTI. Deux Est. en larg.

FRICQUET, J.

1389 Les 7 arts libéraux et les 7 principales vertues, d'apr. S. BOURDON. 14 Est.

1390 La Ste famille, d'apr. S. BOURDON. En larg.

FRISIUS, SIM.

1392 St Grégoire célébrant la messe, d'apr. J. MABUGE. En larg.

FROMMEL, C.

1393 Quatre Vues col. du lac de Come, d'apr. J. REBELL. Quatre Est. en larg.

1394 Vue de Bade-Baden, d'apr. lui-même. Gr. Est- col. en larg.

1395 Six vues des environs de Paris, d'apr. lui-même. Six gr. Est. col. en larg.

FÜGER, H.

1396 Diverses Est. inv. et gr. à l'eau-forte par H. FÜGER. Suite de dix Est. Plus deux Epr. réhaussés de blanc, et un sujet allégorique, d'apr. FÜGER, gr. par J. EISNER. Treize Est.

1397 Les mêmes Est. imp. sur pap. de la chine. Dix Est.

FUESSLI, H.

1398 Vue des environs du lac de Zurich. Gr. Est. en larg. col.

Nᵣₒ· 1399 Le Rigiberg. Suite de vingt Est. col. Plans et
carte y compris le titre etc. , avec texte franç.
et allem. in fol.

FUESSLI, J. C.

1400 Portrait de Michel Ange.

1401 Domus Fueslinorum artis pingendi etc. Suite
de 6 portraits de la famille de Fuessli. Sept
Est. en haut. y comp. le titre.

FURNIUS, P. JALHEA.

1402 Les 4 Evangélistes, d'apr. P. Van HARLIN. 4
Est. en haut.

1403 Suite de six figures allégoriques, inv. et grav.
par P. FURNIUS. En haut.

GAILLARD, R.

1404 Catherine Princesse de Galitzin, d'apr. VANLOO.

1405 Portrait de L. Bramer, d'apr. C. EISEN. En
larg.

GALLE, C., LE JEUNE.

1406 L'Annonciation, l'adoration des bergers; l'adoration des Rois. La Sᵗᵉ Vierge dans le ciel.
Suite de quatre Est., d'apr. DIEPENBECK, En
haut.

GALLE, C.

1407 Martyre de Sᵗᵉ Agathe, d'apr. A. Van DYCK. —
Le sacrifice d'Abraham. — St Jérôme, d'apr.
Van DYCK. — Paysage, d'apr. J. DE MOMPER,
gr. par TH. GALLE. Quatre Est.

GALLE, PH.

1408 L'histoire de David, d'apr. HEMSKERK. 6 Est.
en haut.

1409 La Visitation, d'apr. F. BARROCCIO, PH. GALLE.
exc.

Nro. 1410 La même Est.

1411 Sujets allégoriques. Suite de six Est., d'apr. M. HEMSKERK. En larg. — Sujets de l'ancien testament, suite de huit Est., d'apr. le même. En larg. — Les quatre Saisons, d'apr. J. STRADAN. Quatre Est. En tout dix - huit Est.

1412 Apollon et Diane tuant les enfants de Niobé, d'apr. G. MANTUANO. — Fuite en Egypte, d'apr. S. ROZZIO. En haut, cintré par en haut. — Le Sacrifice de Noé, d'apr. F. FLORIS. Trois Est.

1413 Loth et ses filles, d'apr. F. FLORIS. — St Jérôme. Deux Est.

GALLE, TH.

1414 La Ste Vierge dans les nues adorée par trois Saints, d'apr. J. STRADAN. En haut.

GAMBLE.

1415 Sujets de chasse, d'apr. C. VERNET. Quatre Est. en larg.

GAMELIN, G.

1416 Bas-relief, d'apr. un dessin du POLIDORE. En larg. — Ste Cécile, d'apr. RAPHAEL, grav. par G. B. GALLI. En haut. Deux Est.

GANDOLFI, M.

1417 Alexandre et Diogènes, d'apr. G. GANDOLFI. Gr. Est. en larg. Sup. Epr. avant l. l.

GANTREL, E.

1418 Jésus - Christ mis au tombeau, d'apr. N. POUSSIN. En larg.

GARAVAGLIA, G.

1419 La Ste famille, d'apr. RAPHAEL. En haut.

GATTI, ol.

Nro. 1420 Ecusson d'armes, soutenu par deux femmes, inv. et gr. par l'auteur, en larg.

1421 Livre de dessin, d'apr. LE GUERCHIN. Suite de vingt - deux Est. en larg.

GAUCHER, c.

1422 L'après - dîner flamand, d'apr. G. Van TILBORCH. En haut.

GAUERMANN, j.

1423 Portrait du Conseiller J. Lenoble de Edlersberg. Epr. non term.

1424 Portrait de J. Gatterer. Epr. non term.

1425 Paysages, d'apr. G. POUSSIN. Suite de quatorze Est. en larg.

1426 De la suite précédente, six Est. sur pap. de la chine.

1427 Vues du jardin de Bruck. Dix Est. en larg.

1428 Divers sujets, gr. à l'eau - forte. Dix Est.

1429 Divers sujets, gr à l'eau - forte. Vingt - cinq pet. Est.

1430 Divers paysages. Sept Est. en larg.

GAUGAIN, th.

1431 L'Empereur Paul I. rendant visite à Kosciusko dans sa prison. — Paul I. rendant la liberté à Kosciusko etc., d'apr. A. ORLOWSKY. Deux Est. en larg.

GEIGER, a.

1432 La Comtesse de Bellegarde, d'apr. H. FÜGER.

1433 La même Estampe. Epr. avant toute lettre.

1434 Portrait de C. Schalhas, d'apr. J. ABEL.

1435 Le Prince Czatorinsky, d'apr. J. ABEL. Epr. avant toute lettre.

1436 Femme nue debout faisant des boules de savon, d'apr. F. LINDNER. Epr. avant toute lettre, en haut.

Nro. 1437 Le Génie de la gloire (Portrait du Prince Henry
Lubomirsky comme enfant), d'apr. Madme LE
BRUN. Epr. avec lettres ouvertes, en haut.

1438 Narcisse, d'apr. M. A. FRANCESCHINI. En larg.

1439 Jésus-Christ mis au tombeau, d'apr. A. van der
WERFF. Sup. Epr. avant l. l. en haut.

1440 Génie tenant une Urne, d'apr. SCHIDONE. En
haut.

1441 Caton d'Utique se déchirant les entrailles,
d'apr. M. A. CARRAVAGGIO. Sup. Epr. avant l. l.
en haut.

1442 La mort de Didon, d'apr. H. FÜGER. Sup. Epr.
avant l. l. en larg.

1443 Antiochus et Stratonice, d'apr. H. FÜGER. En
larg.

1444 La même Est. sup. Epr. lettres tracées.

1445 Pâris et Helène, d'apr. J. DAVID. Sup. Epr. avant
l. l. en larg.

1446 Persée allant combattre le Minotaure, d'apr. H.
FÜGER. Sup. Epr. avant l. l. en haut.

GESSNER, S.

1447 Portrait de S. Gefsner, d'apr. A. GRAFF. grav.
par H. LIPS.

1448 Portrait de S. Gefsner, d'apr. DENON, grav. par
A. de ST. AUBIN.

1449 Suite de dix paysages en haut.

1450 Vingt-sept diverses eau-fortes.

1451 25 diverses eau-fortes.

1452 25 diverses eau-fortes.

1453 25 diverses eau-fortes.

1454 25 diverses eau-fortes.

1455 25 diverses eau-fortes.

1456 25 diverses eau-fortes.

1457 25 diverses eau-fortes.

1458 25 diverses eau-fortes.

1459 Cinquante-trois diverses Vues de la Suisse.

1460 Suite de douze Paysages.

GEYSER.

Nro. 1461 Monument pour le Prince Max. Jul. Léopold de
Brunswick, d'apr. J. FIORILLO. En haut.

CHEYN, J. de.

1462 Les quatre éléments, d'apr. K. van MANDER. —
Ste Elisabeth, d'apr. B. SPRANGER. Cinq Est.

1463 L'annonciation, d'apr. A. BLOEMAERT. En haut.

CHIGI, P.

1464 St Jean Baptiste, d'apr. LE GUERCHIN. En haut.

1465 Vénus sur son char, d'apr. RAPHAEL. En haut.

CHISI, ADAM.

1466 Apollon dans son char précédé de l'aurore, d'apr.
JUL. ROMAIN. P. G. V. XV. p. 424. Nro. 22.

GIBERTI, A.

1467 Présentation au temple, d'apr. B. LUINI. Gr. Est.
en haut. Sup. Epr. lettres tracées.

GILLOT, C.

1468 Fête de Pan, Fête de Faune, inv. peint. et gr.
par C. GILLOT. Deux Est. en larg.

GLAUBER, J.

1469 Berger assis à terre devant lui une femme; gr.
en manière noire, en larg.

GMELIN, W. F.

1470 Vues d'Italie dess. et gr. par GMELIN. Suite de
douze Est. avec texte in fol.

1471 Vue du temple de la Sybille à Tivoli, et pendant. Deux gr. Est. en haut, Epr. avant l. l.

1472 Vue des Cascatelles de Tivoli. — Vue des petites Cascatelles. Deux Est. en larg. Epr. avant
toutes lettre.

Nro. 1473 Vue des petites cascatelles de Tivoli, en larg.

1474 Vue des grandes cascatelles de Tivoli. Gr. Est.
en larg. Sup. Epr. avant l. l.

1475 Rinaldo et Armida, d'apr. G. POUSSIN. En larg.

1476 Le moulin de Claude, d'apr. CLAUDE LORRAIN.
Gr. Est. en larg. sup. Epr. lettres tracées.

1477 Le temple de Vénus, d'apr. CLAUDE LORRAIN.
Gr. Est. en larg. Sup. Epr. avant.l. l.

1478 Vue de Mare Morto près de Naples. Prem. Epr.
avec une seule ligne d'inscription, lettres tracées. Sup. Epr. en larg.

1479 La même Est. Superbe Epr. lettres ouvertes,
en larg.

1480 Le Lac d'Albano. Prem. Epr. avec une seule
ligne d'inscription, lettres tracées. Sup. Epr. en
larg.

1481 La même Est. Superbe Epr. lettres ouvertes
en larg.

GODEFROY, F.

1482 Les Géorgiennes au bain, d'apr. L. DE LA HIRE.
En larg. Epr. avant la dédicace.

GODEFROY, J.

1483 Ossian, d'apr. F. GERARD. Gr. Est. en haut. superbe Epr. avant l. l.

1484 Psyché et l'Amour, d'apr. F. GERARD. Gr. Est.
en haut. Très belle Epr.

GOLDAR, J.

1485 Intérieur de Cabaret, d'apr. E. HEMSKIRK. En
larg.

GOLE, J.

1486 La drôlesse contente, d'apr. C. DUSSART. En
haut. — Le Roi Lincus changé en lynx, d'apr.
J. de LAIRESSE, en larg. Deux Est.

GOLSS , H.

Nro. 1487 Combat naval, d'apr. M. ROUX. En larg.

GOLTZIUS , H.

1488 Les mystéres du rosaire, d'apr. J. STRADAN.
En haut.

GOUDT.

1489 Cérès cherchant Proserpine, en haut.

GOUPY , J.

1490 Chasse de Diane, d'apr. P. P. RUBENS. En larg.

GRANTHOMME , J.

1491 Les 4 Evangélistes, d'apr. M. DE VOS. 4 Est.
En haut.

GRAVE , J. E.

1492 Deux paysages dess. et gr. à l'eau-forte, par
GRAVE.

GRAVELOT , H.

1493 Vingt-deux vignettes gr. par divers artistes,
d'apr. les dessins de H. GRAVELOT.

1494 L'Exercice de l'infanterie, 11 Est. en haut.

GREEN , VAL.

1495 La mort d'Epaminondas, d'apr. B. WEST. Gr.
Est. en haut.

1496 Monument érigé à W. Pitt, Earl of Chatham.
D'apr. BACON. Gr. Est. en haut avant l. l. Superbe Epr.

1497 The descent from the cross; the presentation;
the visitation; d'apr. P. P. RUBENS. 3 Est. en
haut. Superbes Epr. avant l. l.

GREGORI , C.

1498 Portr. d'Ant. Moor.

Nᵒ. 1499 Portrait de P. P. Rubens.

1500 Stᵉ Famille, d'apr. RAPHAEL. — Jésus-Christ apparoissant à la Madeleine, d'apr. FR. ALBANI. Deux Est. en haut.

1501 La Stᵉ Vierge évanouie devant le Saint Sépulcre, entourée des Saintes Femmes et de Saint Jean, d'apr. RAPHAEL. En haut.

GREGORI, FERD.

1502 Le répentir de St. Pierre, d'apr. F. ALBANI. — St Sébastien, d'apr. GUIDO RENI. — Le même tableau gravé différemment. Trois Est.

1503 Stᵉ Famille dite la Vierge au sac, d'apr. A. DEL SARTO. — Le martyre de St. Étienne, d'apr. L. CIGOLI. — Deux Est.

1504 Le dénier de César, d'apr. LE TITIEN. — La Nativité, d'apr. B. CASTIGLIONE. — Baccanale, d'apr. G. VASARI. Trois Est.

1505 Les Parques, d'apr. MICHEL ANGE. — Apollon et Daphné, d'apr. G. B. TIEPOLO. — Ticius, d'apr. S. ROSA. Trois Est.

1506 P. P. Rubens, F. Rubens, G. Lipsio et Hugo Grotius, assis autour d'une table, d'apr. P. P. RUBENS. — Stᵉ Catherine de Sienne, d'apr. F. VANNI, gr. par G. B. GATTI. Deux Est.

1507 Porte du Baptistaire de St. Jean Baptiste à Florence, d'apr. L. GHIBERTI. 34 Est.

1508 Le Général Eliot, d'apr. G. F. KOEHLER.

GRETTLER, J.

1509 St. Paul, d'apr. VAN DYCK. En haut.

GREUTER, F.

1510 La culture de l'oranger introduit dans les états de Gènes. d'apr. G. RENI. Deux Est. — Armoirie, d'apr. le même. Trois Est. en haut.

1511 Les forges de Vulcain, d'apr. J. LANFRANCO. Femme assise dans un paysage, d'apr. C. MAS-

SIMI. Philosophes dans un paysage , d'apr. J. F.
ROMANELLI. Trois Est.

GREUTER , MATH.

N^{ro.} 1512 Diane et Calisto , gr. Est. en haut. — Adam et
Ève devant le Créateur. Deux Est.

1513 Elie dans le char montant au ciel. — Le chemin
du vice et de la vertu. — Deux Est. , d'apr.
W. DITTERLIN.

1514 Hercule ayant enchainé Cerbère , d'apr. J.
MARTINI. Gr. Est. en larg., belle Epr. — Mars
et Vénus , d'apr. RAPH. DA REGGIO. En haut.
Deux Est.

1515 La naissance de Jésus - Christ, la Résurrection ;
la Pentecôte ; la Toussaint, d'apr. I. SADLÉR.
4 Est. en haut.

1516 Vue de la Façade de St Pierre à Rome, Deux
Est. à joindre.

GREUZE , J. B.

1517 Quinze Est. , d'apr. GREUZE. Gr. par divers artistes, dont 10 Est. non terminés ; 4 Est. avant
l. l. et 1 Est. avec la lettre, 15 Est.

1518 Deux sujets de Famille, Epr. avant toute lettre.
sup. Epr. 2 Est.

GRIESSMANN , C. W.

1519 Jésus - Christ rendant la vie à la fille d'Jaïri,
d'apr. REMBRANDT. En larg.

GRIGNION , C.

1520 Caractacus devant l'empereur Claudius, d'apr.
F. HAYMAN. En larg.

1521 Une Fontaine d'Italie , d'apr. J. J. BARRALET.
En rond.

GROS , S. LE.

1522 Sujets divers , 23 Est. gr. à l'eau - forte.

GROZER, J.

Nᵣₒ. 1523 Amusement du Matin, d'apr. SIR JOS. REINOLDS. Gr. Est. en larg.

GÜNTHER, C. A.

1524 Vue du Château de Meissen, Gr. Est. en larg. col.

1525 Vue des ruines de Fürstenstein. Gr. Est. en larg. col.

1526 Vue de Schandau, Gr. Est. en larg. col.

1527 Vue de Lilienstein, gr. Est. en larg. col.

1528 Vue de la ville et du Château de Königstein, gr. Est. en larg. col.

1529 Vue du Château de Fürstenstein. Gr. Est. en larg. col.

1530 Vue du Château de Pillnitz. Gr. Est. en larg. col.

1531 Vue de Wchlstädtel vers Raden. Gr. Est. en larg. col.

1532 Paysage, gr. à l'eau-forte, d'apr. J. GESSNER. Epr. avant toute lettre, en larg.

GUNST, P. V.

1533 Marie, Reine d'Angleterre, d'apr. A. van der WERFF.

1534 Elisabeth d'York, d'apr. A. vau der WERFF.

1535 Fr. Walsingham, d'apr. A. van der WERFF.

1536 Latimer, d'apr. A. van der WERFF.

1537 Parker Archevêque de Canterbury, d'apr. A. van der WERFF.

1538 Gardiner, d'apr. A. van der WERFF.

1539 Thomas Moore, d'apr. A. vau der WERFF.

1540 Thomas Crammer, d'apr. A. van der WERFF.

1541 Thomas Howard, d'apr. A. van der WERFF.

1542 Fr. Junius, d'apr. A. vau der WERFF.

1543 Fischer, d'apr. A. vau der WERFF, grav. par G. FALCK.

1544 Fr. von Groenhout, d'apr. R. KOETS.

24

Nro. 1545 Portrait d'homme en habit noir; au bas un
écusson avec 3 étoiles et 2 fers de cheval. Sup.
Epr. avant toute lettre.
1546 J. A. Thuanus.

GUTTENBERG, c.

1547 La troupe ambulante, d'apr. J. F. MEYER. — Monument érigé à Genève à J. J. Rousseau. Gr.
Est. en haut. Deux Est.

GUTTENBERG, H.

1548 Le résurrection du Lazare; le retour de l'enfant
prodigue. Deux Est., d'apr. DIETRICH. En haut.
Epr. avec lettres tracées.
1549 Couronnement de La Fontaine par Ésope aux
champs élisées, d'apr. LE BARBIER. — Nanette
effrayée, d'apr. MEYER. Deux Est. en larg.

HACKERT, c.

1550 Le temple de Diane à Baja, gr. par G. BARTOLI.
— Le temple de Proserpine sur le lac Averno,
gr. par D. GUERRA. Deux Est. en larg., d'apr.
C. HACKERT.
1551 Vue de Chamouny; Vue de la mer de glaces;
Vue de la source de l'Averon. Trois Est. en
larg. col.
1552 Vue de Genève; Vue de Nion. Deux Est. en
larg. col.

HACKERT, G.

1553 Le Matin, le Soir, d'apr. G. POUSSIN. Deux
Est. en larg.
1554 Vue de Persano, Vue de Caserte, d'apr. PH.
HACKERT. Deux Est. en larg.

HACKERT, PH.

1555 Amphithéâtre de Capoue; Temple de Jupiter
Serapis à Pozzuoli; Théâtre de Taormini; Vue

des temples à Paestum.   Quatre Est. en larg. gr. par V. ALOJA et G. DE GRADO , d'apr. PH. HACKERT.

Nro. 1556   Vue de Pizzofalcone , gr. par G. DE GRADO. — Vue de Marcchiano , gr. par V. ALOJA. Deux Est. en larg. , d'apr. PH. HACKERT.

1557   Vue de Cesena , gr. par J. LACROIX. — Vue de St. Pierre à Rome , gr. par B. A. DUNKER et I. VOLPATO. — Cascade de Narni, gr. par C. ANTONINI. Trois Est. , d'apr. PH. HACKERT.

1558   Suite de quatre vues dans le Royaume de Naples. Dess. et grav. , par PH. HACKERT. Quatre Est. en haut.

1559   Carte gén. , de la partie de la Sabine où était située la maison d'Horace, suivie de dix vues des sites de cette Campagne et de ses environs, gr. à l'eau-forte par B. A. DUNKER, term. par G. HACKERT. G. EICHLER et LORIEUX , d'apr. les dessins de PH. HACKERT. Onze Est. en larg.

HAID , J. E.

1560   Manière d'apprêter les poissons, d'apr. J. C. HEILMANN. — Musarion, d'apr. ROSALBE CARRIERA. — La Ménagère, d'apr. A. GRAFF. — La Vieillesse et la Jeunesse, d'apr. J. CHRIST. Quatre Est. en haut.

HAID , J. G.

1561   La même de Rembrandt. — La fille appliquée à écrire. — L'adoration des Bergers. — Le triomphe de Mardochée. — Quatre Est. , d'apr. REMBRANDT.

1562   J. Frisius, d'apr. J. C. FUESSLI.

HAID , J. J.

1563   Portrait de G. Ph. Rugendas, les accessoires, d'apr. J. G. BERGMÜLLER. En haut.

HAINZELMANN, E.

Nro. 1564 Charles V. Duc de Lorraine , d'apr. C. HERBEL.
1565 Auguste, Duc de Saxe, Administrateur de l'E-
vêché de Magdebourg. Gr. Est. en haut.

HALDENWANG, C.

1566 L'Eclair, d'apr. J. PH. HACKERT. Gr. Est. en
lárg. avant l. l.
1567 Vue de la cascade de Tivoli, d'apr. F. REINER-
MANN. Gr. Est. en larg. avant l. l.
1568 Vue de la chapelle de G. Tell, d'apr. P. BIR-
MANN. Gr. Est. en larg. avant l. l.
1569 Paysage, d'apr. VIETH. Gr. Est. en larg. avant
toute lettre.
1570 Le temple de Sylvain, d'apr. H. WEHLE. Gr. Est.
en larg. avant l. l.
1571 Vue dans le Tyrol, et pendant, d'apr. M. MOLI-
TOR. Deux Est. en larg.
1572 Vues de la Silésie et du Riesengebürge, d'apr.
NATTE. Suite de huit Est. en larg.

HALEN, ARENT, ou AQUILA van.

1573 Portrait de Jan Pietersz Zomer, à mi-corps,
tourné vers la gauche, d'apr. A. VAN BLOMMEN.
1574 Portrait de Jan P. Zomer en rond soutenu par
Minerve, sur un piédestale etc., inv. et gr. par
A. VAN HALEN. En haut.

HALL, J.

1575 Portrait de Crichton , d'apr. MOSES GRIFFITH.
En haut.
1576 Traité de W. Penn avec les indiens de l'Amérique,
d'apr. B. WEST. En larg.
1577 The Battle of the Boyne, d'apr. B. WEST, Belle
Epr. avant la dédicace, en larg.
1578 Estampe adressée à la nation Britannique avec
les portraits de W. Hicks, J. Thornton etc.,
présentant des garçons à la déesse tutélaire de

la grande Brétagne pour le service maritime, tendant à montrer l'utilité de la Société maritime, d'apr. **E. EDWARDS**. En haut.

HAMMER, **C. G.**

Nro. 1579 Vues de Moscou. Deux gr. Est. en larg. col.

1580 Vue de Pétersbourg. Gr. Est. col. en larg.

1581 Vue de Meissen. Gr. Est. col. en larg.

1582 Vue occidentale de Königstein. Gr. Est. en larg. col.

1583 Vue de Lilienstein. Gr. Est. en larg. col.

1584 Vue du Rocher dit Königsnase. En larg. col.

1585 Vue de Priesnitz. En larg. col.

1586 Vue de Niederspeer. En larg. col.

1587 Vue de Dresde. En larg. col.

1588 Vue de Schreckenstein, dess. par **A. BALZER**, gr. par **WIZANI**. En larg. col.

1589 Vue de Lohmen, dess. et gr. par **J. F. BRUDER**. En larg. col.

HANNAS, **MARC. ANT.**

1590 La Madeleine à genoux embrassant les genoux de Jésus - Christ attaché à la croix. Le monogramme se trouve sur un morceau de bois au bas de la croix. Au bas de la droite on lit : **MARC. ANTHONI HANNAS IN AUGSPURG.** Grav. en bois, non mentionnée ; en haut.

HARDORFF, **G.**

1591 Brutus, d'apr. **H. FÜGER.** En larg.

HAUBER, **J.**

1592 Portrait de la famille royale de Bavière. — Le Baron Bassus. — Portrait du graveur. Trois Est. inv., peints et gr. par **J. HAUBER.**

1593 Diverses eau - fortes, d'apr **MURILLO** et autres. Huit Est.

HAUGHTON, M.

Nro. 1594 Lycidas, d'apr. FUSELI. En haut.

HAUSSART, J.

1595 Le mauvais riche, d'apr. D. FETI. — La vertu,
d'apr. SICIOLAUTE DE SERMONETA. — La puri-
fication, d'apr. F. VERDIER. Trois Est. en haut.

HAYE, C., DE LA.

1596 Tableau de l'autel principal de l'église de Mon-
serrat à Rome, peint et grav. par C. DE LA HAYE.
Gr. Est. en haut.

HAZARD.

1597 Recüeil de dessins de différentes écoles, d'apr.
les originaux tirés de sa collection. Suite de
soixante-huit Est. y compr. le titre.

HEARNE.

1598 Vue d'un village, d'apr. J. RICHARDS. En larg.
Epr. à l'eau-forte pure.

HEATH, J.

1599 La mort de Major Pierson, d'apr. J. SINGLETON.
COPLEY. En larg.
1600 La même Est. Epr. à l'eau-forte pure.
1601 La mort de l'Amiral Nelson, d'apr. B. WEST.
En larg. Sup. Epr. avec l'explication. Deux Est.
1602 Archery, d'apr. J. SLATER. En larg. Sup.
Epr. avant l. l.
1603 The riot in Broad Street, d'apr. WHEATLY.
Epr. à l'eau forte pure, en larg.

HEGI, F.

1604 La chûte du Rhin près de Schaffhouse, d'apr.
P. BIRMANN. — Vue près d'Olivona, d'après
L. HESS. Deux Est. en larg.

Nᵣₒ. 1605 Vues de la chûte de la montagne du Rofsberg.
Quatre Est. en larg., plus deux de ces Est. col.
Six Est.

1606 Suite de huit eau - fortes, dess. et gr. par F.
HEGI.

HEIDELOFF, J.

1607 Suite de quinze Est., dess. et grav. à l'eau-
forte par J. HEIDELOFF.

HEISS, E. CH.

1608 J. L. Bürglinus, d'apr. A. SCHUCH.

HELLYER, TH.

1609 La Bataille du Nile, d'apr. J. WEIR. Trois gr.
Est. en larg.

1610 The miraculous conversion of Saul; d'apr. E.
DAYES. Gr. Est. en haut.

HELMAN.

1611 Conquêtes des chinois, d'apr. les dessins des
Missionnaires. Suite de 24 Est. en larg.

HEMSKERK, M.

1612 Grand Paysage où l'on voit le tombeau de Rachel. — La fuite en Egypte. — Sujet de l'ancien testament. — Trois Est.

1613 Le bon Samaritain. Suite de 4 Est. en haut.

1614 L'histoire d'Abraham. Suite de 6 Est. gr. par
M. HEMSKERK et par TH. COORNHERDT. En haut.

1615 La vie et la passion de Jésus - Christ. Suite de
27 Est. en haut.

1616 Diverses Est., d'apr. son invention. 65 Est.

HENRIQUEZ, B. L.

1617 Echec et mat, d'apr. C. VANLOO. Gr. Est. en
haut. — L'Amour, d'apr. J. B. GREUZE. Deux
Est. en haut.

HERHAN, ELISABETH.

Nro. 1618 Portrait du Général Regnier, d'apr. J. GUERIN.

HERTZINGER, A.

1619 Troupeau, d'apr. H. ROOS. — Un pâtre et quatre chèvres dans un paysage, d'apr. son propre
tableau. Deux Est. gr. à l'eau-forte par A.
HERTZINGER.

1620 Sujet champêtre, d'apr. A. Van der VELDE. —
Une chèvre debout. Deux Est. à l'eau-forte par
A. HERTZINGER.

1621 Groupe de divers animaux devant une ferme,
d'apr. K. DU JARDIN. Gr. Est. en haut., sup.
Epr. avant toute lettre.

1622 La cascade, d'apr. J. RUYSDAEL. Gr. Est. en haut.

1623 La même Est. avant l. l.

1624 Le troupeau passant l'eau, d'apr. H. ROOS. Gr.
Est en larg.

1625 La même Est. avant l. l.

1626 Monument de Klöpstock, d'apr. MECHAU et
KLINSKY. Gr. Est. en larg. avant la dédicace.

1627 Le mouton favori, d'apr. H. ROOS. En larg.

1628 Troupeau, d'apr. K. DU JARDIN. — Deux sujets
d'animaux, d'apr. H. ROOS. — Vue de Vicence,
d'apr. TH. DE THOMON. Trois Epr. Six Est.
en larg.

1629 Troupeau, d'apr. DUVIVIER. Gr. Est. en larg.
Deux Epr.

1630 Divers sujets d'animaux, d'apr. PH. WOUWER-
MANN, BERGHEM, et autres. Six Est.

1631 Suite de neuf sujets champêtres, d'apr. N.
BERGHEM et autres. Neuf Est.

1632 Suite de huit sujets d'animaux, gr. à l'eau-forte
par A. HERTZINGER.

1633 Divers paysages, d'apr. W. COMTE DE PAAR.
Dix Est. — Autres paysages, d'apr. le même,
gr. à l'eau-forte par FR. GABET et autres. Neuf
Est. En tont dix-neuf Est.

HESS, c.

Nro. 1634 La Ste Famille, d'apr. RAPHAEL. Epr. avant l. l. en haut.

1635 Frédéric Electeur Palatin donnant un repas à Heidelberg aux Princes et Nobles qu'il avoit fait prisonniers, d'apr. MELCHIOR. Deux Epr. dont une avant toute lettre, en haut.

1636 Jésus - Christ appelant à lui les enfants, d'apr. REMBRANDT. — Jésus - Christ disputant avec les docteurs de la loi, d'apr. HONDHORST. Deux Est. sup. Epr. avant l. l. en haut.

1637 La Vierge et l'enfant Jésus, d'apr. C. DOLCE. En rond.

1638 Jésus - Christ au temple disputant avec les docteurs de la loi, d'apr. REMBRANDT. En haut.

1639 La Nativité, L'Elévation de la croix. Deux Est., d'apr. REMBRANDT. En haut. cintrés par en haut.

1640 La descente de croix; la sépulture. Deux Est., d'apr. REMBRANDT. En haut., cintrés par en haut.

1641 La résurrection; l'assomption. Deux Est., d'apr. REMBRANDT. En haut., cintrés par en haut.

HESS, I.

1642 Les Cosacques. Gr. Est. en larg., inv. et gr. par HESS, col.

1643 Représentation des chevaux de guerre de l'Autriche. Six Est. et texte.

HESS, P. L.

1644 Course de chevaux faite à Munic le 17 Octobre 1810; dess. et gr. à l'eau - forte par P. L. HESS. En larg.

HILL, J.

1645 Romulus et Remus, d'apr. VAN DYCK. En larg.

HIRSCHVOGEL, A.

1646 L'histoire de l'ancien et du nouveau testament. Suite de 120 Est. P. G. Vol. IX. p. 171. N. 1.

(De cette suite il manque 16 pièces.) Cent
quatre Est.

Nro. 1647 Un prince assis. Ib. p. 173. Nro. 11. — Un
prince armé. Nro. 13. — Homme armé. Nro. 14.
— Autre homme armé. Nro. 15. — Au verso
du Nro. 15 la même Est. en contre-épr. —
Quatre Est. en haut.

1648 Paysage. Nro. 52. — Paysage, copie, d'apr.
A HIRSCHVOGEL. 2 Est.

1649 Paysages Ib. Nro. 48, 55, 60. Trois Est.

1650 Paysages Ib. Nro. 61, 62. Deux Est.

1651 Paysages Ib. Nro. 65, 66. Deux. Est.

1652 Paysages Ib. Nro. 72, 73. Deux Est.

1653 Paysages Ib. Nro. 74, 77. Deux Est.

1654 Vases, Ib. Nro. 88, 95. Deux Est.

1655 Vignettes, Ib. Nro. 101, 102. Deux Est.

HODGES, C. H.

1656 Jésus-Christ mis au tombeau, d'apr. LE PAR-
MESAN. — La Maîtresse de Raphael, d'apr. JU-
LES ROMAIN. Deux Est. en hant.

1657 Buste de vieille femme vue de face, d'apr. REM-
BRANDT. Très belle Epr. en haut., lettres ouvertes.

HÖFEL, B.

1658 Portrait du Comte Mittrowsky, d'apr. A. RICH-
TER.

HOLBEIN, THERÈSE.

1659 Divers paysages, grav. à l'eau-forte par TH.
HOLBEIN. 95 Est.

HOLLAR, W.

1660 Portrait de Charles I. Roi d'Angleterre, d'apr.
A. van DYCK.

1661 Portrait de Jeanne Seymour, d'apr. H. HOLBEIN.

1662 Elisabeth Princesse d'Angleterre, fille de Charles I. Roi d'Angleterre.

Nro. 1663 Portrait d'un membre de la famille de Fucher,
d'apr. LE GIORGIONE.

1664 St Bruno. — Junon, d'apr. ELZHEIMER. Deux
Estampes.

1665 Procès et exécution du Comte de Strafford.
Deux Est. en larg.

1666 Divers ornemens d'épées et de poignards, d'apr.
H. HOLBEIN. Trois Est. en haut.

1667 Cinq vases, d'apr. H. HOLBEIN. Cinq Est. en
haut.

1668 Divers groupes d'enfants et génies. Suite de
dix Est. en larg. y comp. le titre en larg.

1669 Lion couché, Lion debout, d'apr. A. DÜRER. Deux
Est. en larg.

1670 La Reine de Saba, d'apr. P. VERONESE. Gr. Est.
en larg.

1671 La même Est. répétée.

HALLOWAY.

1672 Estampe pour l'édition de l'histoire d'Angleterre
de Hume, d'apr. SMIRK. Est. en haut, non term.

HOLSTEYN, C.

1673 Les quatre Elémens. Suite de quatre Est. en
haut.

HONDIUS, H.

1674 Schelle-Belle en Flandres; en larg. belle Epr.
1675 Portrait de C. Cort.

HOOGHE, ROMEYN DE.

1676 Portrait de Guillaume Henri, Prince d'Orange
à cheval etc. Gr. Est. en larg.

1677 Jean III., Roi de Pologne à cheval. Gr. Est. en
larg.

1678 Sujets divers. 10 Est.

1679 Diverses Est. relatifs à l'histoire de Guillaume III.

Roi d'Angleterre et son Epouse etc. Cinquante
Estampes.

N⁰. 1680 Sujets emblématiques, allégoriques etc. Trente
trois Est.

1681 Combats, Batailles etc. 21 Est.

HORTEMELS, F.

1682 Adoration des Rois, d'apr. P. VERONESE, en larg.
— Estampe, d'apr. D. FETI. en haut. — Mort
d'Abel, d'apr. A. SACCHI, en larg. — La Pentecôte, d'apr. G. FERRARI, en haut. Quatre Est.

HORTHEMELS, MARIE.

1683 Elisabeth Charlotte, Palatine du Rhin, d'apr.
H. RIGAUD. — Le Sacrifice d'Iphigénie, d'apr.
N. BERTIN. Deux Est. en haut.

HOUBRAKEN, J,

1684 Sir Francis Drake. Magnifique Epr.
1685 J. R. Ferch, d'apr. J. HUBER.
1686 Cornelis Troost, d'apr. lui-même.
1687 Portrait du Cardinal de Fleury, d'apr. H. RI-
GAUD; les alentours peints par ANTREAU. En haut.
1688 Le même port. belle Epr. avec marge.

HOUSTON, R.

1689 Homme assis près d'une table taillant une plume,
d'apr. REMBRANDT. — Le Prodigue, d'apr. PH.
MERCIER. Deux Est. en haut.

HUBERT.

1690 Vue de Lausanne. — Vue du château Chillon,
d'apr. HUBERT. Deux gr. Est. en larg. col.

HUCK, J. G.

1691 Abraham et Agar, d'apr. P. di CORTONA. Gr.
Est. en haut.

10. 1692 P. P. Rubens. — Abraham. Deux Est., d'apr.
P. P. RUBENS. En haut.

1693 La Vierge et l'enfant Jésus, d'apr. A. BALESTRA.
En larg. — Oedipe et Antigone, d'apr. THERE-
NIN. En haut. Deux Est.

HULLE, A. van.

1694 Portrait des Envoyés et Députés à la paix d'Os-
nabruck, d'apr. les peintures de A. v. HULLE, gr.
par divers artistes, 88 Est. et titre.

1695 De ces mêmes Portr, 55 Epr. avant les mots :
accessit Privilegium Caesareum, beaucoup d'entre eux avant l'année, et tous signées au verso
P. MARIETTE. Très belles Epr.

HULSBERGH, H.

1696 Sacrifice de la fille de Jephtha, d'apr. A. COYPEL.
Gr. Est. en larg.

HUTIN, C.

1697 La Ste famille, gr. à l'eau-forte, en haut.

HYRE, L. de LA.

1698 Repos en Egypte, inv. et gr. à l'au-forte par
L. DE LA HYRE. En larg.

JACKSON, J. B.

1699 Le Calvaire, d'apr. LE TINTORETTO. Gr. Est.
de 3 pl. non assemb. en larg. gr. en bois.

1700 Jacob et Laban, d'apr. J. DA PONTE. Gr. en bois,
gr. Est. en haut.

1701 Un martyre, d'apr. LE TINTORETTO, gr. en bois,
gr. Est. en larg. de 2 pl. non assemblés.

1702 Le mauvais riche, d'apr. LE TITIEN, gr. en bois,
en haut. Epr. avant toute lettre.

1703 Les noces de Cana, d'apr. P. VERONESE, gr. en
bois, gr. Est. en larg. de 2 pl. non assemblés.

Nro. 1704 La Ste Vierge et l'enfant Jésus dans le ciel, adorés par 6 Saints, d'apr. LE TITIEN, gr. en bois,
en haut.

1705 Jésus-Christ sur la montagne des oliviers, d'apr.
J. DA PONTE, gr. en bois en haut.

1706 La Ste Vierge assis sur un trône, tenant l'en-
fant Jésus, près d'elle St Joseph; adorés par
St Jérôme, St François etc., d'apr. P. VERO-
NESE, gr. en bois, en haut.

1707 Jésus-Christ mis au tombeau, d'apr. J. DA PONTE,
gr. en bois, en haut.

1708 Le martyre de St Pierre l'hermite, d'apr. LE
TITIEN, gr. en bois, en haut.

1709 La résurrection du Lazare, d'apr. L. DA PONTE,
gr. en bois, en haut.

1710 Femme assise devant une table sur laquelle sont
des poulets; près d'elle une autre femme, tenant
un poulet etc., d'apr. J. DA PONTE. gr. en bois,
en haut.

JACOB, L.

1711 Les noces de Canan, d'apr. P. VERONESE. Gr.
Est. en larg.

1712 La même Est. avant l. l.

JACOBÉ, J.

1713 Lord George Germain, d'apr. G. ROMNEY.

1714 M^r. Chamberlin, d'apr. G. ROMNEY.

1715 Mr Steele, d'apr. G. ROMNEY.

1716 Portrait d'un Seigneur revêtu de la Toison d'or,
avant toute lettre. — Portrait d'une dame, d'apr.
KRAFFT. Deux Est.

1717 Fréd. Guil. Prince d'Hohenlohe, d'apr. FÜGER.
— J. F. de Holger, d'apr. F. OELENHAINZ. Deux
Estampes.

1718 Sir Robert Murray Leith, d'apr. A. GRAFF.

1719 J. de Weinbrenner, d'apr. J. B. LAMPI.

1720 Alexandre Prince de Galitzin, d'apr. LEVISKY.

Nᵒ· 1721 Portrait d'homme assis près d'une table, d'apr.
F. MOESNER et J. KAHL. — Portrait d'homme
assis près d'une table sur laquelle est placé un
globe céleste, d'apr. J. UNTERBERGER. Deux Est.

1722 Le même Portrait, d'apr. UNTERBERGER. Epr.
avant l. l. — Portrait de femme appuyée sur
un char, d'apr. le même, Epr. avant l. l.

1723 Le Prince de Nassau-Siegen tuant un Tigre en
Amérique, d'apr. F. CASANOVA. — Sujet allégorique, d'apr. N. GUIBAL. Deux gr. Est. en
larg.

1724 Samson trahi par Dalila, d'apr. REMBRANDT. Gr.
Est. en larg. Epr. avant l. l.

1725 Ariadne à Naxos, d'apr. FÜGER. gr. Est. en
larg.

1726 La même Est. sup. Epr. avant l. l.

1727 L'Académie Imp. Roy. de Vienne, d'apr. QUA-
DAL. Gr. Est. en larg. Epr. avant l. l.

JAMNITZER, CH.

1728 Livre de Grotesques. Trois parties cart. 64 Est.

1729 Portrait du mathématicien Neudorffer, en rond.

JAMNITZER, W.

1730 Mathématicien dans une chambre. — Mathématicien sur une montagne etc. Deux Est.

JANINET, F.

1731 Bas-relief, d'apr. MOITTE. Gr. Est. en larg.

JAUTZ, R.

1732 St Paul, d'apr. LE SUEUR. Sup. Epr. avant toute
lettre.

1733 La même Est. sup. Epr. avant toute lettre.

JAZET.

1734 Portrait du Général Lasalle en Pied, d'apr. GROS.
Gr. Est. en haut.

JEAURAT, E.

Nᵒ 1735 Télémaque dans l'isle de Calipso. — Thétis plongeant Achilles d'ans le styx. Deux Est., d'apr. N. VLEUGHELS. — Pan et Syrinx, d'apr. P. MIGNARD. Trois Est. en larg.

1736 Le triomphe de Mardochée. — L'Enlèvement d'Europe. Deux Est,, d'apr. S. LE CLERC. — Jeune fille lisant une lettre. Trois Est.

1737 St Jean baptisant les juifs dans le Jourdain, d'apr. N. POUSSIN. — Des nymphes se baignant, d'apr. le même. Deux Est.

1738 Moïse sauvé, d'apr. P. VERONESE. Gr. Est. en larg.

JEVELLY.

1739 Scène de paysans, d'apr. C. BEGA. Gr. à l'eau-forte.

INCONNU, marquant A. D.

1740 Six têtes gr. à l'eau-forte en haut. 6 Est.

INCONNU, marquant A. L. H. C.

1741 Bethsabé au bain. Pet. Est. en rond.

INCONNU, marquant A. M.

1742 Divers dessins d'orfévreries. 12 Est.

INCONNU, marquant A. M. Z.

1743 Tête d'homme gr. à l'eau-forte. Le monog. au coin gauche d'en bas.

INCONNU, marbuánt B. B.

1744 Le Satyre et la Nymphe P. G. V. XV. p. 548. Sup. Epr.

INCONNU, marquant B. Z. 1581.

1745 Six dessins d'orfévreries sur une planche. — Deux Est. de même marqués A. D. 3 Est.

INCONNU, marquant C. D.

N^{ro.} 1746 Trois amours conduisant un chien. Au coin gauche d'en bas **C. D. fe. En larg.**

INCONNU, marquant C. P.

1747 Suite de 24 eau-fortes y compris le titre qui porte : Landschapjes Rüwientjes enz **C. P.| j. z. 66.** et au coin droit d'en haut : **F. W. Greebe ex.**

INCONNU, marquant 1538 Ex., traversé par un clou.

1748 Le corps mort de Jésus-Christ pleuré par trois anges, d'apr. MARC. A MORO. En haut.

INCONNU, marquant F. A. Nro. 83 des monog.

1749 Le Bal paré de l'empereur Maximilien II., P. G. V. IX. p. 481. N^{ro.} 1.

INCONNU, marquant F. B.

1750 Calliope P. G. V. IX. N^{ro.} 16. — Uranie, N^{ro.} 23. Deux Est.

1751 Les Soldats N^{ro.} 37, à 43, 45, à 52. Quinze Est.

1752 Les escrimeurs. N^{ro.} 55, 57, et copie de N^{ro.} 58. — Les mois de l'année, N^{ro.} 29, 31. 5 |Est.

INCONNU, marquant F. G.

1753 Rinceaux d'ornemens, P. G. V. IX. p. 29. N^{ro.} 12, 13. 2 Est.

INCONNU, marquant F. H.

1754 Jésus-Christ montré au peuple; dans le coin gauche d'en bas sont les lettres F. H. et au milieu d'en bas P. B. non ment. Est. en haut.

INCONNU, marquant F. H.

Nro. 1755 Suite de Six têtes.

INCONNU, marquant G. G.

1756 Divers sujets, 7 eau - fortes sur une même feuille.

INCONNU, marquant G. G. 1550.

1757 Quatre dessins d'orfévrérie sur une même planche. Le monog. est. au milieu d'en bas.

INCONNU, marquant G. D. W.

1758 St Pierre et St Jean entrant dans le temple. En larg.

INCONNU, marquant H. B.

1759 Diane et Actéon, d'apr. J. HEINTZ. — Diane et Callisto. — Le dîner du riche; le dîner du pauvre. 4 Est. en rond.
1760 Estampe allégorique sur le mariage du Prince Henri de Lorraine. En haut.

INCONNU, marquant H. E. Nro. 10, des monog.

1761 Le Parnasse profané. P. G. V. XV. p. 463. Nro. 4. Seconde Epr.

INCONNU, marquant H. P.

1762 Six paysages gr. à l'eau - forte. En larg.

INCONNU, marquant H. S. D.

1763 Les Apôtres, copies d'apr. H. S. BEHAM. Nro. 44, à 47, 49, 51, à 54. P. G. V. IX. p. 545. Neuf Est.

INCONNU, marquant H. V. B. surmonté d'un 4.

1764 Quatre sujets d'orfévréries, sur une planche en haut.

INCONNU, marquant J. A. F. surmonté d'une croix.

Nro. 1765 La Ste Vierge de Loretto, d'apr. LUC. BERTELLI. En haut.

INCONNU, marquant I. H. F.

1766 Suite de 16 arabesques.

INCONNU, marquant L. P.

1767 Quatre eau - fortes, d'apr. B. CASTIGLIONE. — Paysage, d'apr. LE GUERCHIN. 5 Est. en larg.

INCONNU, marquant M. P. F. 1594.

1768 Les noces de Canan, d'apr. AND. VICENTINO. Gr. Est. en haut.

INCONNU, marquant M. T. G. Y. v. F.

1769 S^{te} famille gr. à l'eau-forte. Le monog. est au coin gauche d'en bas. A droite est gr. A. M. Est. en haut.

INCONNU, marquant N. N. J. F. 1565.

1770 La vie de Lîpotopo. En larg.

INCONNU, marquant O. O. V. J.

1771 Homme nu à terre mordu par un serpent et un Léopard. — Derrière lui une femme qui fuit. Au-dessus de lui Cupidon lui lance une flèche. Au bas de l'estampe 14 vers italiens. En haut.

INCONNU, marquant P. S.

1772 Portrait d'homme à longue barbe vu de profil et tourné vers la droite. Au bas de la planche on lit : Anno 1617. Aeta. 71. — Le monogramme est au coin gauche d'en haut. pet. Est. en haut.

INCONNU, marquant R. H. B.

1773 Ste Madeleine pénitente. Gr. Est. en larg.

INCONNU, marquant T. F. Nro. 308, des monog.

Nro. 1774 Le dîner Impérial. P. G. V. IX. p. 481. Nro. 1.

INCONNU, marquant T. V. C.

1775 Un cavalier et une dame se promenant. Jolie
eau - forte en haut. — Au coin gauche d'en bas
T. V. C. inv. et fec.

INCONNU, marquant W. T.

1776 Ecce - homo, d'apr. L. KILIAN. Gr. en bois en
haut.

INCONNUS, Graveurs en bois.

1777 Suite de 48 Portraits des Ducs de Saxe gr. en
bois par divers artistes. Au bas de chaque
portrait se trouvent des vers allemands.

INCONNUS.

1778 Ste Marie de Mont - Serrat. ANT. SAL. exc.
1779 Le Ste Famille, d'apr. ANN. CARRACHE. Sup.
Epr.
1780 La Vierge et l'enfant Jésus ; Copie d'apr. l'est.
de L. CARRACHE. P. G. V. XVIII. p. 24. Nro. 1. —
St. François, copie, d'apr. l'est. d'AN. CARRACHE.
P. G. V. XVIII. p. 191. Nto. 15. Deux Est.
1781 Cupidon porté par trois amours, d'apr. LE PAR-
MESAN. Sup. Epr. en haut.
1782 Joseph expliquant ses songes à ses frères, d'apr.
RAPHAEL. En larg.
1783 Bas - rélief, d'apr. POLIDORO CARRAVAGGIO. Gr.
Est. en larg. de 2 feuilles.
1784 L'Enfant Jésus entouré de 3 anges, d'apr. C.
MARATTI.
1785 Diverses Est., d'apr. les dessins du GUERCHIN.
8 Est.
1786 Sacrifice d'Iphigénie, d'apr. LE DOMINIQUIN.
En larg.

Nᵉᵒ. 1787 Repos en Egypte, d'apr. LE BARROCHE. Sup. Epr. en haut.

1788 La Vierge, l'enfant Jésus et Sᵗ Jean, d'apr. LE CORRÈGE. Epr. et contre-épreuve 2 Est. en haut.

1789 L'Ange Gabriel apparoissant à Zacharie dans le temple, d'apr. A. DEL SARTO. Prem. Epr. avec l'adresse de H. COCK. 1551.

1790 La même Est. 2ᵈᵉ Epr. avec l'adresse de P. DE LA HOUVE. 1601.

1791 L'Alchimiste, d'apr. BREUGHEL. En larg.

1792 Quatre Eau-fortes, d'apr. PH. WOUWERMANNS. Sup. Epr. en larg.

1793 Sujet champêtre, d'apr. N. BERGHEM. Sup. Epr. avant toute lettre, gr. Est. en larg.

1794 Superbe paysage gr. à l'eau-forte par un maître hollandais. Gr. Est. en larg.

1795 Intérieur de Corp de Garde; des Voyageurs. 2 Est. en larg. gr. à l'eau-forte.

1796 La revue à Potsdam. Le Roi de Prusse faisant asseoir le Général Ziethen. 2 Cop., d'après CHODOWIECKY.

1797 La Vierge et l'enfant Jésus. — Sᵗ François. 2 Est. gr. à l'eau-forte.

1798 Jésus-Christ à la croix, gr. en bois, d'apr. J. SALVIATI.

1799 Histoire de la guerre des espagnols en Flandre, 105 Est.

1800 Le triomphe de Neptune. Le Veau d'or. Le frappement du rocher. Même Est. Quatre Est. en larg. d'apr. N. POUSSIN.

1801 Jésus-Christ succombant sous le croix. Magnifique Est. en haut.

1802 Chasses, d'apr. RUBENS. 4 Est. à l'eau-forte en larg.

1803 Rinceaux d'ornemens, 6 Est. Sup. Epr.

1804 Guerrier assis parlant à deux moines, gr. à l'eau-forte en larg.

Nᵣₒ. 1805 Les 4 Evangélistes, d'apr. L. LEYDEN. En haut.

1806 L'enlèvement de Proserpine, d'apr. J. SOLARI. Gr. en bois en haut.

1807 Sacrifice de Priape, copie d'apr. MARC ANTOINE. P. G. V. XV. p. 203. Nᵣₒ. 27.

1808 Combat d'hommes nus, sur un des ponts de Venise, d'apr. P. LIBERI. Gr. Est. en larg. de 3 feuilles assemblées.

1809 Frontispice de l'ouvrage d'architecture de James Adam, en haut. Sup. Epr. avant toute lettre.

1810 Orphée sortant de l'enfer. — Vénus et l'Amour, GASP. DALOLIO exc. — Bas-rélief. — La fondation d'Athènes, dans le goût de RÉNÉ BOIVIN. 4 Est.

1811 Un de travaux d'Hercule. Sup. Epr. au burin. En haut.

1812 Sacrifice à Priape, H. COCK exc. 1553. — Femme assise. — Deux têtes de femme. — Deux enfants portant un jeune Satyre. 5 Est.

1813 Divers études de figures. 14 Est.

1814 Vues des antiquités de Rome. 62 Est.

1815 24 Portraits avec titre portant : Illustrium Jure consultur imagines etc. NIC. NELLI. Ven. for. 1567. 25 Est.

1816 Livre de dessin. BALT. CAYMOX dedica. 39 Est.

1817 Masques, d'apr. l'antique. 12 Est.

1818 Les 12 Césars, Sup. Epr. en haut. 12 Est.

1819 Portrait d'A. Dürer, d'apr. l'est. de MELCH. LORCH. Nᵣₒ. 10. Copie gr. par un anonyme.

1820 Le même portrait impr. en clair-obscur.

1821 Sujets pieux 4 Est.

1822 Sujets pieux 4 Est.

1823 Sujets pieux 6 Est.

1824 Sujets pieux 6 Est.

1825 Sujets pieux 6 Est.

1826 Sujets pieux 6 Est.

1827 Sujets pieux 6 Est.

1828 Sujets pieux 6 Est.

Nᵒˢ. 1829 Portraits 4 Est.
1830 Portraits 4 Est.
1831 Portraits 4 Est.
1832 Portraits 4 Est.
1833 Portrait 1 Est.
1834 Sujets de mythologie 4 Est.
1835 Sujets de mythologie 4 Est.
1836 Sujets divers 6 Est.
1837 Sujets divers 6 Est.
1838 Sujets divers 6 Est.
1839 Sujets divers 6 Est.
1840 Sujets divers 6 Est.
1841 Arabesques , Vignettes etc. 40 Est.

INGOUF, F. R.

1842 Le petit Néapolitain , et pendant, d'apr. J. B.
GREUZE. Deux Est.
1843 Les Canadiens au tombeau de leur enfant, d'apr.
LE BARBIER. Sup. Epr. avant l. l.

JODE, G. DE.

1844 Les deux Larrons. MICHEL inv. G. DE JODE exc.
2 Est.
1845 Sujets de l'histoire de Jésus - Christ. GERAR DE
JODE exc. 7 Est.

JODE, P. DE.

1846 Jésus - Christ guérissant un malade , d'après
A. VAN DYCK. — St. François en prière , d'après
LE BAROCHE. Deux Est.
1847 Ste Famille dans un paysage, d'apr. LE TITIEN
En larg.
1848 Portrait de Th. Ricciardi, d'apr. S. VOUET.
1849 Emanuel Sueiro, d'apr. RUBENS. — Fréd. Guil.
Marg. de Brandebourg, d'apr. A. VAN HULLE.
Deux Est.
1850 31 divers portraits.

JOHN, F.

N⁰. 1851 Fr. Graff; Weber; Kratter 3 Est., d'après
EDLINGER.

1852 Le Prince Henri Lubomirsky, d'apr. R. COSWAY.
— Mr Unger, d'apr. NIEDERMANN. Epr. sur
pap. de la chine. — Mr Bridezki, d'apr. le même.
3 Est.

1853 Mr Crescentini. — Csokonoi. — Portrait d'un
Albinos, d'apr. SCHRÖTTER. 3 Est.

1854 Mr V. Degen, d'apr. AGRICOLA. — Mad. Kowachich, d'apr. STUNDER. Epr. sur pap. de la
chine. 2 Est.

1855 Le prédicateur Kleimann, d'apr. W. EGGER. —
Mad. Kowachich, d'apr. STUNDER. 2 Est.

1856 Kreutz, Evêque de St Hippolyte, d'apr. KININGER-
GER. — Pasztory, d'apr. KININGER. 2 Est.

1857 Le Général Rod. de Salis, d'apr. C. SALES.

1858 Le Comte Meerman van Dalem, d'apr. BOILLY.

1859 Portrait de Klopstock, d'apr. A. HICKEL.

1860 Charles - Théodor, Electeur, d'apr. P. BATONI. —
Elisabeth son Epouse, d'apr. EDLINGER. —
Deux Est,

1861 Portrait du Prince Charles de Liechtenstein,
d'apr. WEICHHART. — Julie Duchesse de Giovane,
d'apr. KININGER. Deux Est.

1862 Portraits de Benucci et de Klingmann, d'apr.
DORFFMEISTER. Deux Est.

1863 Le Baron de Retzer, d'apr. LINDER. Deux Epr.
dont une avant l. l.

1864 Marie Cosway. Sir Isaac Newton, d'apr. KININGER.
Deux Est.

1865 J. de Alxinger, d'apr. KININGER. — Rosalie
Nousseul, d'apr. SCHRÖTTER. Deux Est.

1866 Portrait du Roi Stanislas Auguste, d'apr. LAMPI.
— Prince Sapieha, d'apr. PITSCHMAN. — Stanislas Malachowsky, d'apr. LAMPI. — Trois Est.

1867 Portrait du Prince Poniatowsky. Portrait de
Kosciusko, d'apr. GRASSI. — Stanislas Mala-

chowski, d'apr. LAMPI. — J. de Bulhakow, d'apr
CARVELLE. Quatre Est.

Nro. 1868 Portrait en pié́d de Mad^{me} Adamberger et de
Mr Klingmann, d'apr. KININGER. Deux Est. en
haut.

1869 Portrait du Conseiller de Hammer , d'après
KRAFFT. — Portrait de l'acteur Lang , d'après
LIEDER. Deux Est.

1870 Portrait de S. M. l'Empereur Joseph II., d'apr.
FÜGER. — Portrait du Comte de Pergen , d'apr.
SCHMID. Deux Est.

1871 Portrait de S. M. l'Empereur Joseph II., d'apr.
FÜGER. — Portrait de S. A. I. l'Archiduc Jean,
d'apr. LUMNITZER. Epr. sur pap. de la chine. —
Deux Est.

1872 Portrait de S. A. I. l'Archiduc Charles, d'apr.
KRAFFT. — Portrait de S. A. I. l'Archiduc Jean,
d'apr. LUMNITZER. Deux Est. avant l. l.

1873 Portrait de Batzany , d'apr. FÜGER. — Portrait
du Baron Hormayr. Deux Est.

1874 Portrait de Wild, d'apr. LETRONNE. — Portrait
de l'abbé Gelineck , d'apr. le même. Deux Est.
avant l. l.

1875 Portrait du Prince Poniatowsky , d'apr. BENNER.

1876 Le même Portrait Epr. avant l. l.

1877 Portrait de S. M. Caroline Imp. d'Autriche,
d'apr. STIELER. Epr. avant l. l. — Portrait de
S. A. le Duc de Reichstadt, d'apr. BENNER.
Epr. avant l. l. Deux Est.

1878 Portrait de S. A. le Duc de Reichstadt. d'apr.
BENNER. — Portrait du Prélat Derda , d'après
KININGER. Deux Est. avant l. l.

1879 Portrait de S. M. l'Empereur Alexandre I., d'apr.
ISABEY.

1880 Le même Portrait Epr. avant l. l.

1881 Portrait de S. M. l'Empereur Nicolas I., d'apr.
BENNER. Epr. avant l. l.

Nro. 1882 Portrait de S. A. I. le Grand-Duc Constantin, d'apr. BENNER. Epr. avant l. l.

1883 Portrait de S. A. I. le Grand-Duc Michel, d'apr. BENNER. Epr. avant l. l.

1884 Portrait de S. M. l'Impératrice Mère de Russie, d'apr. BENNER. Epr. avant l. l.

1885 Vingt-quatre portraits, d'apr. EDLINGER. Premières Epr.

1886 Cinq Est., d'apr. FÜGER.

1887 Trois Est., d'apr. AGRICOLA.

1888 Cinq Est., d'apr. SCHNORR.

1889 Six Est. dont trois, d'apr. ROMBERG, 2 d'apr. LODER et 1 d'apr. WÄCHTER.

1890 Cinq div. Estampes.

1891 Sept Est., d'apr. les dessins de KININGER.

1892 Six Est., d'apr. les dessins de KININGER.

1893 La mort d'Abel, d'apr. FÜGER. Epr. avant l. l.

1894 Trente-neuf Est. pour l'almanach Aglaia. Très-belles Epr.

1895 Vingt-deux Est. pour la Messiade de Klopstock, d'apr. FÜGER. Sup. Epr. avant l. l. sur pap. de la chine.

1896 St. Joseph tenant l'enfant Jésus, d'apr. LE CORRÈGE. Epr. avant l. l.

1897 St. Jean Baptiste dans le désert, d'apr. RAPHAEL. Epr. avant l. l. sur pap. de la chine.

1898 Scène de la vie du Roi Boleslaw de Pologne, d'apr. F. SZMUGLEWICZ. En haut.

JONES, J.

1899 Portrait d'homme ayant sur la tête une toque ornée de plumes, d'apr. J. HOPPNER.

JOUANNINUS, J. M.

1900 Ste Famille, d'apr. LE CORRÈGE, appelée communément St. Girolamo. Gr. Est. en haut.

ISELBURG, P.

1901 Le militaire de Nuremberg en 1614. En larg.

KAUFFMANN, ANGELICA.

Nro. 1902 Divers comp. inv. et gr. par A. KAUFFMANN. Suite de 20 Est. y compris son portrait gr. par A. TESTA.

KEATING, G.

1903 Il Penseroso, l'Allegro, d'apr. G. ROMNEY.

KELLERHOVEN, M.

1904 Suite de six têtes d'apr. différents peintres, gr. à l'eau-forte.

1905 Cinq têtes gr. à l'eau-forte, d'après diff. maîtres.

1906 Vieillard assis, d'apr. REMBRANDT. En haut.

1907 Vieillard faisant regarder un garçon dans un miroir. — Vieille donnant de l'argent à un jeune homme. Deux Est. en larg., d'après MANFREDI.

1908 Les mêmes Est. Epr. avant toute lettre.

KESSEL, THÉOD. van.

1909 Modelles artificielles, d'apr. A. DE VIANE. 2me Partie. 22 Est. y comp. le titre.

1910 Portrait de Charles V., d'apr. LE TITIEN.

KESSLER, A.

1911 La mort du Major Pierson, d'apr. J. SINGLETON COPLEY. Sup. Epr. lettres ouvertes.

1912 Portrait de Stephanie, Grande-Duchesse de Bade, d'apr. SCHRÖDER.

KETTERLINUS, W.

1913 La mort du Général Montgomery, d'après TRUMBULL. — La Bataille de Bunkers Hill, d'apr. le même gr. par J. MITAM. Deux Est. sup. Epr. lettres ouvertes.

KILIAN, B.

Nro. 1914 Portrait de A. Huber, d'apr. FR. FR. ERANCK.

1915 La Vierge et St Joseph adorant l'enfant Jésus qui tient les instrumens de la passion. — St. François Borgia, d'apr. L. BALDUS. Deux Est.

KILIAN, G. C.

1916 Portrait de Fr. Fr. Frank, gr. à l'eau-forte.

KILIAN, L.

1917 Jésus-Christ apparoissant à un religieux, d'apr. M. KAGER. — Statue de St Michel, d'apr. J. REICHEL. En 2 feuilles. — Deux femmes montées sur un cheval qui nage, d'apr. G. BEHEM. Trois Est.

1918 L'Adoration des bergers. — Vénus et l'Amour. — Vénus qui montre à un Satyre l'amour endormi. Trois Est., d'apr. J. HEINTZ.

1919 L'enlèvement de Proserpine, d'apr. J. HEINTZ. En larg. Deux Epr.

1920 Portrait de G. Remus, dess. et gr. par L. KILIAN.

1921 Portrait de François-Guil. Comte de Warttenberg, Evéque d'Osnabrück.

1922 Le corps mort de Jésus-Christ reposant sur les genoux de la Ste Vierge, d'apr. M. ANGE. Deux Epr. dont une avant l'adr. de W. KILIAN.

1923 Groupe d'Hercule, d'apr. la Statue de M. ANGE, vue de trois côtés. 3 Est.

1924 Les portraits en pied des Apôtres, d'apr. M. KAGER. Suite de 17 Est. y comp. le titre.

1925 L'adoration des Bergers ; la Félicité ; deux Est., d'apr. ROTTENHAMMER.

1926 Ste Famille, d'apr. B. SPRANGER. En haut.

1927 La résurrection, d'apr. P. VERONESE. — La Vierge et l'enfant Jésus adoré par St Bernard, d'apr. FR. VANNI. — La Vierge et l'enfant Jésus, d'apr. A. CARRACHE. — Ste Famille, d'apr. B. SPRANGER. Quatre Est.

Nro. 1928 Jésus - Christ mis au tombeau. — Même sujet en petit. Deux Est.

1929 Vénus et Adonis.— Un vieillard offrant de l'argent à une femme. Deux Est.

KILIAN, PH.

1930 Portraits d'artistes, six sur une feuille, d'apr. J. v. SANDRART. 21 Est.

1931 La Vierge et l'enfant Jésus adorés par un enfant et un vieillard, d'apr. FR. SOLIMENA. — Jésus-Christ chassant les vendeurs du temple, d'apr. LE BASAN. Deux Est.

1932 La femme adultère, d'apr. LE TINTORET. Gr. Est. en larg.

1933 La nativité, d'apr. H. ROOS. Gr. Est. en haut.

KILIAN, W.

1934 La Vierge et l'enfant Jésus, d'apr. ROTTENHAMER — Présentation au temple, d'apr. P. VERONESE. Deux Est.

1935 Une Nymphe et un Satyre, d'apr. J. PALMA. — Bataille, d'apr. M. KAGER. — Dîner donné à Nuremberg en 1649 par Charles Gustave Palatin du Rhin. Trois Est.

KILSEN et WOLFF.

1936 Sujet emblématique sur la religion, d'apr. FRANÇOIS. Sup. Epr. avant toute lettre, en haut.

KININGER, G. V.

1937 Portrait de Mad.me la Comtesse Julie de Zichy, d'apr. SALES. Gr. Est. en haut.

1938 Le jugement de Socrate, d'apr. FÜGER. Gr. Est. en larg. Très - belle Epr. avant l. l.

1939 Marie - Th. Comtesse de Merveldt, d'après FÜGER.

1940 Repos de la Ste Vierge, d'apr. P. BATTONI.

1941 Ariadne à Naxos, d'apr. GRASSI. Gr. Est. en larg.

Nro. 1942 Ferdinand Grand-Duc de Toscane, d'apr. FÜGER,
1943 Ig. de Born, d'apr. FÜGER.
1944 Le Comte de Czernitschew, d'apr. FÜGER.
1945 Le Comte M. George Mniszech, d'apr. J. B. LAMPI.
1946 L'Attende, d'apr. H. FÜGER. En larg.
1947 Femme tenant un enfant sur ses genoux, d'apr. ABEL.
1948 Le Baron F. W. de Natorp, d'apr. ABEL.
1949 Le même portrait avant toute lettre.
1950 Un Lion et Léopard, d'apr. RUTHARD. Gr. Est. en larg.
1951 Achille pleurant la mort de Patroclus, d'apr. H. FÜGER. Gr. Est. en haut. Epr. avant l. l.
1952 La mort de Virginie; Brutus; d'apr. FÜGER. 2 Gr. Est. en larg.
1953 La mort de Virginie; Brutus; d'après FÜGER. 2 Gr. Est. en larg.
1954 La mort de Virginie, d'apr. EÜGER.
1955 La mort de Virginie, d'apr. FÜGER. Gr. Est. en larg. Epr. avant l. l.

KIRK, J.

1956 Vignettes, d'apr. A. KAUFFMANN et autres 4 Est.

KIRKALL, E.

1957 L'Adoration des bergers, d'apr. P. DEL VAGA. Gr. à l'eau-forte et en bois en larg.

KITTENSTEYN, C.

1958 Paysanne battant un paysan, d'apr. A. V. VENNE.

KLAUBER, J. S.

1959 Petit écolier de Harlem, d'apr. POELEMBURG. Epr. avant la dédicace. — L'amour clairvoyant, d'apr. VANLOO. — Camée antique. Trois Est.
1960 Portrait de J. F. Bause, d'apr. A. GRAFF. Epr. avant toute lettre.

Nᵣₒ. 1961 Portrait de Hertzberg, d'apr. SCHRÖDER.

1962 Portrait d'Elisabeth Alexiewna, Grande - Duchesse de Russie, d'apr. LOUISE LEBRUN.

KLENGEL, J. C.

1963 Suite de douze paysage, d'apr. DIETRICH.
1964 Suite de douze paysage.
1965 Divers eau-fortes. 24 Est.
1966 Divers eau - fortes. 13 Est.
1967 Divers eau - fortes. 12 Est.
1968 Divers eau - fortes. 12 Est.
1969 Divers eau - fortes. 12 Est.
1970 Divers eau - fortes. 12 Est.
1971 Divers eau - fortes. 12 Est.
1972 Divers eau - fortes. 12 Est.
1973 Divers eau - fortes. 12 Est.
1974 Divers eau - fortes. 16 Est.
1975 Divers euu - fortes. 16 Est.
1976 Divers eau - fortes. 15 Est.
1977 Divers eau - fortes. 15 Est.
1978 Divers eau - fortes. 15 Est
1979 Divers eau - fortes. 15 Est.
1980 Divers eau - fortes. 15 Est.
1981 Divers eau - fortes. 15 Est.
1982 Divers eau - fortes. 15 Est.
1983 Paysage, d'apr. A. v. der VELDE. — Paysage, d'apr. RUYSDAEL. Trois Epr. dont une avant l. l. — Grand paysage. Cinq. Est.
1984 Vues de Rome. 9 Est.

KOBELL, FRANÇOIS.

1985 Suite de 20 pet. eau - fortes inv. et gr. par FR. KOBELL.
1986 19 Estampes gr. par divers artistes, d'apr. FR. et FERD. KOBELL.

KOBELL, G.

1987 Der Kampf, die Weide. Deux Est. en larg. gr. par N. RHEIN, d'apr. G. KOBELL.

Nᵒ. 1988 Sujets champêtres. Deux Est. en larg. grav. par
J. J. FREIDHOF, d'apr. G. KOBELL.

1989 La course; le traineau. Deux Est. grav. par
STRÜTT, d'apr. G. KOBELL. — Un cavalier à cheval, tenant un autre cheval qui boit dans un
ruisseau, d'apr. WOUWERMANNS, gravée par
SCHWEYER. Trois Est.

1990 Le troupeau rentrant. — Des Voyageurs couchés en plein champ. Deux Est., d'apr. H. ROOS.
En larg.

1991 Oeuvre de G. KOBELL: Suite de 44 Est., d'apr.
des tableaux de différents peintres.

1992 Quatre sujets militaires, d'apr. les dessins de
G. KOBELL, gr. à l'eau-forte par FR. GEISSLER
à Paris. En larg.

1993 Héros, étalon allemand; Brillian, étalon polo-
nais. Deux Est. en larg. dess. et gr. à l'eau-
forte par G. KOBELL.

1994 Etudes de chiens dans différentes attitudes. Suite
de 11 piéces, dess. et gr. à l'eau-forte par G.
KOBELL.

1995 Suite de six Est. rep. des cavaliers montés sur
des chevaux, dess. d'apr. nature et gr. à l'eau-
forte par G. KOBELL.

1996 Course de chevaux à Munic le 17 Oct. 1810. Gr.
Est. en larg. dess. et gr. à l'eau-forte par G.
KOBELL.

KOCH.

1997 Serment fait à Montenesimo, comp. et gr. à
l'eau-forte par KOCH. Gr. Est. en larg.

1998 Vues d'Italie, Suite de 20 eau-fortes dess. et
gr. par KOCH.

1999 Quatre compositions tirés de la divine comédie
du Dante, inv. et gr. à l'eau-forte par KOCH.

KÖNIG, F. N.

2000 Six Costumes de la Suisse. Six Est. en haut col.

Nro. 2001 Die Gluckhenne. — Das Abendbrot. Deux Est. en haut col.

2002 Der Abendsitz. — Der Kiltgang. — Die Hochzeit. — Die Kindstaufe. Quatre Est. en larg. col.

2003 La famille laborieuse. — Le retour des Alpes. Deux Est. en larg, col.

2004 Six petites vues de la Suisse col.

2005 Vue d'Unterseen. — Vue d'Interlaken, Deux Est. en larg. col.

2006 Der Kiltgang. En larg. col.

KOLBE, C. W.

2007 Suite de 100 div. eau-fortes, numérotés.

2008 Six grands paysages en larg.

2009 Six paysages.

2010 Quatre gr. paysages en larg. — La chûte des Anges, en haut. Cinq Est.

KÜHNEL, C. F.

2011 Sujets militaire, inv. et gr. à l'eau-forte par C. F. KÜHNEL. 12 Est.

KÜSSEL, MELCH.

2012 La vie de N. S. Jésus-Christ, d'apr. J. G. BAUR. Suite de 32 Est.

2013 La passion de N. S. Jésus-Christ, d'apr. J. G. BAUR. Suite de 32 Est.

2014 Vues de ports de Mer, Palais etc., d'apr. J. G. BAUR. 61 Est.

2015 Diverses estampes. 30|Est.

2016 Portrait de l'Empereur Léopold I.

2017 Portrait de l'Archiduc Sigismund-François.

2018 Portrait de C. Sulzer, d'apr. U. MAYR.

2019 Ferdinand-Marie Duc de Bavière, Palatin du Rhin.

2020 Jérôme Sulzer. — Portrait d'homme. Deux Est.

2021 Léopold-Guillaume, Archiduc d'Autriche, d'apr.

56

U. MEYR.— Leonard Weifs, d'apr. H. SCHÖNFELD, gr. par MELCHIOR KÜSELL. Deux Est.

KUNTZ, c.

Nro. 2022 Vue du temple botanique dans le jardin de Schwetzingen. Gr. Est. en larg. avant toute lettre.

2023 Six vues de Wilhelmshöhe près de Cassel. En larg.

2024 Monument de Gessner. En haut. Epr. avant la lettre.

2025 Groupe d'animaux, d'apr. Van der DOES. Gr. Est. en larg. avant l. l.

2026 Vue de Mannheim. Gr- Est. en larg. col.

2027 La Vache qui pisse, d'apr. P. POTTER. Gr. Est. en larg. Sup, Epr. avant toute lettre.

2028 Sujet d'animaux, d'apr. A. van der VELDE. Gr. Est. en larg. Sup. Epr. avant toute lettre.

2029 Agar renvoyée, Agar dans le désert. Deux Gr. Est. en larg., d'apr. CLAUDE LORRAIN. Sup. Epr. avant l. l.

KYTE, T.

2030 Sujet allégorique, d'apr. AUG. CARRACHE. En haut.

LAAN, A. van der.

2031 Chasse grotesque, inv. et gr. par. A. v. d. LAAN Gr. Est. en larg.

2032 Suite de 37 Paysages, gr. à l'eau-forte, d'apr. J. GLAUBER. En larg.

LABACCUS, A.

2033 Vue de l'eglise de St Pierre de Rome, d'apr. le dessin de A. S. GALLI. Deux Est. en larg.

LADENSPELDER d'ESSEN, JEAN.

2034 La fortune. Est. en haut. non ment.

LAFOND, D.

Nro. 2035 Vue des environs de Thoun. En larg. col.
2036 Vue de la Jungfrau. En haut. col.
2037 Vue d'Interlaken. En larg. col.
2038 Vue du Wetterhorn. En haut. col.
2039 Vue du glacier supérieur du Grindelwald. En larg. col.
2040 Vue d'Altdorf et de ses environs, d'apr. G. LORY. En larg. col.

LAGRENÉE.

2041 Divers. Est. Suite de 17 Est.

LAIRESSE, G.

2042 Entrée triomphante d'Alexandre le Grand dans Babylone. Suite de 12 grandes Est., d'apr. LAIRESSE, gravées par D. ROSSETTI, C. FAUCCI etc. En larg.

LA LIVE DE JULY.

2043 Divers sujets gr. à l'eau-forte. 22 Est.

LANG, A.

2044 Deux Sujets mythologiques, d'apr. FRANCESCHINI. Sup. Epr. avant toute lettre. en larg.

LANGENHÖFFEL, J. J.

2045 Cupidon et Bacchus. — L'Amour endormi. — Mercure et Psyché. Trois Est.

LANGENMAYR.

2046 Portrait de Chr. Klein, docteur; d'apr. SEELE. En haut.

LANGLOIS.

2047 Louis Hector, duc de Villars, d'apr. H. RIGAUD.

LAPI, A. E.

Nro, 2048 Scène de la divine comédie du Dante, d'apr.
SABATELLI. En haut.

LARMESSIN, N. de.

2049 St Michel. — St Jean l'évangéliste. Deux Est.
d'apr. RAPHAEL. En haut.
2050 Claude Hallé, d'apr. LE GROS.
2051 Ph. Vleughels, d'apr. PH. de CHAMPAGNE.
2052 La même Est.
2053 Portrait de Raphael et de son maître d'armes, d'apr.
RAPHAEL.
2054 Portrait de Carondelet, d'apr. RAPHAEL.
2055 Adolphe de Vignacourt, grand Maître de Mal-
the, d'apr. LE CARRAVAGE. En haut.
2056 Portraits des 3 Ambassadeurs du Roi de Siam.
2057 Marie Princesse de Pologne, Reine de France et
de Navarre, d'apr. VANLOO.
2058 Louis 15, Roi de France, d'apr. H. RIGAUD.
2059 Portrait de Comédien, d'apr. D. FETI.

LASINIO, B.

2060 Portrait de F. Melzi d'Eril, dess. et gr. par B.
LASINIO. Gr. Est. en oval.
2061 Le même port. avant toute lettre.

LASNE, M.

2062 Portrait de Bernard Duc de La Vallette à cheval. En haut.
2063 St George, d'apr. RAPHAEL. — Ste Geneviève,
d'apr. S. VOUET. Deux Est.
2064 La Visitation, d'apr. ANN. CARRACCI. En haut.
2065 Portrait de Louis XIII, à cheval. Gr. Est. en haut.

LAULNE, E. de.

2066 L'astronomie, la physique, la jurisprudence
etc. 8 pet. Est.

Nro. 2067 Cinq mois de l'année. — Trois sujets mythologiques. 8 Est.

2068 Sujets divers, 11 pet. Est. en rond.

2069 Dix sujets de l'ancien testament, en oval. —
Cinq sujets divers. 15 Est.

2070 18 sujets de la Mythologie, en oval. — Triomphe de Sylène, en rond. 19 Est.

2071 12 pièces d'arabesques.

2072 12 pièces d'arabesques.

2073 12 pièces d'arabesques.

LAUNAY, N. de.

2074 Vue intérieure d'un bain de femme en Turquie,
d'apr. LE BARBIER. Gr. Est. en larg. Sup. Epr.
avant l. l.

2075 La mort planant sur le globe terrestre, d'apr.
EISEN.

2076 La partie de Plaisir, d'apr. J. WEENIX. Sup.
Epr. lettres ouvertes et avant la dédicace, en
larg.

LAURENT, H.

2077 L'Enlèvement des Sabines, d'apr. N. POUSSIN.
Gr. Est. en larg.

LAURENT, P.

2078 Vue de Mondragon en Dauphiné. Le doux repos des bergers. Deux Est., d'apr. LOUTHER-
BOURG. En larg.

2079 Le jeune Désilles à l'affaire de Nancy, d'apr.
LE BARBIER. Gr. Est. en larg.

LAURENTIUS, A.

2080 La Sorcière, d'apr. S. ROSA. En haut.

LAUTENSACK, H. SEB.

2081 Représentation d'un tournois. P. G. V. IX. Nro. 21.

LAUW, p.

Nro. 2082 Vieille femme assise tenant un grand livre sur ses genoux, d'apr. REMBRANDT. En haut.

2083 Tête d'homme revêtu d'un turban, d'apr. REM-BRANDT. En haut.

2084 Le Porte-enseigne, d'apr. REMBRANDT. En haut.

LAUWERS, c.

2085 La Vue, d'apr. C. BEGA. En haut.

LEADER, w.

2086 Samson dans la prison du Gaza, d'apr. REM-BRANDT. En haut.

LEFEVRE-MARCHAND.

2087 Le Prince, cheval de chasse anglois, d'apr. C. VERNET. En larg.

LEHMANN, G. A.

2088 Tête de Christ, d'apr. MELCHIOR. En haut.

LEICHER, A.

2089 Jésus-Christ à table à Emaüs, d'apr. B. SCHI-DONE. Gr. Est en larg.

LEIDENSDORF, F. A.

2090 Tête de Vierge. Deux études académiques, inv. et gr. à l'eau-forte par F. A. LEIDENSDORF. Trois Est.

❋ LELU, p.

2091 Le massacre des Innocents, d'apr. RAPHAEL, gr. à l'eau-forte par P. LELU. En larg.

LEMPEREUR, L.

2092 Pyrame et Thisbé, d'apr. P. J. CAZES. — Les Baigneuses, d'apr. C. VANLOO. Deux Est.

Nro. 2093 Cephale et Procrice, d'apr. LE GUERCHIN. —
Tête d'enfant, gr. à la manière du crayon. Deux
Est.

LEONHARD, J. TH.

2094 Portrait de St Charles Boromée en profil.

LEPICIÉ, B.

2095 Jupiter et Io, d'apr. JULES ROMAIN. — Scène
flamande, d'apr. TENIERS. — La Jeunesse, d'apr.
JEAURAT. Trois Est.

2096 Thalie chassée par la Peinture, d'apr. CH. COY-
PEL. — Scène flamande, d'apr. TENIERS. Deux
Est. en larg.

2097 N. Bertin, d'apr. DE LIEN. Deux Epr. dont une
non term.

2098 Charlotte Desmares, d'apr. CH. COYPEL.

2099 Louis de Boullogne, d'apr. H. RIGAUD.

LERPINIÈRE, D.

2100 Le Matin, d'apr. A. CUYP. En larg.

2101 Le Soir, d'apr, A. PYNACKER. En larg.

2102 Fuite en Egypte, d'apr. CLAUDE LORRAIN. En
larg.

2103 Un Orage, d'apr. VERNET. En larg.

2104 Lord Howe avec la flotte anglaise devant Gibraltar, d'apr. R. PATON. En larg.

LEVACHEZ.

2105 Chevaux, d'apr. C. VERNET. Suite de 16 Est.
en larg.

LEYBOLD, G.

2106 La Ste Vierge, d'apr. J. HOLBEIN. En haut.

LEYBOLD, J. F.

2107 La récompense de la vertu, d'apr. TISCHBEIN.
En haut.

Nro. 2108 La mort du consul M. Papirius, d'apr. HETSCH.
— La Charité, d'apr. P. MATTEI. Deux Est.

2109 Antonius et Cléopatre, d'apr. PITZ. 4 Epr. non
term. Gr. Est. en larg.

2110 Antonius et Cléopatre, d'apr. PITZ. Epr. avant
toute lettre, mais avec les armes, Gr. Est. en
larg.

2111 Antonius et Cléopatre, d'apr. PITZ. Epr. avant
toute lettre. Gr. Est. en larg.

2112 La Messiade de Klopstock. 12 Est. pour le 1,
3, 5, 9, 10, 12, 13, 14, 15, 16, 19, 20 Chant de
ce poëme, d'apr. H. FÜGER. 12 Est. dont 8 avant
la lettre.

2113 Les mêmes Est. Epr. avant l. l.

2114 Les mêmes Est. Epr. avant l. l.

2115 Les mêmes Est. 1ère Epr. à l'eau-forte pure
(manque Nro. 1.)

2116 Les mêmes Est. 2des Epr. (manque Nro. 1.)

2117 Des mêmes Est. les Nro. 3, 9, 10, 12, 13, 14, 15,
16, 19, en Epr. à l'eau-forte pure.

2118 Des mêmes Est. les Nro. 16, 19, en Epr. à l'eau-
forte pure.

2119 Des mêmes Est. les Nro. 3, 9, 12, 13, 14, 15, en
2des Epr.

2120 Des mêmes Est. les Nro. 9, 10, 16, 19, 20, en
3mes Epr.

2121 Des mêmes Est. les Nro. 9, 10, 20, en 4mes Epr.

2122 Des mêmes Est. le Nro. 9, en 5me Epr.

2123 Des mêmes Est. le Nro. 1. avant l. l.

2124 Pour la même suite: Jésus-Christ se disputant
au temple. 2 Epr. à l'eau-forte pure.

2125 La même Est. 2 Epr. à l'eau-forte pure.

2126 La même Est. Epr. avant l. l.

2127 La même Est. Epr. avant l. l.

2128 Pour la même suite l'incrédulité de Thomas.
2 Epr. à l'eau-forte pure.

2129 La même Est. avant l. l.

2130 La même Est. avant l. l.

LIEPMANN.

Nro. 2131 Loth et ses filles, d'apr. LE GUERCHIN. En larg.
Sup. Epr. avant toute lettre.

LIGNON, F.

2132 Portrait de L. Ph. Duc d'Orléans, d'apr. F.
GERARD. Sup. Epr. en haut.

LINCK, I. A.

2133 Vue de la Pisswache. Vue de la dent du Midi;
Vue de la ville de Genève; Vue de la cascade
d'Arpenas. 4 Est. en larg. col.

LINCK, J. PH.

2134 Quatre vues du Montblanc, en larg. col.

LIOTARD, J, M.

2135 L'enlèvement d'Europe, en deux feuilles. Le
triomphe de Vénus, en deux feuilles, d'apr.
C. CIGNANI. En larg.

LIPS, H.

2136 Vignettes et titre, huit Est.
2137 J. J. Spalding, d'apr. A. GRAFF.
2138 Portrait d'homme tenant un livre en main, au
bas de l'estampe des coquillages. Sup. Epr.
avant toute lettre.
2139 Portrait de Goethe, Portrait de C. L. Reinhold,
dess. et gr. par H. LIPS. Deux Est.
2140 E. Sieyes; Marmontel, Charles Prince de
Schwarzburg; J. G. Pfranger; J. J. Rambach.
Cinq Est.
2141 F. Volkmar Reinhard; J. O. Thiess; W. Fr.
Hufnagel; J. C. Wetter; J. S. Dietrich. Cinq
Est.
2142 S. Gessner; J. C. Lavater; E. Sieyes; J. C.
Ott; A. F. W. Sack. Cinq Est.

Nro. 2143 A. Orelli; Charlotte Corday; Ch. Fr. K. Herz-
lieb; Hel. Marie Williams; Chr. Fr. Elsner;
Portrait d'homme. 6 Est.

2144 Jésus - Christ appellant les enfants à lui, inv. et
gr. à l'eau - forte, par H. LIPS. En haut.

2145 St. Sébastien, d'apr. VAN DYCK. En haut.

LISCHCKA.

2146 Paysages dess. et gr. par LISCHCKA. 5 Est.

LOCHON, R.

2147 Portrait du TITIEN, d'apr. son propre portrait.

LOIR, A.

2148 Le corps mort de Jésus - Christ étendu sur les
genoux de la Ste Vierge et pleuré par des anges,
d'apr. P. MIGNARD. Gr. Est. en haut avant toute
lettre.

2149 Bertrand du Guesclin, Connétable de France,
d'apr. HALLÉ, — Ste Famille, pet. Est. en haut.
Deux Est.

2150 Présentation au temple; Adoration des Rois;
Descente de la Croix. Trois Est., d'apr. J.
JOUVENET. En haut.

2151 St Michel chassant les anges rebelles, d'après
CH. LEBRUN. Gr. Est. en haut., en deux feuilles
non unis. Sup. Epr.

LOMBART, P.

2152 Olivier Cromwell, en haut.

LONGHI, G.

2153 Le Repos en Egypte, d'apr. C. PROCACCINO.
Epr. non terminée.

LONGHI, J.

2154 Le Repos en Egypte, d'apr. C. PROCACCINO.
Epr. avant l. l.

Nᵣₒ. 2155 Buste de vieillard, d'apr. REMBRANDT. Sup. Epr. sur. pap. de la chine, en ovale.

2156 Tête de nègre. Sup. Epr. sur pap. de la chine, en ovale.

2157 Turc en pied, d'apr. REMBRANDT. En haut.

2158 Tête de Socrate, d'apr. ROSSI.

2159 Jésus - Christ mis au tombeau, d'apr. D. CRESPI En haut.

LONGUEUIL, DE.

2160 Scènes champêtres. Quatre Est. avant toute lettre.

LORCH, MELCH.

2161 La Nature, P. G. V. IX. p. 510. Nrᵒ 2. Gr. en bois.

LORENZI, DOM. LORENZO et FR. ANT.

2162 28 Estampes d'après les tableaux de divers artistes.

LORENZINI, F. A.

2163 Le Sauveur entouré des quatre Evangélistes, d'apr. FR. M. di St. MARCO. En haut.

LORRAIN, J. J. LE.

2164 Le Jugement de Salomon, d'apr. J. B. DE TROY. Gr. à l'eau - forte en haut.

LORRAINE, F. DE.

2165 L'onde tranquille, d'apr. F. VERNET. En larg.

LORY, G.

2166 Recueil de paysages suisses, dess. et gr. par G. LORY. D. LAFOND et ZEHENDER. 13 Est. col., avec texte.

2167 Vue de la montagne du Spitzebühl; Vue d'une

partie du Lac de Lovertz, d'apr. x. TRINER. Deux Est. en larg. col.

N°. 2168 Vue de Valangin; Vue de Neuchâtel. Deux Est. en larg. col.

2169 Vue de Moutru et du château de Chillon en larg, col.

2170 Vue sur le Lac de Bienne, en larg. col.

2171 Vue de l'isle de Schwandau, en larg. col.

2172 Le glacier inférieur du Grindelwald, en larg. col.

2173 Sortie de l'Aar du Lac de Brienz, en larg. col.

2174 Vue du Glacier l'Engstle, en larg. col.

2175 Vue de St. Pétersbourg; suite de 13 gr. Est. sup. col. en larg.

LOUTHERBOURG, P. J.

2176 La nature a mon premier hommage, inv. et gr. à l'aqua tinta, par P. J. LOUTHERBOURG. En larg. (La marge des bas coupée.)

2177 Caricature, inv. et gr. à l'eau-forte, par lui-même.

2178 La chûte du Rhin; la même vue au clair de la lune; Vue du glacier du Rhône; Vue du glacier du Rheinwald. Quatre gr. Est. col. d'apr. les tableaux de LOUTHERBOURG.

LOWRY, WILSON.

2179 Les paysans dansants, d'apr. CLAUDE LORRAIN. En larg.

2180 La Solitude, d'apr. GASP. POUSSIN. En larg.

2181 La bergère musicale, d'apr. CLAUDE LORRAIN. En larg.

LUCCHESE, M.

2182 Les Rameurs, en larg.

LUTMA, J.

2183 La Vierge, l'enfant Jésus et Ste Elisabeth, en haut

Nʳᵒ. 2184 Grande Fontaine en haut. Sup. Epr.

LUYKEN, J.

2185 La destruction de Sodome et Gomora. Gr. à l'eau-forte, en larg.

2186 14 Sujets de guerre, gr. à l'eau-forte, en haut.

LYS, PIERRE.

2187 La mort d'Hercule, inv. et gr. par P. LYS· En haut.

MACKLIN.

2188 La paix et la guerre, d'apr. LE GUERCHIN.

MACRET, C.

2189 Une petite fille tenant un miroir entre les mains, d'apr. GONZALES. Epr. avant l. l.

MAENNL, J.

2190 Diverses Est. gr. en man. noire, 28 Est.

2191 Des mêmes Est. 7 pièces.

MAGGIUS, J.

2192 Vue de 7 Eglises de Rome, dess. et gr. à l'eau-forte, par J. MAGGIUS. 7 Est. en larg.

MAILLARD, L.

2193 Elias et la veuve, d'apr. PRETTI GENOVESE. Epr. avant la dédicace.

MAINA, J.

2194 Vue d'Italie, d'apr. F. HACKERT. — Autre Vue d'Italie, d'apr. le même gr. par H. PONHEIMER. Deux Est. en larg.

MAJOR, T.

2195 Récréation flamande ; Passetemps flamand ; La petite noce de village, d'apr. TENIERS. —

Paysan mangeant, Paysan buvant, d'apr. A. BRO-
WER. Cinq Est.

Nro. 2196 Le Chimiste, le Chirurgien de campagne , d'apr.
TENIERS. 2 Est.

2197 Vue de Flandre, d'apr. P. P. RUBENS. — Clair de
lune, d'apr. VAN DER NEER. Deux Est. en
larg.

2198 Scène villageoise, L'Autone, d'apr. TENIERS.
2 Est. en larg.

2199 Le chirurgien de campagne ; le mari jaloux,
d'apr. D. TENIERS. 2 Est. en larg.

2200 Le départ de Jacob, d'apr. F. LAURO. Gr. Est.
en larg.

2201 La même Est.

MALLERY , C. DE.

2202 Mort de St Ignace de Loyola. En larg.

MANTEGNA , A.

2203 Le Sauveur descendant aux limbos. P. G.
V. XIII. p. 242. Nro. 1.

2204 Combat de dieux marins, P. G. V. XIII. Nro. 18.

2205 La Vierge. Copie de ce morceau , P. G. V. XIII.
p. 233.

2206 Bacchanale au Silène. Copie de ce morceau par
un vieux maître anonyme , P. G. V. XIII.
p. 241.

2207 Un homme portant une femme , gr. par un anonyme, d'apr. A. MANTEGNA. En haut.

2208 Sujet allégorique où l'on voit à droite Mercure
tendant la main à un homme qui est au milieu
de plusieurs cadavres. Gr. par un anonyme.
En larg.

MARCENAY de GHUY A. de.

2209 Le testament de . . ., d'apr. N. POUSSIN. — Le
Vieillard atrabilaire, d'apr. REMBRANDT.

MARCHETTI, J. G. F.

Nro. 2210 Ste Famille, gr. à l'eau - forte, d'apr. PAUL VE-
RONESE.

MARCK, Q.

2211 François Comte Kettler, d'apr. OELLENHEINZ.
2212 Hérodiade, d'apr. TH. VAN TULDEN. En larg.
2213 Un vieillard offrant de l'argent à une jeune
femme, d'apr. BRAUN. En haut.
2214 Diogène et Alexandre, d'apr. RUBENS. Epr. avec
lettres ouvertes en haut.
2215 La même Est. Epr. avant toute lettre, et Epr. à
l'eau - forte pure. 2 Est.
2216 Vènus et l'Amour endormis, d'apr. FRANCESCHINI.
En larg.
2217 Cléopatre et Auguste, d'apr. P. BATTONI. En
larg.
2218 La même Est. sup. Epr. avant l. l.

MARGOTTINI, J.

2219 La contemplation, La foi, La charité, La pau-
vreté volontaire, La religion, La force, d'apr.
LE DOMINIQUIN. 6 Est. en haut.

MARIETTE, J.

2220 St Paul dans l'isle de Melita, d'apr. ALEXANDRE.
— Bacchanale, d'apr. N. POUSSIN. Deux Est. en
larg.
2221 La conversion de St Pierre, d'apr. LE DOMINIQUIN
En larg.

MARTENASIE, P.

2222 Deux sujets allégoriques, d'apr. P. P. RUBENS.
Quatre Epr. dont une avant l. l. et l'autre en
contre - épreuve. En haut.

MARTINI, P. A.

2223 L'Exposition de tableaux à Londres en 1787,
d'apr. H. RAMBERG. En larg.

MANTELLI, J.

Nro. 2224 Recueil de dessins , . de L. DA VINCI et de ses
élèves exist. dans la Bibl. Ambrosiana. Suite
de 28 Est. y comp. le titre.

MASON, J.

2225 Le moulin de Claude, d'apr. CLAUDE LORRAIN.
En larg.

2226 Enée debarquant en Italie, d'apr. CLAUDE LOR-
RAIN. En larg.

2227 Le coucher du Soleil, d'apr. CLAUDE LORRAIN.
En larg.

2228 Le pêcheur, d'apr. G. POUSSIN. En larg.

2229 Vue de Dover, d'apr. G. LAMBERT. En larg.

MASON, J. et A. BENOIST.

2230 Les 4 élémens représentés par des vignettes,
d'apr. DODD. 4 Est. en haut.

MASQUELIER, L. J.

2231 Conquêtes de l'empereur de la Chine, gr. par
MASQUELIER et autres. Gr. Est. originales avant
l. l. en larg. 16 Est.

2232 L'amant de la belle Europe, d'apr. P. POTTER.
Flore à son lever, d'apr. NATTIER. 2 Est. en
larg.

MASSARD, J.

2233 La cruche cassée, d'apr. J. B. GREUZE. Epr.
avant l. l. — Vignette, d'apr. CH. EISEN. Deux
Est. en haut.

MASSARD, RAPH. URB.

2234 Portrait de H. J. G. Clarke, Duc de Feltre,
d'apr. FABRE. Sup. Epr. en haut.

MASSINGER.

2235 H. Verschuring. Gr. à l'eau - forte.

MASSON, A.

Nᵒˢ. 2236 Portrait du Graveur, d'apr. P. MIGNARD.

2237 Louis XIV., d'apr. C. LE BRUN.

2238 T. de Forbin Janson, peint et gravé par A. MASSON.

2239 Jérôme Bignon, peint et gr. par A. MASSON.

2240 L. Verius, Comte de Crecy, peint et gr. par A. MASSON.

2241 Marin Curaeus, d'apr. P. MIGNARD.

2242 Pierre Dupuis, d'apr. N. MIGNARD.

2243 Ch. Patin.

2244 Ol. Lefèvre d'Ormesson, peint et gr. par A. MASSON.

2245 A. du Puy, Chevalier, Marquis de Sᵗ André, d'apr. G. DE SEVE.

2246 J. N. Colbert, peint et gr. par A. MASSON.

2247 Guil. de Brisacier, d'apr. N. MIGNARD. Belle Epr.

2248 Le Vicomte de Turenne, Epr. non term.

2249 Fr. M. Le Tellier, Marq. de Louvois, peint et gr. par A. MASSON.

2250 Jésus - Christ à Emaüs, Est. nommée la Nappe de Masson, d'apr. LE TITIEN. Très - belle Epr.

2251 Le Serpent d'airain. Gr. Est. de deux feuilles non réunis.

MATHAM, TH.

2252 Portrait d'un prince, d'apr. G. HONTHORST.

2253 La Stᵉ Famille, d'apr. P. VERONESE. Epr. avant toute lettre, en larg.

2254 Mars et Vénus, d'apr. H. GOLTZIUS. — Jeune fille jouant du violon, d'apr. G. HONTHORST. 2 Est. en haut.

2255 L'Assomption de la Vierge. Gr. Est. en haut.

2256 Un Saint en extase; un Saint endormi, d'apr. J. LYS. 2 Est. en haut. Sup. Epr. avant toute lettre.

2257 La Vierge et l'enfant Jésus, auquel Sᵗ Jean présente un oiseau, d'apr. BASSANO. En haut.

Nᵒ. 2258 Le Parnasse, d'apr. RAPHAEL. Gr. Est. en larg.

2259 Théodor Graswinkel, d'apr. MIREVELT.

2260 Les 4 Saisons, d'apr. H. GOLTZIUS. 4 Est. en rond.

MATSYS, CORN.

2261 L'Histoire de Tobie. P. G. V. IX. Nᵒ. 1, 3, 4, 5 et Nᵒ. 20, qui appartient aussi à cette suite et qui représente le retour du jeune Tobie. 5 Est.

2262 La vie de St Jean Baptiste. P. G. V. IX. Nᵒ. 27, 28, 30, 32, 33. Cinq Est.

2263 Samuel bénissant David. Est. en haut. non ment.

MAURICE, St.

2264 Cinq enfants écoutant un vieillard jouant du flageolet, d'apr. LE NAIN. — L'Orchestre bachique, d'apr. S. BOURDON. 2 Est. en larg.

MECHEL, CH. DE.

2265 Portrait de Ch. de Mechel, dess. et gr. par B. HÜBNER. — Portrait de M. Wutky, peint par lui-même. 2 Est.

2266 Entrée solennelle dans l'église de Soleure, et Prestation de serment d'alliance dans la dite église par l'ambassad. de France et les députés suisses, en 1777. Feu d'artifice et illumination exécutés à cet occasion. 4 Est., d'apr. L. MIDART.

2267 La sollicitude d'une mère dans l'éternité, d'apr. H. FREUDENWEILER. — Le Prophète Samuel annonce à Saul qu'il cessera d'être Roi, d'après H. HOLBEIN. 2 Est.

2268 Mausolée du Marechal de Saxe, d'apr. J. B. PIGALLE. Gr. Est. en haut.

2269 Costumes suisses. Suite de 26 Est. col.

2270 Voyage de Mʳ de Saussure à la cime du Montblanc. 2 gr. Est. en larg. col.

Nro. 2271 Vue perspective du Mont St Gothard; Vue perspective du Mont-blanc. 2 gr. Est. en larg. col.

2272 Vue perspective de la partie la plus élevée de la Suisse, col. — Plan persp. d'une grande partie de la Suisse, dess. par B. A. DUNKER, gr. par NÉE et MASQUELIER. 2 gr. Est. en larg.

MEDLAND, J.

2273 Deux combats navals sous Lord Howe, d'apr. R. CLEVELEY, gr. par J. MEDLAND et B. T. POUNCY. Epr. à l'eau-forte pure et avant l. l. 4 gr. Est. en larg.

MELDER, G. VAN.

2274 Bacchanales, suite de 14 Est., inv. et gr. à l'eau-forte par G. VAN MELDER. En larg.

MELINI, CH. D.

2275 Les petits Savoyards, d'apr. FR. DROUAIS. — Têtes de femmes, d'après une mignature de P. P. RUBENS. Deux Est.

MELONI, F. A.

2276 St Joseph, d'apr M. A. FRANCESCHINI. P. G. V. XIX. p. 444. Nro. 3.

MERIAN, M.

2277 Sujets de l'histoire de Charles V., d'apr. A. TEMPESTA. 8 Est. en larg.

2278 Sujets de l'histoire de Scipion l'africain, d'apr. A. TEMPESTA. 8 Est. en larg.

MERZ, J.

2279 Squelette humaine vû de 4 côtés, dess. et gr. par J. MERZ. 4 Est. en haut.

MET, COR.

2280 Les danseurs boiteux. P. G. V. IX. Nro. 3, 4, 5, 7 à 14. Onze Est.

Nro. 2281 L'Envie arrivant au parnasse. Est. en 'larg. non ment.

2282 Sujet allégorique. Gr. Est. en larg. non ment.

MEYER, CON.

2283 Divers portraits. 17 Est. en haut.

MEZZANI, A.

2284 Sujets emblématiques, d'apr. P. VERONESE et autres. Suite de 12 Est. en rond, gr. au trait par MEZZANI et PERINI.

MICHEL, J. B.

2285 Clytie, d'apr. ANN. CARRACCI. En rond. Epr. avec lettres ouvertes.

2286 Trois femmes cueillant des fruits, d'apr. P. P. RUBENS. Epr. avant l. l. en haut.

2287 La foi, l'espérance, la charité, d'apr. P. P. RUBENS.

2288 Le frappement de rocher, d'apr. N. POUSSIN. Epr. avec lettres ouvertes, en larg.

2289 Nymphe et Berger, d'apr. C. CIGNANI. En larg.

2290 Alfred III. visitant W. d'Albanae, d'apr. B. WEST. En larg.

MICHELIS, F.

2291 Moyse sauvé des eaux, d'apr. N. POUSSIN. — Agar et Ismaël, d'apr. LE BAROCHE. Deux Est.

MIGNARD, N.

2292 Hercule entre le vice et la vertu, d'apr. ANN. CARRACCI. En larg.

MIGNOT, P.

2293 Sujets d'orfévreries. 10 Est.

MILANUS, AUREL.

2294 Le portement de croix, inv. et gr. à l'eau-forte par A. MILANUS. 3 gr. Est. à joindre.

MILLER, J. S.

Nᵒ. 2295 Clair de Lune, d'apr. Van der NEER. En larg.
2296 Apollon et Marsias, d'apr. CLAUDE LORRAIN. En larg.
2297 La continance de Scipion, d'apr. Van DYCK. Epr. avant l. l. en larg.
2298 Néron déposant les cendres de Germanicus, d'apr. LE SUEUR. Epr. avant l. l. en haut.
2299 Portrait de l'infante Donna Isabella, Gouv. de Flandre, d'apr. P. P. RUBENS.

MIRE, N. LE.

2300 Deux portraits de Louis XV. -- Deux portraits de Louis XVI. 4 Est.

MIRYCINIS, P.

2301 Le calvaire, d'apr. LAMB. LOMBARD. En larg.

MITTELLI, J. M.

2302 St Jean dans le désert, d'apr. LE BAROCHE. -- La Madeleine aux pieds de Jésus-Christ, d'apr. P. VERONESE. 2 Est. en larg.

MOGALLI, C.

2303 Bethsabé au bain, d'apr. F. SALVIATI. -- Guerrier à cheval, d'apr. D. VELASQUEZ. Epr. avant toute lettre. 2 Est. en haut.

MOITTE, P. E.

2304 Henri Ph. Chauvelin, d'apr. ROSLIN.
2305 Les compagnons menuisiers. Le marchand de Ratafiat, d'apr. TENIERS. -- St Jean Baptiste, d'apr. C. LOTTI. Trois Est.
2306 Vénus sur les eaux, d'apr. F. BOUCHER. Gr. Est. en larg.

MOLES, P. R.

Nro. 2307 St Grégoire retiré dans une caverne, d'apr. C.
VANLOO. — St Grégoire dicte ses homélies, d'apr.
le même gr. par L. A. MARTINET, femme DUPUIS.
2 Est. en haut.

2308 La pêche du Crocodil, d'apr. F. BOUCHER. Gr.
Est. en haut.

MONCHY, DE.

2309 Village près de La Haye, d'apr. Van GOYEN. En
larg.

2310 Estampes pour Télémaque, d'apr. F. BOUCHER.
et autres, gravées par MONCHY, PATOS et DU
CLOS. 20 Est. en larg.

MONCORNNET, B.

2311 Deux paysages, d'apr. CORNELIO. En larg.

MONTAIGNE, N.

2312 La présentation au temple, inv. et gr. par N.
MONTAIGNE. En larg.

MORACE, E.

2313 J. G. Müller, graveur, d'apr. F. TISCHBEIN. Epr.
avant toute lettre.

MOREAU.

2314 Scènes de société, gr. par MARTINI et autres, d'apr.
les dessins de MOREAU et FREUDENBERG. 24 Est.
en haut.

MOREAU, J. M. LE JEUNE.

2315 La lecture; le bonheur conjugal. Deux Est. en
haut., d'apr. GREUZE.

MOREL, A. A.

2316 Oedipe, d'apr. A. GIROUST. Gr. Est. en larg.

Nro. 2317 Serment des Horaces, d'apr. L. DAVID. Gr. Est. en larg.

MORETTI, CHEV. DE.

2318 Décoration théâtrale inv. et gr. par LE CHEV. DE MORETTI. Gr. Est. en larg.

MORGENSTERN, J. F.

2319 Diverses Est. gravées à l'eau - forte. 28 Est.

MORGHEN, ANT.

2320 Endymion endormi, d'apr. LE GUERCHIN. Epr. avant l. l. en haut.

2321 Adam et Eve, d'apr. G. RENI. Epr. avant l. l. en haut.

MORGHEN, GUIL.

2322 Sujet religieux, d'apr. LE DOMINIQUIN. Gr. au trait en haut.

2323 Ste Cécile, d'apr. G. RENI. En haut.

2324 Sujet miraculeux, d'apr. LE DOMINIQUIN. En haut

MORGHEN, R.

2325 Médaille et revers sur Atilio Zuccognio. En haut.

2326 Portrait de Fortunata Sulcher Fantastici, d'apr. A. KAUFMANN. En oval.

2327 Deux bas - reliefs antiques. En haut.

2328 La transfiguration, d'apr. RAPHAEL. Gr. Est. en haut.

2329 La même Est. sup. Epr. avant toute lettre.

2330 La même Est. planche non term.

2331 Ste famille dite la Vierge au sac, d'apr. A. del SARTO. Gr. Est. en larg.

2332 L'incendie du Borgo. Le parnasse. La messe de Bolsène. Attila. St Pierre en prison, d'apr. RAPHAEL. Epr. avant l. l. — Constantin qui donne Rome au Pape, d'apr. le même gr. par A. FABRI. 6 gr. Est. en larg.

Nro. 2333 La prudenee, la force et la tempérance, d'apr.
RAPHAEL. Gr. Est, en larg. Epr. à l'eau-forte
pure.

2334 Tête de Júpiter d'Ephèse, d'apr. B. SALESA. En
rond.

2335 La même Est. imp. sur parchemin.

2336 Tête d'Ovide en rond.

2337 Tombeau d'Algarotti à Pise, d'apr. C. BIANCONI.
En haut.

2338 La poésie. — La Peinture, d'apr. G. HAMILTON,
2 Est. en haut.

2339 Tête de l'enfant Jésus, d'apr. C. DOLCE. pet.
Est. Epr. avant l. l.

2340 La Poésie, d'apr. RAPHAEL. Sup. Epr. avant l. l.

2341 Même Est. Sup. Epr. avant toute lettre.

2342 La Philosophie, d'apr. RAPHAEL. Sup. Epr. avant
la lettre.

2343 La Théologie, d'apr. RAPHAEL. Sup. Epr. avant
la lettre-

2344 Thésée; d'apr. CANOVA. 20 Exemp.

2345 La même Est. 20 Ex.

2346 La même Est. 20 Ex.

2347 La même Est. 20 Ex.

2348 La même Est. 20 Ex.

2349 La même Est. 20 Ex.

2350 La même Est. 20 Ex.

2351 La même Est. 20 Ex.

2352 La même Est. 20 Ex.

2353 La même Est. 20 Ex.

2354 La même Est. 20 Ex.

2355 La même Est. 20 Ex.

2356 La même Est. 20 Ex.

2357 La même Est. 20 Ex.

2358 La même Est. 15 Ex.

MORO, B. del.

2359 Pénélope. Gr. Est. en haut.

MOUZYN, M.

Nᵒ. 2360 Le portrait de l'amiral Corn. Tromp, d'apr. G.
Van der ECKHOUT. Belle Epr. avant le nom du
graveur.

MOYREAU, J.

2361 Oeuvre de PH. WOUWERMAN, gr. d'apr. ses meilleurs tableaux. Nᵒ. 1 à 87 (manquent les Nᵒ. 1,
3, à 10, 13, 14, 16 à 18, 20 à 24; 26, 27, 29 à 32,
47, 50, 71, 80, 85), belles Epr., 56 Est.

2362 L'Escorte d'équipage, d'apr. CASSANOVA. — Les
voituriers, d'apr. PH. WOUWERMANN, gr. par
A. TISCHLER. — Enlèvement d'un Convoy, d'apr.
le même, gr. par F. RAVENET. — Le pot au lait,
d'apr. le même, gr. par J. PH. LE BAS. 4 Est. en
larg.

2363 L'Empire de Flore, d'apr. N. POUSSIN. — La ré-
surection du Lazare, d'apr. B. BOULONGNE. —
Récréation flamande, d'apr. BREUGHEL. — Rebecca, d'apr. P. VERONESE. 4 Est.

MULINARI, S.

2364 Diverses Estampes de la Scuola Italiana. 68 Est.

MULLER, F.

2365 Guillaume Prince Royal de Würtemberg, dess.
et gr. par F. MULLER.

2366 Adam et Eve, d'apr. RAPHAEL. Sup. Epr. lettres ouvertes, en haut.

MULLER, G. A.

2367 J. van Schuppen, d'apr. son propre port.

2368 Combat, d'apr. P. P. RUBENS. Gr. Est. en larg.

2369 Charles VI, Empereur et Elisabeth Christine
son Epouse, d'apr. J. van SCHUPPEN. 2 gr. Est.
en haut.

2370 Les mêmes portraits.

MÜLLER, HERM.

Nᵒ. 2371 Les 8 béatitudes, d'apr. M. HEMSKERK. 8 Est. en larg.

2372 Les héros les plus distingués entre les Juifs, les Payens et les Chrétiens, d'apr. M. HEMSKERK. 3 Est. en larg.

2373 Histoire de Joas Roi de Juda, d'apr. M. HEMS-KERK. 4 Est. en larg.

2374 Vénus assise à laquelle des nymphes présentent des paniers remplis de fruits, d'apr. B. SPRANGER.
— La Justice, la Charité, la Conscience. Deux Est.

MULLER, J. G.

2375 Stᵉ Catherine, d'apr. L. DA VINCI. Sup. Epr. lettres ouvertes sur pap. de la chine; en haut.

2376 Femme jouant du Luth, d'apr. WILLE. Epr. avant toute lettre. En haut.

2377 La tendre mère, ou port. de la femme et du fils du graveur, d'apr. F. TISCHBEIN.

2378 Fréd. L. Comte de Stollberg, d'apr. J.C.RINCK-LAKE.

2379 Antoine Graff, d'apr. son propre tableau. Sup. Epr. lettre ouvertes.

2380 Le même portrait. Sup. Epr. avant l. l.

2381 Louis Leramberg, d'apr. N. S. A. BELLE.

2382 Louis Galloche, d'apr. L. TOCQUÉ.

2383 Charles - Théodor, Baron de Dalberg, Coadju-teur de Mayence, d'apr. F. TISCHBEIN. Belle Epr. avant la lettre remplie et avant l'adresse.

2384 La même port. sup. Epr. avant toute lettre.

2385 Louis XVI, Roi de France, d'apr. DUPLESSI, gr. Est. en haut.

2386 Loth et ses filles, d'apr. G. HONDHORST. En larg.

2387 La même Est. lettres ouvertes.

MÜLLER, J. SÉB.

2388 Suite de 4 Est. rep. du gibier mort, gr. à l'eau-forte, avant toute lettre. En larg.

NANTEUIL, R.

Nro. 2389 Les 4 Evangélistes, d'apr. E. LE SUEUR. Epr. avant l. l.

2390 La même Est. avec l'adresse au bas de l'estampe en latin.

2391 La même Est. avec l'adresse en français.

2392 Vignette aux trois écussons d'armes. — Les lettres E. F. H. L. 4 Est. en tout 5 Est.

2393 Un écusson d'armes soutenu par 2 anges. — Un génie monté sur un aigle tenant une couronne. 2 Est.

2394 D. de Ligny, Evêque de Meau. — B. Fouquet. — F. Molé. — Ch. Paris d'Orléans Comte de St Paul. — Hipp. Feret. — G. de Lamoignon. 6 Est.

2395 Boschard de Champigny. — Mich. le Masle. — Fr. de Clermont. — Fr. Mallier. — Ferd. de Neufville. — Henri de Savoye, Archevêque de Rheims. 6 Est.

2396 Le Cardinal Mazarin. — Le Cardinal de Richelieu. — Ch. Maurice Le Tellier. — Barberin. — De La Verdein Evêque. — De Malignon Evêque. 6 Est.

2397 Le Cardinal Mazarin. — Bragelone. — Victor de Bouthilier. — F. Guenault. — Jules de Bourbon Duc d'Enghien. — Henri de Lorraine, le Marquis de Mouy. 6 Est.

2398 Turenne. — J. Marquis de Castelnau. — Charles Duc de Lorraine. — Et. Jehannot de Bartillat. — Ant. Barberini, Cardinal. — L. Donius d'Attichy. 6 Est.

2399 A. Barrillond, marquis de Branges. — P. Poncet. — Er. Lotin de Charny. — I. de Bailleul. — G. de Lamoignon. — Charles-Emanuel II., duc de Savoye. 6 Est.

2400 P. Seguier. — Denis Talon. — H. du Plessis Gueregaud. — A. Le Fevre Dormesson d'Am-

baile. — L'Abbé Le Tellier. — Ch. de la Porte,
Duc de La Malleraye. 6 Est.

Nro. 2401 Fr. Maurice de La Tour d'Auvergne Vic. de
Turenne. — D. Marin. — M. de Gillier. — M.
Larcher. — J. de Mesgrigny. — Fr. A. du Lieu.
6 Est.

2402 Fr. Blondeau. — Le Président de Maisons. —
Le Président Demesme. — J. Amelot. — E. Molé.
— J. Dorieu. 6 Est.

2403 P. Payen. — Ch. de Benoise — Le président
Demesme. — Le président, Fr. Th. de Nesmond.
— J. Le Coigneux. — P. Jeannin. — 6 Est.

2404 G. de Fieubet. — G. Chamillard. — Cl. Regnaul-
din. — M. Mollé. — J. de Montpezat de Carbon.
— Marie J. B. Duchesse de Savoye. 6 Est.

2405 Egide Boileau. — Cl. Thevenin. — Fr. Blanchard
Abbé. — Cl. Joly, Evêque. — Le Cardinal Mazarin. — Fr. Servien, Evêque. 6 Est.

2406 Louis XIV. — Le Cardinal Mazarin. — N. Po-
thier de Novion. — P. du Cambout de Coislin.
Mich. le Tellier. — L. de Suze. 6 Est.

2407 César d'Estrées. — God. Maurice de La Tour
d'Auvergne, Duc de Bouillon. — J. de Maupeou.
— Fr. de Vendôme, Duc de Beaufort. — Henri
Aug. de Brienne. — Michel Le Tellier. — L.
Phelypeaux. 6 Est.

2408 Michel Le Tellier. — Autre portrait du même. —
Louis XIV. — Henri d'Orléans, Duc de Lon-
gueville. — La Duchesse de La Vallière. —
Christine Reine de Suède. 6 Est.

2409 Fr. Bosquet. — D. Blondel. — Charles II. Duc
de Mantoue. — J. Chapelain. — M. Cureus de la
Chambre. — G. de Scudery. 6 Est.

2410 H. Foucquet Vicomte de Melun. — Voiture. —
Claire Duchesse de Nemours. — Mich. de Ma-
rolles. — J. Fronto. — Pet. Puteanus. 6 Est.

2411 Hugues de Lionne. — Copie de ce portrait. —

Pierre de Cambout. — Trois Port. anonymes.
6 Est.

Nᵒ. 2412 L. Héselin. — Même port. avant l. l. — 4 Portraits anonymes. 6 Est.

2413 Al. de Sève. — Fr. de Crequy, Prince de Poix.
Nat. Le Boultz. 3 Est.

2414 Pierre de Bonsy, Cardinal. — Ch. Maurice Le
Tellier. 2 gr. Est.

2415 Hard. de Perefixe de Beaumont. — Em. Théod.
de La Tour d'Auvergne, Cardinal. 2 gr. Est.

2416 Fr. de Harlay. — Louis Boucherat. 2 gr. Est.

2417 Jean-Bapt. Colbert. Gr. Est. en larg.

2418 Louis XIV. Très gr. Est. en haut.

2419 P. Seguier Marquis de Sᵗ Brisson. — Ch. Maurice Le Tellier. 2 Est.

2420 Perefixe, Cardinal. — De Harlay de Chauvallon.
2 Est.

2421 F. de Neufville. — Claude Auvry. 2 Est.

2422 J. Bapt. Colbert. d'apr. PH. DE CHAMPAGNE. Superbe Epr.

2423 Fr. Servien Evêque de Bayeux, d'apr. PH. DE
CHAMPAGNE. Epr. avant l. l.

2424 Bern. de Foix de La Vallette, Duc d'Epernon.
2ᵈᵉ Epr. avant l'inscription, avec l'année 1650.

2425 Mʳ de Malignon Evêque de Lisieux, d'apr.
PH. DE CHAMPAGNE. Prem. Epr. les armes au
fond blanc.

2426 Le Bassin. En haut.

2427 Tête de Christ, tête de Vierge, d'apr. G. RENI.
2 Est.

2428 Les mêmes Est.

NATALIS, M.

2429 Allégorie, d'apr. A. SACCHI. En larg.

2430 Le mariage de Sᵗᵉ Catherine, d'apr. J. BOURDON.
Epr. avant l. l. en larg.

2431 Sᵗᵉ Famille, d'apr. J. BOURDON. Epr. avant l. l.
En larg.

6 *

Nᵣₒ. 2432 Ste Famille, d'apr. s. BOURDON. Epr. avant l. l. En larg.

2433 Maximilien Comte Palatin du Rhin, d'apres SANDRART.

2434 La même Est.

2435 La même Est. avec la dédicace au bas de la planche.

NEIDL, J.

2436 J. G. Füger, d'apr. H. FÜGER. En haut.

NELLI, N.

2437 Sujet allégorique inv. et gr. par N. NELLI. En haut.

NEVAY, J.

2438 6 Têtes inv. et gr. à l'eau-forte par J. NEVAY. — Deux Est., d'apr. LE GUERGHIN. 8 Est. En haut.

NICKLAS, F.

2439 Ste Famille, d'apr. VAN DYCK. En haut.

NIEULAND, G. DE.

2440 Vue d'un pont sur le Tibre, gr. à l'eau-forte (fragment d'une Est. de plusieurs feuilles). Est. en haut.

NOLLI, C.

2441 Vue et plan de l'aqueduc de Caserta, d'après L. VANVITELLI. 2 gr. Est. en larg.

NOLPE, P.

2442 Paysages, d'apr. A. VAN NIEULAND. Suite de 8 Est. numérotés en larg.

2443 Le Nro. 1 d'une suite d'Est. rep. une entrée solennelle. En larg.

2444 Le printemps. En larg.

NOTHNAGEL, J. B.

Nro. 2445 13 pet. Est. gr. à l'eau-forte.

NOVELLANUS, S.

2446 Le bon Samaritain. Suite de 6 Est. inv. et gr. à l'eau-forte, par S. NOVELLANUS. En haut.

2447 Histoire de Tobie, inv. et gr. par S. NOVELLANUS. Suite de 8 Est. num. en haut.

NOVELLI, F.

2448 Suite de 45 Est., d'apr. les dessins de A. MANTEGNA. Avec une dédicace et un buste. En haut.

2449 La Vierge et l'enfant Jésus assis sur un trône, adoré par un chevalier de l'ordre de Jérusalem etc., d'apr. A. MANTEGNA. En haut.

2450 9 Est., d'apr. REMBRANDT.

2451 La Calomnie; Entrée d'un Cardinal, d'apr. RAPHAEL. — St Paul l'hermite et St Antoine, inv. et gr. par FR. NOVELLI. 3 Est.

2452 27 div. Est. à l'eau-forte, d'apr. REMBRANDT.

NUTTER, W.

2453 Portrait de Martha Gunn., d'apr. J. RUSSEL.

POIZ, G.

2454 Descente de la statue de la colonne triomphale sur la place Vendôme. — Bivouacque des Cosaques dans les champs élisées, dess. et gr. à l'eau-forte par G. OPIZ. 2 très gr. Est. en larg.

ORLEY, RICH. van.

2455 Ste Anne menant la Ste Vierge au temple. — Le mariage de la Vierge. 2 Est. d'apr. L. GIORDANO. — La résurrection de Lazare, d'après J. van ORLEY. — Un concert. 4 Est. en larg.

ORME, D.

N^{ro}. 2456   Alexandre le Grand suivant Thais pour allumer Persepolis, peint et gr. par D. ORME. Gr. Est. en larg.

2457   Victoire remportée par l'Amiral Vicomte Duncan le 11 Oct. 1797, peint et gr. par D. ORME Gr. Est. en larg.

2458   L'Amiral Nelson se rendant maître des deux vaissaux espagnoles dans le combat du 14 Fév. 1797, peint et gr. par D. OMNE. Gr. Est. en larg.

2459   Victoire remportée par l'Amiral Lord Howe le 1 Juin 1794, d'apr. M. BROWN. Epr. avec lettres ouvertes. Gr. Est. en larg.

OSSENBECK.

2460   Danse de paysage, gr. à l'eau-forte en larg.

OTTAVIANI, J.

2461   Ulysse cherchant et découvrant Achille, d'apr. RAPHAEL. 2 Est. en larg.

2462   Jupiter, Junon, Neptun et Pluton, d'après RAPHAEL. 4 Est. en haut.

2463   Les Loges de RAPHAEL SANZIO, peintes dans le Vatican. 17 gr. Est. en haut.

2464   La Bible de RAPHAEL SANZIO, peinte dans le Vatican. 13 Est. en haut. Très belles Epr.

2465   Eau-fortes, d'apr. les dessins du GUERCHIN. 6 Est.

Catalogue

du reste de la

Collection d'Estampes

de

Mr. le Comte Maurice de Fries,

appartenant

à la masse Fries et Comp.

dont

la vente se fera le 3 Mars 1828 et jours
suivants.

Troisième Partie.

Le présent catalogue se distribue au Magasin des Beaux-
Arts de MATH. ARTARIA, Kohlmarkt No 260, à 6 kr.
l'Exemplaire.

VIENNE, 1827.

De l'Imprimerie de CHARLES GEROLD.

PARIZET , T. L.

Nᵒˢ 2466 Tête d'homme, tête de femme , gr. à l'eau-forte; 2 Est. en haut.

PARIZEAU , PH. L.

2467 Horatius Coclès , d'apr. LE BARBIER. Gr. Est. en larg.

PARIZEAU , PH.

2468 Psyché refusant les honneurs divins , d'après F. BOUCHER. — Paysanne endormie; deux enfants près d'elle , d'apr. GREUZE. Non terminé. 2 Est.

PARKER , J.

2469 Sujet tiré de l'histoire d'Angleterre de Hume; d'apr. R. SMIRKE. Epr. à l'eau-forte pure. En haut.

PASQUALINO , J. B.

2470 21 Est. , d'apr. différents maîtres.

PASS , CRISPIN DE.

2471 Le triomphe des Martyres , d'apr. M. DE VOS. Suite de 13 Est. en haut. — Les oeuvres de Miséricorde , d'apr. le même. Suite de 8 Est. 21 Est.

2472 Jésus-Christ mis au tombeau; l'adoration des rois , d'apr. lui-même. — La Ste Vierge; l'Ange du Seigneur; David à genoux jouant de la harpe;

St Siméon à genoux tenant l'enfant Jésus dans ses bras. 6 Est. dont 2 grav. par GUIL. DE PASS.

Nro. 2473 St Jérôme, inv. et gr. par l'artiste. En haut.

2474 La parabole des vierges sages et des vierges folles, d'apr. M. DE VOS. Suite de 8 Est.

2475 St Jérôme, d'apr. lui-même. — Ste Madeleine pénitente, gr. par G. DE PASS. — Tarquin et Lucrèce. 3 Est.

2476 3 Paysages, d'apr. A. WILLERES. Gr. par MADELEINE DE PASS.

PAUL, J.

2477 Intérieur de cabaret, d'apr. J. STEEN. Sup. Epr. avant toute lettre. En haut.

PAUTRE, J. LE.

2478 St Paul et Silas menés en prison. — Le frappement du rocher. 2 Est. d'apr. N. POUSSIN. En larg.

2479 Histoire de Moyse. Suite de 8 Est. inv. et gr. par l'artiste, en larg.

2480 Diverses Est. de son Oeuvre, 123 Est.

PAVON, J.

2481 Leda au bain, dapr. LE CORRÈGE. En haut.

PAZZI, P. A.

2482 Portrait en pied du Prince Jos. Wenc. de Liechtenstein, d'apr. H. RIGAUD. Très gr. Est. en haut.

2483 Le même portrait.

2484 La Vierge et l'enfant Jésus, d'apr. A. VAN DYCK. — Homère, d'apr. B. FRANCESCHINI. — Portrait de femme, d'apr. A. DEL SARTO. 3 Est.

2485 Portrait du Prince W. A. Kaunitz.

PEAK, J.

Nro. 2486 Repos des Voyageurs, d'apr. T. JONES. Gr. Est. en larg.

PEGNA, H. LA.

2487 Bataille entre les Piémontais et les Français au Col de l'Assietta ; peint et gr. par l'artiste. Tr. Gr. Est. en larg.

PEINTURES ROMAINES.

2488 La Force, la Prudence et la Modération sur une même planche, d'apr. RAPHAEL. Gr. par R. MORGHEN et coloriés avec soin à Rome en 1786.

2489 Les Peintures de RAPHAEL dans les chambres du Vatican, savoir : l'Ecole d'Athène ; la Dispute du St Sacrement ; Attila ; Héliodore chassé du temple ; l'Incendie du bourg de Rome ; le Parnasse ; St Pierre délivré de prison ; le Miracle de la messe de Bolsène. 8 Est. col. et term. à gouache sur les originaux à Rome en 1785 et 1786.

2490 La Poésie, la Théologie, la Philosophie et la Justice en 4 Est. rondes, gr. sur les peintures de RAPHAEL au Vatican, par R. MORGHEN. Col. et term. à gouache à Rome en 1786. 4 Est.

2491 La descente du St Esprit, ou la Pentecôte, d'apr. RAPHAEL. Col. et term. à gouache.

2492 L'Adoration des bergers, d'apr. RAPHAEL. Col. et term. à gouache.

2493 Le Massacre des Innocents, d'apr. RAPHAEL. Col. et term. à gouache. 3 Est.

2494 Jésus-Christ au Château d'Emaüs, d'apr. RAPHAEL. Col. et term. à gouache.

2495 Jésus - Christ apparoissant à la Madeleine sous la forme d'un jardinier, d'apr. RAPHAEL. Col. et term. à gouache.

2496 L'Amour maternel, d'apr. RAPHAEL. Col. et term. à gouache.

Nᵒ. 2497 Cinquante deux Sujets de l'ancien et du nouveau Testament connus sous le titre de la Bible
de RAPHAEL. Col. et term. à gouache sur les
peintures du Vatican. 52 Est.

2498 La Bible de RAPHAEL, avec les arabesques,
peintes dans les loges du Vatican, gr. par OTTA-
VIANI et VOLPATO. 13 Estampes col. et term. à
gouache.

2499 Les mêmes Est. coloriées de même 13 Est.

2500 Les Loges du Vatican, d'apr. RAPHAEL, gr. par
OTTAVIANI. 14 Est. col. et term. à gouache. —
La porte de la Salle de Constantin, des deux
côtés et le plan, exécutés de même, 3 Est. en
tout 17 Est.

2501 Les Loges du Vatican, d'apr. RAPHAEL, gr. par
VOLPATO. Col. et term. à gouache; plus une
vue des Loges. 18 Est.

2502 Les Heures, d'apr. RAPHAEL. 12 Est. col. et
term. à gouache.

2503 La Galerie du Petit Farnese, peinte par RA-
PHAEL. 11 Est. gr. par N. DORIGNY, col. et term.
à gouache sur les originaux.

2504 Les 7 Planètes et la voûte de la Sala Borgia
au Vatican, d'apr. RAPHAEL. Col. et term. à
gouache. 8 Est.

2505 Jupiter et Ganimède; Junon sur son char; Pluton et Proserpine; Neptune sur les eaux;
Achille à la cour de Licomède; Achille reconnu;
6 Est., d'apr. RAPHAEL, gr. par OTTAVIANI. Col.
et term. à gouache.

2506 Ritiro di Giulio Secondo, peint par RAPHAEL.
12 Est. savoir: Nascità di Venere; Venere fe-
rita da Cupido; Ariana e Bacco; Volcano e
Pallade; Giove e Antiope; Teti: Amor furioso,
volubile, nobile, poetico, vile, lento, col. et
term. à gouache.

2507 Chambre peinte dans la maison de plaisance du
Cardinal Joseph Doria, par RAPHAEL, rep. Ale-

xandre et Roxane ; Génies tendant au même
but ; La cour d'Adonis et de Vénus. 3 Est. col.
et term. à gouache.

Nᵒ. 2508 Chambre dans la maison de plaisance du Cardinal Doria, peinte par RAPHAEL. 4 Est. col. et
term. à gouache.

2509 Seize Est., d'apr. JULES ROMAIN, savoir : Trionfo
d'Amore ; Amor geloso, finto, magnanimo, cru-
dele, pazzo ; Nettuno ; Amor veloce ; Union
d'amore e trionfo di Venere ; Cerere ; Trionfo
di Sileno ; Trionfo di Bacco ; Europa e Trionfo
di Giove ; Medea ; Plutone ; Trionfo d'Anfitride.
Col. et term. à gouache.

2510 La Galerie Farnese , d'apr. ANN. CARRACCI.
6 Est, col. et term. à gouache.

2511 Les peintures d'ANT. DA CORREGGIO dans le mo-
nastère de St Paul à Parme, 5 Est. col. et
term. à gouache.

2512 Apollon conduisant le char du Soleil, d'après
G. RENI. — Le char de l'Aurore, d'apr. LE GUÉR-
CHIN. 2 gr. Est. col. et term. à gouache.

2513 Les mêmes Est. col. de même.

2514 La Sibylle Persique, d'apr. GUERCINO DA CENTO.
— La Sibylle de Cumes, d'apr. DOMENICHINO.
2 Est. col. et term. à gouache.

2515 La chambre du Papyrus d'Egypte dans la Bi-
bliothèque du Vatican, d'apr. RAPH. MENGS.
5 Est. col. et term. à gouache.

2516 Suite de 12 Est. gravées par CAMPANELLA , sur
les dessins de R. MENGS, faits d'après des peintures antiques trouvés dans les ruines du palais
d'Antonin le Pieux, col. et term. à gouache à
Rome en 1786,

2517 Collection de 50 Est. col. et term. à gouache,
sur des peintures antiques par divers artistes de
Rome en 1786 et 1787.

2518 Peinture antique connue sous le nom des Noces
Aldobrandines, col. et term. à gouache.

Nro. 2519 Le même sujet sur un fond noir et sans cadre.
2520 Sepolcro Nasoni, 10 Est. col. et term. à gouache.
2521 Six pièces, d'après des Mosaïques antiques.
2522 Quatre grandes pièces col. et term. à gouache sur des peintures antiques.
2523 Douze Vues de Rome, par FRANÇ. PANINI.

PEJROLERJ, P.

2524 Combat entre un lion, un cheval etc., d'après RUTHART. En larg.

PERAC, E. DU.

2525 La fête du Mont Testacceo, à Rome, en larg.

PERELLE, G.

2526 Paysages inv. et gr. à l'eau-forte, par G. PERELLE. 16 Est.

PERELLE, N.

2527 Phaëton demandant à conduire le char du Soleil, d'apr. N. POUSSIN. — L'adoration des rois, d'apr. POLENBURGH. 2 Est. en larg.

PERGER.

2528 Diverses scénes de l'histoire d'Autriche. Suite de 16 Est. avec texte. Les planches doubles, en noir et en couleur.

PERIGNON, N.

2529 Paysages dess. et gr. à l'eau-forte, par N. PERIGNON. Suite de 36 Est. en larg.

PERINI, J.

2530 Le portement de croix, d'apr. LANFRANCHI. — Jésus-Christ sur la montagne des oliviers, d'apr. le même gr. par C. TINTI. 2 Est. en haut.
2531 St Michel, d'apr. G. RENI. — La diseuse de bonne aventure, d'apr. M. A. CARAVAGGIO. 2 Est.

PERRET, P.

Nro. 2532 La peinture, d'apr. H. SPEEKART. L'adoration des Rois. — La mort de Cléopatre. 3 Est.

PERRIER, F.

2533 4 Est., d'apr. S. VOUET. — Joseph et la femme de Putiphar, H. SPECKART, gr. par P. PERRIER. 5 Est.

2534 Repos en Egypte, inv. et gr. par l'artiste. En haut.

2535 Simon Vouet.

2536 La Fable de Psyche, peinte par RAPHAEL, dans la Farnesina. Suite de 12 Est.

PERROT, P.

2537 Vue d'une Fontaine, P. PERROT, f. 1581. En haut.

PERZYN, R.

2538 Samuel Coster, d'apr. J. SANDRART.

PESNE, J.

2539 Les travaux d'Hercule, d'apr. N. POUSSIN. Suite de 19 Est.

2540 La Ste Famille, d'apr. N. POUSSIN. Gr. Est. en larg.

PESCA.

2541 Hippoméne et Athalante, d'apr. G. RENI. En larg.

PESTRINI, G.

2542 La force, la charité, l'innocence, la paix, d'apr. RAPHAEL. 4 Est. en haut.

PFEIFFER, G.

2543 4 Portraits, d'apr. J. GRASSI. — Tête d'homme,

d'apr. P. P. RUBENS. — Sujet allégorique, d'apr. NIEDERMANN. 6 Est.

Nro. 2544 7 Portraits et têtes, d'apr. H. FÜGER.

2545 Lavater, d'apr. F. OELENHAINZ. 4 autres portraits, d'apr. le même. 5 Est.

2546 Wieland, Herder, d'apr. F. TISCHBEIN. 6 autres
portraits, 8 Est.

2547 Jupiter, d'apr. A. LENS, avant toute lettre. —
Monument érigé au Feldmarschall-Lieutenant
H. de Schmidt, d'apr. MILLER. 2 gr. Est. en
larg.

2548 Rodolphe d'Habsburg couronnant l'Archiduc
Charles d'Autriche, d'apr. H. FÜGER. Gr. Est.
en haut.

2549 Portrait en pied de Jos. Lange, Acteur, d'apr.
J. WOLF. En haut.

PFENINGER, H.

2550 4 Vues de la Suisse, d'apr. GESSNER et autres.
En larg.

PHILLIPS, C.

2551 Vénus et l'Amour, d'apr. SALVIATI. Epr. avant
l. l. en haut.

PHILLIPS, S.

2552 L. G. Otto, plénipotentiaire de la France en
Angleterre, d'apr. J. JUKES.

PIAN, DE, et GALIMBERTI.

2553 Hérode chassé des tombeaux des Rois de Juda
par un feu souterrain; d'après CAUZIG. G. Est.
en larg. Epr. avant l. l.

PICART, BERN.

2554 Les batailles d'Alexandre, d'apr. CH. LEBRUN.
Suite de 6 gr. Est. grav. sous la conduite de
B. PICART.

Nro. 2555 Les tapisseries du Duc d'Orléans repr. l'histoire
de Méléagre, d'apr. CH. LEBRUN. Suite de 8 Est.
y comp. le titre en larg.

2556 Phillipe-Louis Comte de Sinzendorf. d'après
H. RIGAUD. Gr. Est. en haut.

2557 Le Duc d'Orléans, d'apr. A. COYPEL. En larg.

2558 Etiènne Picart, dess. et gr. par B. PICART. —
Don Louis Prince des Asturies, d'apr. R. VIALI.
2 Est.

2559 Sujet allégorique. Le triomphe de Vénus, d'apr.
A. COYPEL. — Le triomphe de la peinture, inv.
et gr. par lui-même. 3 Est.

2560 La Ste Famille, d'apr. RAPHAEL. — Le cachet de
MICHEL-ANGE. — Bacchus et Ariadne; Jupiter
et Semèle, inv. et gr. par lui-même. 4 Est.

2561 9 Est. tirés des cérémonies et coutumes reli-
gieuses.

2562 Zephire et Flore, d'apr. A. COYPEL. — Agar
dans le désert, d'apr. CH. LEBRUN. — Sujet mythologique, d'apr. N. POUSSIN. 3 Est. en haut.

2563 La toilette de Vénus. Diane chassant Calisto.
2 gr. Est., d'apr. ANN. CARRACHE. En larg.

2564 L'Amour chassant un satyre qui regarde Vénus
endormie, inv. et gr. par B. PICART. 3 Epr.

2565 Plafond peint par CH. LEBRUN, dans la chapelle
de Seaux. Très-belle Epr.

2566 6 Eau-fortes, d'apr. les dessins de RAPHAEL. —
La Ste Famille, d'apr. L. CARRACHE. — Jacob et
Rebecca. 8 Est.

PICART, ET.

2567 L'Arche du Seigneur à Azot, d'apr. N. POUSSIN.
— Le mariage de Ste Catherine, d'apr. LE COR-
RÈGE. — 2 Est. en larg.

2568 Ste Famille, d'après PALMA LE VIEUX. — La
Naissance de la Ste Vierge, d'apr. J. MIELE. —
2 Est.

PICAULT, BLESENSIS, P.

Nᵒ. 2569 Les Batailles d'Alexandre; Triomphe d'Alexandre; La tente de Darius, d'apr. CH. LEBRUN.
5 Est. en larg.

PICHLER, J.

2570 Naissance d'Adonis, d'apr. FRANCESCHINI. Gr.
Est. en haut. sup. Epr. avant toute lettre.

2571 Sujet de Mythologie. En larg. avant l. l.

2572 Hercule et Omphale, Hercule furieux, d'après
LE DOMINIQUIN. 2 Est. en larg.

2573 Alexandre et son médecin, d'apr. H. FÜGER.
Gr. Est. en larg.

2574 La même Est. sup. Epr. avant toute lettre.

2575 Didon et Enée, d'apr. GRASSI. Gr. Est. en larg.
Epr. avant toute lettre.

2576 La fuite de Myrrha, d'apr. N. POUSSIN. Gr. Est.
en larg. Epr. avant l. l.

2577 Vénus couchée, d'apr. LE TITIEN. Sup. Epr,
avant l. l. en larg.

2578 Homère, d'apr. H. FÜGER. Gr. Est. en larg.
avant l. l.

2579 Phidias, d'apr. H FÜGER. Sup. Epr. avant toute
lettre en haut.

2580 Silène, d'apr. C. CIGNANI. Gr. Est. en larg.

2581 La même Est. sup. Epr. avant l. l.

2582 St Jean Baptiste dans le désert, d'apr. P, BAT-
TONI. Gr. Est. en larg.

2583 La même Est. sup. Epr. avant toute lettre.

2584 La Madeleine dans le désert, d'apr. P. BATTONI.
Gr. Est. en larg.

2585 La même Est. avec lettres ouvertes.

2586 La tentation de St Antoine, d'apr. TENIERS.
Sup. Epr. avant toute lettre, en larg.

2587 Semiramis, d'apr. H. FÜGER, Gr. Est. en haut.

2588 La même Est. Epr. avant l. l.

2589 L'Emprisonnement de Julius Sabinus, d'après
HETSCH. Gr. Est. en larg.

Nro. 2590 Epponine, femme de Julius Sabinus, demandant grâce de l'Emp. Vespasien pour son mari, d'apr. HETSCH. Avant l. l. en larg.

2591 Le baptême de Jésus - Christ, d'apr. G. RENI. Gr. Est. en haut., lettres ouvertes.

2592 St Jean l'évangéliste lisant, d'apr. G. RENI. Gr. Est. en larg. avant l. l.

2593 St Paul, d'apr. PALCO. Avant toute lettre en haut.

2594 Volcain surprenant Vénus et Mars, d'apr. L. GIORDANO. En haut.

2595 Persée délivrant Andromède, d'apr. J. d'ARPINO. Epr. avant l. l. en haut.

2596 Vue du Prater, d'apr. J. DUVIVIER. En larg.

2597 Diane et Actéon, d'apr. FRANCESCHINI. Epr. avant l. l. en haut.

2598 Agar dans le désert, d'apr. REMBRANDT. Sup. Epr. avant toute lettre, en haut.

2599 La Vierge et l'enfant Jésus, d'apr. RAPHAEL. En haut.

2600 Cupidon, d'apr G. RENI. En larg.

2601 La même Est. Epr. avant l. l.

2602 L'Amour endormi sur les genoux de Vénus, d'apr. LE CORRÈGE. En haut.

2603 Bouquet de fleurs, d'apr. J. van HUYSUM. Avant l. l. en haut.

2604 Bouquet de fleurs, d'apr. J. van HUYSUM. Avant toute lettre, en haut.

2605 La même Est., toute première Epr. avant l. l.

2606 Portrait en pied du Comte de Saurau, d'apr. H. FÜGER. Gr. Est. avant l. l.

2607 Portrait en pied du Baron Geramb, d'apr C. HUMMEL. Gr. Est.

2608 Portrait en pied du Prince Kaunitz, d'après LAMPI. Gr. Est. avant l. l.

2609 Portrait en pied de l'Emp. Léopold II., d'apr. LAMPI. Gr. Est.

Nro. 2610 Brockmann dans le caractère de Hamlet, d'apr.
HICKEL. Avant toute lettre, en haut.

2611 J. Lange, d'apr. J. B. ANCKER.

2612 Le Prince Charles de Schwarzenberg, d'après
OELENHAINZ.

2613 Le Prince Jean de Lichtenstein, peint et gr.
par J. PICHLER. Epr. avant toute lettre.

2614 Brockmann dans le rôle de Montalban, peint
et gr. par J. PICHLER. Epr. avant toute lettre.

2615 M. de Birkenstock.

2616 Rembrandt van Ryn, d'apr. son propre tableau.

2617 Le Prince Charles de Ligne, d'apr. J. GRASSI.

2618 Le docteur Barth. Epr. avant toute lettre.

2619 Le Prince d'Anhalt - Bernburg.

2620 Le Comte Grég. Czernichew, d'apr. J. GRASSI.

2621 M. Wutki.

2622 Le Baron de Sperges, d'apr. J. B. LAMPI.

2623 J. de Weinbrenner, d'apr. J. B. LAMPI.

2624 L'Archiduc Charles d'Autriche.

2625 François II. Emp., d'apr. H. FÜGER.

2626 François II. Emp., dess. et gr. par J. PICHLER.

2627 François II. Emp.

2628 Louis XVI. Roi de France, d'apr. CALLE.

2629 Joseph II. Empereur, d'apr. H. FÜGER.

2630 Alexandre-Léopold, Arch. d'Autriche, d'apr.
J. HICKEL.

2631 Josie Prince de Saxe - Coburg, d'apr. NAUMAN.

2632 Marie-Thérèse, Arch. d'Autriche, Infante des
deux Siciles, peint et gr. par J. PICHLER.

2633 Portrait de Rembrandt, peint par lui-même.
Sup. Epr. avant toute lettre.

2634 Le Prince J. Poniatowsky, d'apr. J. GRASSI.

2635 Le Feldmaréchal Loudon, d'apr. H. FÜGER.

2636 Le docteur Gall.

2637 Une Nymphe montant sur un bouc. G. Est.
en haut, avant toute lettre.

2638 Nymphe couchée, à laquelle un Satyre offre
des raisins. Epr. avant toute lettre, en larg.

Nro. 2639 Mausolée de l'Emp. Léopold II. , d'apr. F. ZAU-
NER. En larg.

2640 La même Est. Epr. avant toute lettre.

2641 Deux Vues d'une Caverne, d'apr. C. DU BOIS.
Gr. Est. en larg.

2642 Germanicus, d'apr. H. FÜGER. Gr. Est. en larg.

2643 Germanicus, d'apr. H. FÜGER. Gr. Est. en larg.
Epr. avant l. l.

2644 Jésus - Christ mis au tombeau, d'apr. la copie
de P. P. RUBENS, du tableau de M.A.da CARRA-
VAGGIO. Gr. Est. en haut.

2645 La même Est. Superbe Epr. avant l. l.

PICOT, V. M.

2646 Marguérite d'Anjou Reine d'Angleterre attaquée
par un voleur, d'apr. J. J. BARRALET. En larg.

PIEVILLANO, FR.

2647 La fortune, d'apr, G. RENI. En haut.

2648 La même Est. Epr. postérieure.

PIRINGER, B.

2649 Clair de lune; Orage, d'apr. NOËL. 2 gr. Est.
Epr. avant toute lettre.

2650 Trois grands Paysages, d'apr. MOLITOR. En
larg. Epr. avant l. l.

2651 Un vautour plongeant sur deux canards sauva-
ges, d'apr. G. SCHLEGL. Gr. Est. en larg. avant
toute lettre.

2652 Clair de lune, d'apr. VEITH. Gr. Est. en larg.

2653 Deux paysages , d'apr. G. POUSSIN. Epr. avant
l. l. en larg.

2654 Deux paysages. Epr. avant toute lettre.

2655 Deux grandes Vues d'Orléans. Epr. avant toute
lettre, en larg.

2656 Deux grands paysages, dess. et gr. par M. PI-
RINGER. En larg. avant l. l.

Nro. 2657 Deux paysages, d'apr. LUCATELLI et VAN BLOE-
MEN. En larg.

2658 Deux paysages, d'apr. SCHÖNBERGER. En larg.
avant l. l.

2659 Deux paysages, d'après C. H. BRAND. En larg.
avant l. l.

2660 Deux paysages, d'apr. SARAZIN. En larg.

2661 Quatre paysages, dess. et gr. à l'eau-forte par
B. PIRINGER. En larg.

2662 Suite de 29 Vues du Tyrol, d'apr. RUNK. Sup.
Epr., lettres tracées.

2663 Quatre paysages, gr. à l'eau-forte, d'apr. MO-
LITOR. Avant toute lettre. — Ariadne à Naxos,
d'apr. CAUZIG. 5 Est.

2664 Vues d'Italie, 19 Est. col. y compris le titre.

PIROLI, TH.

2665 Les Prophêtes et les Sibylles, peintes par MI-
CHEL ANGE dans la chapelle Sixtine. Suite de
14 Est. et titre.

2666 Vénus désolée de la mort d'Adonis, d'apr. LE
GUERCHIN. 2 Epr. en larg.

2667 Attitudes de Lady Hamilton, d'apr. les dessins
de F. REHBERG. 12 Est. en haut.

PISARRI, C. A.

2668 Suite d'Est., d'apr. les tableaux à fresque d'ANN.
et AUG. CARRACCI à Bologne. 19 Est. en haut.

PITAU, N.

2669 P. Seguier, Chancelier de France, d'apr. N.
DE PLATE MONTAGNE. Gr. Est. en haut.

2670 P. Seguin, d'apr. H. STRESOR.

2671 Portrait de la Reine de France, d'apr. BAU-
BRUN.

2672 J. Favier du Boulay, d'apr. PH. DE CHAMPAGNE.

2673 N. Colbert, d'apr. C. LE FÈBRE.

2674 B. Farré, d'apr. J. DARET.

Nro. 2675 Portrait d'un prélat, d'apr. **H. PERES BRANT**.

2676 Portrait d'un Pape, d'apr. **P. MIGNARD**.

2677 La S^te famille, d'apr. **RAPHAEL**. — L'Annonciation de la Vierge, d'apr. **PH. de CHAMPAGNE**. 2 Est. en haut.

2678 Le corps mort de J. Ch. pleuré par 2 anges, d'apr. **LE GUERCHIN**. Epr. avant toute lettre. — La S^te famille, d'apr. **J. B. DE CHAMPAGNE**. Epr. avant l. l. 2 Est.

PITTERI, M.

2679 Têtes du père éternel; de Jésus - Christ; des 4 Evangélistes et de 11 Apôtres, d'apr. **J. B. PIAZZETTA**. Suite de 17 pet. Est.

2680 Les 7 Sacremens, d'apr. **P. LONGHI**. — Chasse aux Canards et pendant, d'apr. le même. 9 Est. en haut.

2681 Diverses Est. d'apr. différents peintres. 6 Est. en haut.

PLATE MONTAIGNE, N. DE LA.

2682 Le corps mort de Jésus - Christ, d'apr. **PH. DE CHAMPAGNE**. En larg.

2683 Portrait d'un ecclésiastique, d'apr. **J. B. DE CHAMPAGNE**.

PLONSKI, M.

2684 Eau - fortes inv. et gr. par **M. PLONSKI**. 16 Est.

PLOOS VAN AMSTEL.

2685 52 Est. d'apr. les dessins originaux de divers maîtres, premières Epr.

2686 La Vierge et l'enfant Jésus, d'apr. **A. BLOEMAERT**.

PO, PIETRO DEL.

2687 Repos en Egypte, d'apr. **N. POUSSIN**. En larg.

2688 St Jérôme dans le désert, d'apr. **LE DOMINIQUIN**.

Première Epr. avant l'adresse de BERTRAND. En haut.

Nro. 2689 Ste Françoise, veuve Romaine, adorant la Ste Vierge etc., d'apr. N. POUSSIN. En haut.

POILLY, J. B. DE.

2690 Vénus apportant à Enée les armes forgés par Volcain, d'apr. A. COYPEL. En larg.

2691 Jupiter et Danae, d'apr. JULES ROMAIN. — Titre pour les confessions de St Augustin, d'apr. PH. DE CHAMPAGNE. 2 Est.

2692 La Ste Vierge adorant l'enfant Jésus, d'apr. LE GAROFFALO. — Adoration des Bergers, d'apr. C. MARATTI. 2 Est.

2693 Huit Est. d'apr. les peintures à fresque de P. MIGNARD, non term.

2694 Jésus - Christ à la croix, d'apr. CH. LE BRUN. — St Pierre d'Alcantara. 2 Est. en haut.

2695 Susanne accusée par les vieillards, d'apr. A. COYPEL. Gr. Est. en larg.

2696 L'Olympe, plafond peint par P. MIGNARD. Gr. Est. en larg.

2697 Le grand Calvaire, d'apr. N. DE POILLY. Gr. Est. en larg.

2698 Le veau d'or, d'apr. N. POUSSIN. Gr. Est. en larg.

2699 La boutique de Volcain. — Mars et Vénus, d'apr. P. MIGNARD. 2 gr. Est. en larg.

2700 Les mêmes Est.

POILLY, FR. DE.

2701 Triomphe de Bacchus, d'apr. ANN. CARRACHE. Gr. Est. en larg.

2702 Tête de Vierge, d'apr. CH. LEBRUN.

2703 Tête de Christ, d'apr. CH. LEBRUN.

2704 Tête de Ste Anne, d'apr. RAPHAEL.

2705 Tête de la Vierge, d'apr. G. RENI.

2706 Tête de la Vierge, d'apr. G. RENI.

Nro. 2707 Tête de la Vierge, d'apr. G. RENI.

2708 La même Est. non terminée.

2709 Jésus - Christ dans les airs, d'apr. PH. DE CHAM-
PAGNE. En haut.

2710 Ste Famille, d'apr. N. POUSSIN. — La Vierge, l'enfant Jésus et St Jean, d'apr. MIGNARD. 2 Est.
en haut.

2711 L'Enfant Jésus endormi sur les genoux de la
Ste Vierge, d'apr. G. RENI. — La Vierge et l'enfant Jésus, F. POILLY, exc. 2 Est. en haut.

2712 L'Enfant Jésus endormi sur les genoux de la
Ste Vierge, d'apr. G. RENI. — Ste Famille, d'apr.
MIGNARD. Epr. non term. 2 Est. en haut.

2713 La Ste Famille, d'apr. LE PARMESAN, avant toute
lettre. — Autre Ste Famille, d'apr. S. BOURDON.
2 Est. en haut.

2714 Ste Famille, d'apr. P. DI CORTONA. 2 Epr. dont
une avec marge coupée.

2715 Ste Famille, d'apr. J. STELLA. 2 Epr. dont une
avec marge coupée. — La Vierge et l'enfant
Jésus, d'apr. GAROFFALO. 3 Est.

2716 Le Mariage de Ste Catherine, d'apr. MIGNARD.
Sup, Epr. avant l. l. en haut.

2717 La même Est. sup. Epr. avant l. l. et avant les
armes.

2718 Jésus-Christ portant la croix soutenu par la
Vierge, d'apr. ANN. CARRACHE. Epr. avec les armes au bas de l'estampe.

2719 La même Est. avant les armes et avant l. l.

2720 La même Est. prém. et sup. Epr. avant les armes et avant toutes lettres.

2721 Ste famille, d'apr. RAPHAEL, F. POILLY. exc.

2722 L'adoration des Bergers, d'apr. P. MIGNARD. Gr.
Est. en larg. Belle Epr. avant l. l.

2723 Repos en Egypte, d'apr. S. BOURDON. En larg.

2724 St Jean l'Evangéliste, d'apr. CH. LE BRUN. — Autre
Est. d'apr. le même tableau, F. POILLY exc. 2 Est.
en haut.

Nro. 2725 St Jean l'Evangéliste, d'apr. CH. LE BRUN. — Sujet allégorique. 2 Est.

2726 St Jean l'Evangéliste, d'apr. CH. LE BRUN. Sup. Epr. avant l. l.

2727 St Bruno, élevé au ciel, d'apr. E. LE SUEUR. — Sujet allégorique, d'apr. FR. CHAUVEAU. 2 Est. en haut,

2728 St Ignace de Loyola. — St François Xavier. 2 Est. en haut.

2729 La Ste Vierge et Ste Elisabeth, d'apr. CH. LE BRUN. — L'enfant Jésus dans une crèche regardant Dieu le père et le St Esprit. Epr. avant l. l. 2 Est.

2730 Jésus-Christ à la croix, d'apr. CH. LE BRUN. En haut.

2731 Mercure aportant Bacchus aux Nymphes, d'apr. ALEXANDRE. — Le Jeu du Bilboquet. 2 Est.

2732 Les frères de Joseph apportant son habit à leur père, d'apr. CH. COYPEL. — Grande Thèse, en haut. 2 Est.

2733 St Charles Boromée, donant la communion aux pestiféres, d'apr. P. MIGNARD. Gr. Est. en haut.

2734 Grande Thèse avec un portrait en médaillon, d'apr. P. MIGNARD. 2 flles détachées.

2735 Grande Thèse avec la figure en pied de Louis XIV, d'apr. CH. LE BRUN. 2 feuilles.

2736 Grande Thèse avec la figure de Louis XIV. assise, d'apr. CH. LE BRUN. 2 feuilles.

2737 Grande Thèse, d'apr. CH. LE BRUN. 2 feuilles jointes.

2738 Grande Thèse avec le Portrait de Louis XIV, en rond, d'apr. CH. LE BRUN. 2 feuilles jointes.

2739 La même Thèse en magn. Epr. en 2 feuilles détachées.

2740 P. le Moyne, d'apr. PH. DE CHAMPAGNE.

2741 Benigne Bossuet, d'apr. P. MIGNARD.

2742 N. Fouquet, d'apr. CH. LE BRUN. — Portrait d'un ecclésiastique. 2 Est.

POILLY, N. DE.

Nro. 2743 Marie Thérèse, Reine de France. Gr. Port. en
haut.

2744 J. B. Morin, d'apr. A. B. FLAMÉN.

POLANZANI, F.

2745 La Vie de la Ste Vierge, d'apr. N. POUSSIN.
Suite de 22 Est. et titre en haut.

POLLARD, R.

2746 Combat maritime entre les anglais et les hollandais
le 5 Août 1781, d'apr. De SERRES. En larg.

2747 L'Amiral Rodney délivrant Gibraltar le 16 Janv.
1780, d'apr. D. SERRES. En larg.

2748 Le Capitaine J. Lutrell, attaquant 5 vaisseaux
ennemis, le 12 Déc. 1782, d'apr. D. SERRES. En
larg.

POMPADOUR, MARQUISE DE.

2749 Suite de 50 Est., d'apr. les pierres gravées de
GUAY.

POND, A.

2750 Le bossu des Carraches, d'apr. AN. CARRACHE.
en haut.

PONTIUS, P.

2751 La Ste Vierge, St Jean et Ste Madeleine pleurant le corps mort de Jésus-Christ, d'apr. A. van
DYCK. En haut.

2752 La même Est. avant le mot Regis, et avant
l'adresse de BONENFANT.

2753 St Hermann Joseph aux pieds de la Ste Vierge,
d'apr. A. van DYCK.

POOL, MATTYS.

2754 Deux hommes conduisant une femme à laquelle
ils ôtent le voile etc., d'apr. BARENT GRAET. en

haut. — Vénus, Mars, Saturne et Cupidon. —
Vénus et l'Amour. 3 Est.

PORTMAN, L.

Nro. 2755 Charles Grand, Duc de Bade, d'apr. SCHRÖ-
DER.

POTRELLE, J. L.

2756 Jules Romain, d'apr. son propre portrait.
2757 Michel Ange, d'apr. son propre portrait.

POUNCY, B. T.

2758 The sortie of the Garnison of Gibraltar; d'apr.
C. POGCI. Epr. lettres ouvertes mais avec les
armes. 2 Gr. Est. en larg.
2759 Les mêmes Estampes. Epr. avec lettres ouvertes mais avant les armes. 1 Est.
2760 Les mêmes Estampes. 3 Epr. non terminées, savoir : la 1ère Eau - forte, la 2de et la 6me Epr.
d'essai.

PRANKER, B.

2761 Vieillard accompagné de 3 femmes et d'un enfant découvrant un homme mort, d'apr. J. PAX-
TON. En larg.

PREISLER, G. M.

2762 Portrait de Campiglia, avant l. l.
2763 J. J. Silberrad. d'apr. J. M. SCHUSTER.
2764 J. W. Widmann, d'apr. P. DECKER.
2765 J W. Loeffelholz, d'apr. J. D. PREISLER.

PREISLER, J. M.

2766 Laban cherchant ses dieux, d'apr. CAZES. Gr.
Est. en larg.
2767 Loth et ses filles, d'apr. RAPHAEL. — Bacchanale, d'apr. PIERRE. — Buste d'homme tenant

une tête de mort, d'apr. DIETMAR, gr. par V.
D. PREISLER. 3 Est.

Nro. 2768 Semiramis et Ninus. — David et Abigail. —
L'Ange visitant St Pierre en prison. 3 Est , d'apr.
G. RENI.

PRENNER, A. J.

2769 Theatrum artis pictoriae ; rep. les tableaux de
la galerie Imp. de Vienne. 155 Est. et titre.

2770 De la même suite. 112 Est.

2771 Vues perspectives de l'intérieur de la Galerie
Imp. de Vienne. 35 Est.

2772 De la même suite. 15 Est.

PRESTEL, J. G.

2773 Vue du Rhin près de Basle. — Vue d'Unter-
see, d'apr SCHÜTZ. 2 Est. en larg.

2774 Ruines du château de Henneberg. — Ruine de
l'église de Bergen, d'apr. RADL. 2 gr. Est. en
larg.

2775 Vue du vieux château de Hain. — Le vieux château de Hardenberg, dess. et gr. par A. RADL.
sous la direction de PRESTEL. 2 gr. Est. en haut.

2776 Vue d'une grotte près de Helbrunn, d'apr.
SCHELLINGER. — Le château de Steinheim, d'apr.
RADL. 2 Est. en haut.

2777 3 Paysages, d'apr. FR. KOBELL. En haut.

2778 Paysage, d'apr. MOUCHERON. En haut.

2779 Un bain romain, d'apr. J. P. PANNINI. — Le
Christ mort sur les genoux de la Vierge, d'apr.
LE CORRÈGE. 2 gr. Est. en larg.

2780 L'Orage, d'apr. A. CUYP. En larg.

PRESTEL, J. TH.

2781 Jésus-Christ mis au tombeau, d'apr. VAN DYCK.
En haut.

PRESTEL, M. C.

Nʳᵒ. 2782 Le cimetière, d'apr. GAINSBOROUGH. En larg.

2783 L'Eglise de St Laurent hors des murs de Rome, d'apr. G. POUSSIN. Gr. Est. en larg.

2784 Vue du temple de la paix à Rome. Gr. Est. en larg.

2785 Vue d'une mine de plomb en Cumberland, d'apr. LOUTHERBOURG. Gr. Est. en larg. Epr. avant toute lettre.

2786 Mercure cherchant à endormir Argus, d'apr. S. ROSA. — Vue d'une mine de plomb en Cumberland, d'apr. LOUTHERBOURG. 2 Est. en larg.

2787 Vue de la perte du Rhône, d'apr. L. BELANGER. — Paysage, d'apr. P. BREUGHEL, avant l. l. 2 gr. Est. en larg.

2788 Le Matin. Le soir, d'apr. ROSA DI TIVOLI. 2 gr. Est. en larg.

2789 Sujet d'animaux, d'apr. ROSA DI TIVOLI. Epr. avant l. l. gr. Est. en larg.

PRIMAVESI, G.

2790 Douze vues du château de Heidelberg, gr. à l'eau-forte, avec texte. 12 Est. en larg.

PRINCE, LE.

2791 Diverses Est. suite de 29 Est.

PUTTER, A. D'.

2792 Vue de l'église de St Paul à Londres, 2 feuilles non assemblées.

PYE, J.

2793 Le point d'Europe à Gibraltar, d'apr. A. PYNAGKER. En larg.

QUADRI.

2794 St Roc, d'apr. L. CARACCI. En haut.

QUAGLIO, D.

N° 2795 12 Vues de Munic, dess. et gr. à l'eau-forte par D. QUAGLIO.

QUARRY, R. CATH.

2796 Paysage avec animaux etc., d'apr. H. ROOS. Gr. Est. en larg.

QUAST, P.

2797 Suite de Mendiants, PET. QUAST inventor. 20 Est. en haut. numérotées.

QUELLINUS, H.

2798 Portrait en pied de Don Fr. de Mura Cortereal, Gouverneur de Flandre, d'apr. E. QUELLINUS. Gr. Est. en haut.

2799 Bas - reliefs de l'hôtel de ville d'Amsterdam, d'apr. A. QUELLINUS. 24 Est.

2800 Portrait de Philippe IV, Roi d'Espagne, assis sur son trône, à ses cotés son fils etc., d'apr. E. QUELLINUS. Gr. Est. en haut.

RADL, A.

2801 Le magasin italien, d'apr. G. FUENTES. Gr. Est. en larg.

2802 Chasse d'ours, d'apr. SNYERS. Gr. Est. en larg.

2803 Vue du vieux château de Stauffen, dess. et gr. par l'artiste, gr. Est. en larg.

RAHL, C.

2804 Scène de l'enfer du Dante, d'apr. CARSTENS. Gr. Est. en larg. à l'eau - forte.

2805 Neuf Est. d'apr. les compositions de E. WAECH-TER.

2806 Portrait de Goethe, d'apr. RAABE. En ovale.

2807 Le Général Baron de Kray, d'apr. J. A. KAPPEL-LER. — Le Docteur Gall. 2 Est.

Nᵣₒ· 2808 Portrait en pied de l'Empereur François I, d'apr. P. KRAFFT. En haut.

2809 Jésus-Christ et la Samaritane, Epr. à l'eau-forte pure. Gr. Est. en larg.

2810 Tête de Christ, d'apr. LE GIORGIONE. — Tête de Vierge, d'apr. G. RENI. 2 Est. avant l. l.

2811 Jésus-Christ apparoissant à la Madeleine en jardinier, d'apr. VAN DYCK. 2 Epr. dont l'une avant la lettre.

2812 La même Est. avant l. l. sur pap. de chine.

2813 Une Nymphe se baignant, d'apr. LE DOMINIQUIN, avant l. l. sur pap. de la chine.

2814 La Vierge et l'enfant Jésus, d'apr. LE CORRÈGE. Epr. avant l. l. en haut.

2815 La Vierge et l'enfant Jésus endormi, d'apr. LE DOMINIQUIN, en haut. Epr. sur pap. de la chine.

2816 St Joseph, d'apr. LE CORRÈGE, pet. Est. en haut.

2817 Trois paysages, d'apr. G. POUSSIN. — Etude d'arbre dess. et gr. par l'artiste. 4 Est.

2818 Paysage, d'apr. F. MILET, avant l. l.

2819 La même Est. à l'eau - forte pure.

2820 Paysage, d'apr. G. POUSSIN. En haut.

2821 La même Est. Epr. à l'eau - forte pure.

2822 Paysage, d'apr. G. POUSSIN. Epr. à l'eau - forte pure, en larg.

2823 Vue du transparent et de la maison de Mr le Comte de Fries, lors de l'illumination le 16 Juin 1814, d'apr. J. ABEL, in fol. en trav. 4 Exempl.

2824 Ditto, ditto, 4 Exempl.

2825 Ditto, ditto, 4 Exempl.

2826 Ditto, ditto, 4 Exempl.

2827 Ditto, ditto, 4 Exempl.

2828 Ditto, ditto, 4 Exempl.

2829 Ditto, ditto, 4 Exempl.

2830 Ditto, ditto, 4 Exempl.

2831 Ditto, ditto, 2 Exempl.; en grand papier.

RAINALDI, F.

Nro. 2832 Diane et Acteon, d'apr. F. ALBANO. Sup. Epr.
lettres tracées, en larg.

2833 La conjuration de Catilina, d'apr. SALV. ROSA.
en larg.

2834 Joseph et la femme de Putiphar, d'apr. J. F. BI-
LIVERTI, En larg.

2835 Hérodiade recevant la tête de St Jean, d'apr.
LE GUERCHIN. En larg.

2836 Portraits des plus fameux compositeurs de Musique et chanteurs, d'apr. A. FEDI et L. SCOTTI.
4 Est. en haut.

2837 L'Aurore du GUIDE. Sup. Epr. lettres ouvertes
en larg.

RAMPOLDI, c.

2838 Jésus - Christ au temple se disputant avec les
docteurs de la loix, d'apr. B. LUINI. Sup. Epr.
avant l. l. en larg.

RAPHAEL SANZIO D'URBIN.

2839 La fable de Psyché, d'apr. RAPHAEL. Suite de
31 Est. en larg. avec des vers latins et allemands
au bas des Estampes. Sur la prem. Est. on lit:
FRANCISCUS HOGENBERGUS excudebat 1575.

2840 Divers Sujets tirés de tableaux de RAPHAEL.
6 Est.

2841 Les sept Vertus cardinaux. La charité gr. par
un anonyme. 8 Est. en haut.

2842 Attila Roi des Huns etc., gr. par un anonyme.
En larg.

2843 La dispute du Sacrement, gr. Est. en larg de
2 feuilles non assemblés gr. par un anonyme.
Belle Epr.

2844 La pêche miraculeuse, gr. à l'eau-forte.

2845 Ste Judithe. Au coin gauche d'en bas on lit:
RAPHAEL URBIN pinx, L. SA sculp; au coin
droit: A. BLOOTELING exc. Belle Epr. en haut.

RASP, c. g.

Nᵣₒ. 2846 A. R. Mengs, d'apr. son propre portrait. — J. A. Segner, d'apr. H. FÜGER. — Ch. Comte Osten-Sacken, d'apr. SCHMIDT. 3 Est.

RAVENET, s. f.

2847 Les druïds, d'apr. F. HAYMAN.. — Vortigern et Ravena, d'apr. N. BLAKEY. — La Bataille de Hastings. 3 Est. en larg.

2848 Lucrèce déplorant son malheur. — Gunhilda refusant la réconciliation de son mari, d'apr. E. A. CAZALI. Deux Est. en haut.

2849 L'adoration des bergers, d'apr. D. FETI. — Sᵗᵉ Catherine de Sienne, d'apr. le bas-relief de M. CAFFA. 2 Est.

2850 Jupiter et Antiope, d'apr. P. P. RUBENS. gr. par RAVENET fils, en larg.

2851 La mort de Senèque, d'apr. GIORDANO. En larg.

2852 Sᵗ Jean l'évangéliste, d'apr. LE CORRÈGE. En larg.

2853 L'Ane obstiné, d'apr. FILLEMENT. — La Ravaudeuse, la Charbonnière, d'apr. C. N. COCHIN. 3 Est.

2854 Sophonisbe acceptant le présent nuptial de son mari, d'apr. LUCA GIORDANO. Gr. Est. en larg. avant l. l.

2855 La nuit nuptiale de Tobie, d'apr. LE SUEUR. En larg.

2856 La Charité, d'apr. C. CIGNANI. En larg.

2857 Le jeune Tobie rendant la vûe à son père, d'apr. AUG. CARRACHE. En larg.

2858 Tête de l'enfant Jésus, d'apr. C. DOLCE. ayant le titre faux. Sᵗ John, pet. Est. en haut.

2859 La peinture et le dessin, d'apr. G. RENI. En haut.

2860 La jeune Bôhémienne, d'apr. MORELLI. En haut.

2861 Le triomphe de David, d'apr. N. POUSSIN. Gr. Est. en larg. Epr. avant l. l.

RAYMOND, J.

Nro. 2862 Ste Famille dite: La Vierge au palmier, d'apr.
RAPHAEL, en haut. Jésus - Christ dans le sépulcre, d'apr. TH. ZUCCARO. En haut. 2 Est.

REBELL, J.

2863 Paysages, dess. et gr. par J. REBELL. 8 Est.
en larg.

2864 Les mêmes paysages Epr. à l'eau - forte pure.
8 Est.

REGIO, BERN. DE.

2865 L'enlèvement de Ganimède, gr. à l'eau - forte,
d'apr. ANN. CARRACHE. En larg.

REGNESSON, N.

2866 Marc de Wlson, chev. de la Colombiére, d'apr.
NANTEUIL et CHAUVEAU.

2867 La descente du St Esprit, d'apr. J. BLANCHARD.
En haut.

· REINDEL, A.

2868 Sujet allégorique sur l'éducation de la jeunesse,
d'apr. R. LANGER. En haut.

REINERMANN, F.

2869 Sujet d'animaux, d'apr. N. BERGHEM. — Autre
sujet d'animaux, d'apr. H. ROOS. 2 Est. en larg.

REINHOLD, H.

2870 Vues de Klosterneuburg, d'apr. ses propres
dess. 9 Est. en larg. avec texte.

2871 Quatre paysages, d'apr. F. REINHOLD. — Mendiant dess. et gr. par F. REINHOLD. 5 Est.

REMBRANDT.

2872 Copies, d'apr. ses Estampes. 19 Est.

RENI, GUIDO.

Nro. 2873 Ste Famille, Copie de l'estampe originale P. G.
V. XVIII. p. 284. Nro. 9. Au haut de la planche:
G. R. formo. — F. G. en haut.

2874 Un Saint ressuscitant un enfant mort etc., d'apr.
G. RENI. Gr. à l'eau - forte par un anonyme.
En haut.

2875 St Charles - Boromée montant au ciel, de l'é-
cole du GUIDE. En haut.

REVERDINO, G.

2876 Saturne P. G. V. XV. p. 488. Nro. 3.

2877 St Pierre marchant sur les ondes. P. G. V. XV.
p. 469. Nro. 6.

REYNOLDS, S. W.

2878 Le Fauconier, d'apr. J. NORTHCOTE. En haut.

2879 La découverte du corps mort de Tippoo Sultan,
d'apr. R. K. PORTER. — La remise des enfants de
Tippoo Sultan, d'apr. STOTHARD, gr. par C.
TURNER. 2 Est. sup. Epr. avec lettres ouvertes.
En larg.

RHEIN, N.

2880 Le taureau en fureur, d'apr. F. CASANOVA.
Gr. Est. en haut.

2881 Un Tigre, d'apr. QUADAL, avant toute lettre,
en larg.

2882 Combat d'animaux, d'apr, RUTHARDT. Gr. Est.
en larg.

2883 Combat d'animaux, d'après C. RUTHARDT. Gr.
Est. en larg.

2884 Portrait de Madme Lampi, d'apr. J. B. LAMPI.

2885 La Cascade, d'apr. VERNET. Gr. Est. en larg.

2886 Le vieillard amoureux, d'apr. N. HOJE. — Vénus
et Adonis, d'apr. HOET. 2 Est. en larg.

RICCIANI, A.

Nro. 2887 Cupidon devant le tribunal de Jupiter réuni avec les autres dieux dans l'olympe, d'après RAPHAEL. Gr. Est. en larg. avant l. l.

RICHTER, A. G.

2888 Jesus-Christ au jardin des Oliviers, d'apr. J. B. TIEPOLO. En larg.

2889 Eruptions du Vésuve, de l'Etna etc. 9 Est.

RIEDEL, A.

2890 Suite de 27 Têtes d'apr. div. peintres, 27 Est.

2891 Les 7 Sacremens, d'après J. M. CRESPI. 7 Est. et titre en haut.

RIEPENHAUSEN, F. et J.

2892 Histoire de la peinture en Italie. livr. 1. 2. contenant 24 Est. avec texte.

RIETER, H.

2893 Cascade du Giesbach. Gr. Est en larg. col.

2894 Vue prise à Iseltvald. Gr. Est. en larg. col.

2895 Dernière Cascade de Reichenbach. Gr. Est. en larg. col.

2896 Vue de Spietz sur le lac de Thoun. Gr. Est. en larg. col.

2897 Cime de la Jungfrau vue près d'Unterseewen. En haut. col.

RIST, G.

2898 Portrait de Frédéric Roi de Würtemberg, d'apr. SEELE. Sup. Epr. sur, pap de la chine.

ROBERT, P. A. et NIC. LE SUEUR.

2899 Sacrifice d'Elie, d'apr. MATHURIN. — L'assomption de la Vierge, d'apr. J. PASSARI. — Ste Prisque baptisée par St Pierre, d'apr. J. BAGLIONI. —

La Calomnie, d'apr. RAPHAEL, gr. par N. COCHIN
et N. LE SUEUR. — Hercule gaulois ou l'éloquence,
d'apr. le même, gr. par les mêmes. 5 Est.

ROBETTA.

Nro. 2900 Hercule tuant l'hydre de Lerne. P. G. V. XIII.
p. 404. Nro. 21.

RODE, B.

2901 Suite de 223. Est. à l'eau-forte inv. et gr. par
B. RODE.

ROGER, B.

2902 Portrait du Général Lecourbe , d'après J.
GUERIN.

2903 L'adoration des bergers, d'apr. N. POUSSIN. Epr.
avant, l. l. gr. Est. en larg. imp. sur satin
jaune.

ROGER, F.

2904 Jésus-Christ apparaissant à Ste Madeleine, d'apr.
HALLÉ. En larg.

ROMERO, G.

2905 The Battle of Marathon , d'après L. SABATELLI.
Gr. Est. en larg. à l'eau-forte.

ROSA, J. D.

2906 1ère suite de 6 pièces d'animaux inv. et gr. à l'eau-
forte, par J. DE ROSA. 6 Est. en larg.

ROSASPINA, J.

2907 Bacchanale, d'apr. N. POUSSIN. Epr. avant l. l.
en larg.

ROSASPINA, F.

2908 Jésus - Christ devant Pilate. — St Jean l'évangéliste. 2 Est. en larg. non term.

N⁰. 2909 Cupidon, d'apr. LE GUERCHIN. En haut. — Allégorie, d'apr. APPIANI. En larg. 2 Est.

2910 St François, d'apr. LE DOMINIQUIN. En haut.

2911 Casti, dess. et gr. par l'artiste.

2912 P. M. Paciaudi, d'apr. L. LUCATELLI.

2913 And. Mazza.

2914 C. Manfredi.

2915 L. Beccatelli.

2916 Virgile, L. Junius Brutus, d'après l'antique. 2 Est. en rond.

2917 Les plus beaux tableaux de Parme, suite de 25 Est. gr. à l'eau-forte. Epr. avant l. l.

2918 Suite de 43 Est., d'apr. les dessins originaux des plus fameux peintres. 43 Est.

2919 Marc. Junius Brutus, d'apr. l'antique. En rond.

ROSMAESLER.

2920 La mort de Virginie, d'apr. J. CASANOVA. Gr. Est. en larg.

ROSSI, A.

2921 Portrait en pied de l'Empereur Joseph II. et de Léopold Grand-Duc de Toscane, d'apr. P. BATTONI. Gr. Est. en haut.

ROTA, MARTIN.

2922 Le massacre des Innocents. Gr. Est. en larg.

2923 Le denier de César, d'apr. LE TITIEN. 2ᵈᵉ Epr. en haut.

ROULLET, J. L.

2924 Grande Thèse, d'apr. CIRO FERRI. En haut.

2925 Le corps mort de Jésus-Christ pleuré par les saintes femmes, d'apr. ANN. CARRACHE. Gr. Est. en larg.

2926 La même Est. Epr. avant le privilège et l'adresse de DREVET au bas de la planche.

Nᵣₒ. 2927 La Sᵗᵉ Vierge, l'enfant Jésus et Sᵗᵉ Thérèse, d'apr. ANN. CARRACHE. En haut.

ROUSSELET, E.

2928 Grande Thèse, d'apr. CH. LEBRUN. — Le portrait de Louis XIV. Gr. par R. NANTEUIL. Gr. Est. en haut de 2 feuilles non assemb.

2929 Sᵗᵉ Famille dite la Vierge au palmier, d'après RAPHAEL. — Le mariage de Sᵗᵉ Catherine, d'apr. LE TITIEN. — Exercice spirituel de Sᵗ Ignace de Loyola, d'apr. J. STELLA. 3 Est.

2930 Jésus-Christ et Sᵗ Jean-Baptiste, d'apr. G. RENI. Epr. avant toute lettre. — Sᵗ François, d'apr. CL, VIGNON. — Sᵗᵉ Madelaine, d'après CH. LEBRUN. 3 Est. en haut.

2931 Allégorie, d'apr. CH. LEBRUN. — Deux Allégories, d'apr. S. BOURDON. — Deux Allégories. 5 Est.

ROY, C.

2932 Nic. Boileau Despreaux.

ROY, F. DE.

2933 Sᵗᵉ Famille, gr. à l'eau-forte, d'après RUBENS. En haut.

ROY, P. LE.

2934 Dav. Nic. de Bertier, d'apr. H. RIGAUD.

RUNK.

2935 Paysages inv. et gr. par RUNK. 13 Est.

RUPPRECHT, F. C.

2936 Deux Vues de Bamberg, dess. et gr. à l'eau-forte par l'artiste. En larg.

RUSCHEWEYH, F.

Nro. 2937 Scènes de Paysans, d'apr. T. WOCHER. 2 Est
en larg. non term.

2938 La Vierge et l'enfant Jésus, d'apr. JULES ROMAIN.
Epr. avant toute lettre.

2939 La même Est. Epr. avant toute lettre.

2940 La même Est. Epr. avant toute lettre sur pap.
de la chine.

2941 Le miracle de St Nilus, d'apr. LE DOMINIQUIN.
En larg.

RYDER, J.

2942 La Vierge et l'enfant Jésus, d'apr. RAPHAEL. —
Tête d'homme, d'apr. MICHEL ANGE. 2 Est. à
l'eau-forte en haut.

2943 Le prisonnier, d'apr. J. WRIGHT. Sup. Epr. avant
l. l. en larg.

RYLAND, W. WYNNE.

2944 Entrevue d'Edgar et Elfrida, d'apr. A. KAUFFMANN
En larg.

2945 Scènes champêtres, d'apr. F. BOUCHER. 4 Est.
dont 2 à l'eau-forte pure.

SABATELLI, L.

2946 Les joueurs, inv. dess. et gr. à l'eau-forte par
l'artiste, en larg.

2947 La peste. Gr. Est. à l'eau-forte en larg. Epr.
avant l. l.

2948 Recueil de sujets pittoresques, inv. et gr. par
l'artiste et par ses écoliers. 44 Est. rel. en
1 Vol. Fol.

SADELER, EGIDE.

2949 Suite de 10 Est. rep. des Vases, en haut.

2950 Portraits des 12 Césars, d'apr. LE TITIEN. 14 Est.
y comp. le titre et la dédicace en haut.

Nᵒ. 2951 L'annonciation aux bergers, d'apr. LE BASSAN·
Stᵉ Famille, d'apr. JEAN VAN ACH. — Le martyre de Sᵗ Étienne, d'apr. J. PALMA. 3 Est. en
haut.

2952 Jésus - Christ mis au tombeau, d'apr. LE BAR-
ROCHE. — Le massacre des Innocents, d'après
TINTORETTO. 2 Est.

2953 Hercule et Omphâle; Sujet allégorique sur les
arts et les sciences, 2 Est. en haut., d'après
B. SPRANGER.

2954 Lucrèce Borgia, Duchesse de Ferrare.

SADELER, GILLES.

2955 L'Assomption de la Vierge; L'Adoration des
Rois Mages, 2 Est. d'apr. J. SPESCARD. — Jésus-
Christ mis au tombeau, d'apr. J. HEINTZ. 3 Est.
en haut.

2956 Vénus endormie, d'apr. CH. SCHWARTZ. — Les
arts et les sciences réunis, d'apr. JEAN VAN
ACH. 2 Est.

SADELER, J.

2957 La piété, la chasse etc. Suite de 6 sujets allégoriques. — Le Bal, d'apr. J. DE WINGE. —
Bacchus d'apr. le même. 8 Est.

2958 La vie humaine du temps de Noë, et pendant
d'apr. TH. BERNARD. — Le mariage, d'après F.
SUSTRIS. — Allégorie, d'après CH. SCHWARTZ·
4 Est. en larg.

2959 Les 4 Saisons, d'apr. J. BOL. 4 Est. — Deux
Paysages, d'apr. E. MOSTARD. 6 Est.

2960 La création du monde, d'apr. M. DE VOS. Suite
comp. de 8 Est. — Sujets de l'ancien et du
nouveau testament, d'apr. le - même, suite de
15 Est. en haut. 23 Est.

2961 Sujet de l'ancien et du nouv. testament, d'apr.
TH. BERNARD. 3 Est. en haut. — St Bernard,
d'apr. F. VANNI. — Repos en Egypte, d'apr. CH.

SCHWARTZ. — La Vierge et l'enfant Jésus, d'apr.
LELIO ORSI. 6 Est.

Nro. 2962 Sujets saints, d'apr. P. CANDIDE. 4 Est. — Sujets de l'ancien et du nouveau testament, d'apr. M. DE VOS. 5 Est. 9 Est.

2963 Les martyres, d'apr. M. DE VOS. 9 Est. — Jésus-Christ, d'apr. le même. 10 Est. en haut.

2964 Sujets Saints. 17 Est. J. SADELER excud.

SADELER, RAPH.

2965 Sujets de l'ancien testament, d'apr. M. DE VOS et N. DE HOEY. Suite de 6 Est. en haut.

2966 St François, d'apr. FR. VANNI. — La St Face, d'apr. G. MOSTAERT. — L'assomption de la Ste Vierge, d'apr. M. KÄGER. — St Nicolas, d'apr. M. DE VOS. Jésus - Christ à la croix, d'apr. A. VAN OORT. Cinq Est. en haut.

2967 Sujets allégoriques sur la mort, d'apr. J. STRADAN. 2 Est. — Autre sujet semblable, d'apr. M. DE VOS. 3 Est. en larg.

2968 L'Enlèvement de Proserpine, d'apr. C. SCHWARZ — La mort de Cléopatre, d'apr. GILLES COINGRET. — Vénus endormie. 3 Est. en larg.

SAINT - ANDRÉ.

2969 Figure allégorique de la France, 'gr. à l'eau-forte, avant toute lettre en haut.

SAINT NON, RICH. ABBÉ DE.

2970 Fragment des peintures et des tableaux les plus intéressants de Rome, Bologne, Venise et Naples. 182 Est.

2971 Divers sujets gr. au lavis, 43 Est.

2972 Fragmens d'apr. l'antique, 3o Est.

2973 Divers Paysages, 38 Est.

SAITER, G.

2974 St Jérôme dans le désert, d'apr. LE TITIEN. En haut.

SALAMANCA , s.

Nro. 2975 Suite de 3o têtes, d'apr. l'antique. 3o Est.

SALLIETH , M. D.

2976 Bataille de Nieuwpoort. — La flotte anglaise
brûlée à Rochester par l'Amiral Cor. de Witt.
2 gr. Est. en larg., d'apr. D. LANGENDYK.

SALVADOR.

2977 La tragédie, d'apr. C. VANLOO. En larg.

SANTVOORT , A.

2978 J. Hoornbeck dess. et gr. à l'eau-forte par l'artiste.

SANUTO , JULES.

2979 Tantale. Gr. Est. en haut. non ment.
2980 St Jean-Baptiste, en haut, non ment.

SARRABAT , J.

2981 J. H. Basan de Flamenville, Evêque, d'après
H. RIGAUD.

SAUERWEIT.

2982 Sujets militaires inv. et gr. à l'eau-forte par
l'artiste. 16 Est. en larg.

SAUNDERS , J.

2983 La charité romaine, d'apr. G. RENI. En haut.

SAVERY , s.

2984 Vue du port d'Amsterdam, d'apr. S. DE VLIEGER.
En larg.

SCACCIATI , A.

2985 Dessins orig. des meilleurs peintres existants
dans la Galerie de Florence. 1o Est.

SCHADO, G.

Nᵣₒ. 2986 Divers sujets inv. et gr. à l'eau - forte par l'artiste. 11 Est.

SCHALLHAS, C.

2987 Diverses Est. inv. et gr. à l'eau-forte par lui-même. 42 pet. Est.

2988 Diverses Est. inv. et gr. par lui - même. 13 Est.

2989 Portrait d'homme gr. à l'eau - forte. — Léop. Schallhas, C. SCHALLHAS pinx., C. PFEIFFER sculp. — Portrait de C. Schallhas, gr. par C. AGRICOLA. 3 Est.

2990 Paysage peint par C. SCHALLHAS , gr. par HERTZINGER. En larg. 2 Epr. avant l. l.

SCHENAU.

2991 12 pet. eau - fortes inv, et gr. par l'artiste.

SCHENDEL, G. v.

2992 Habillemens des Turcs. Suite de 12 Est. en haut.

SCHEYNDEL , G, v.

2993 Le concert champêtre , d'apr. E. VAN VELDE. En larg.

SCHIAVONETTI , J.

2994 Portraits de la Famille royale de France, publ. par WEBER. 34 Est. avant l. l.

SCHIAVONETTI, L.

2995 The Canterbury Pilgrimage ; d'apr. TH. STOTHARD. Gr. Est. en larg. à l'eau - forte pure.

2996 Portrait en Pied de l'Archiduc Charles d'Autriche , d'apr. M. KELLERHOVEN. Gr. Est. en haut.

2997 La même Est. avant l. l.

Nᵒ. 2998 La descente des troupes anglaises en Egypte, d'apr. P. J. DE LOUTHERBURG. Gr. Est. en larg.

2999 Madame Cosway, d'apr. R. COSWAY. — Bacchus, d'apr. A. KAUFFMANN. 2 Est.

3000 Portrait en pied de Louise Reine de Prusse et de la Princesse Louise de Prusse sa soeur, d'apr. F. TISCHBEIN. Gr. Est. en haut.

SCHIAVONETTI, N.

3001 Le retour à la vertue, d'apr. LEBRUN. Gr. Est. en haut. Epr. avec lettres tracées.

3002 La bataille de Kintzingen, d'apr. H. SINGLETON. Gr. Est. en larg. Epr. avec lettres tracées.

SCHINDLER.

3003 9 Eau-fortes inv. et gr. par l'artiste.

SCHLICHT, A.

3004 Le soleil couchant, la tempête, d'apr. VERNET 2 gr. Est. en larg.

3005 Le passage de la rivière, d'apr. A. VAN DER VELDE. En larg.

3006 Groupes d'animaux près de ruines, d'apr. J. P. WEENIX. En haut.

3007 Deux Ruines, d'apr. PANINI. 2 gr. Est. en larg.

3008 Sujet d'animaux, d'apr. N. BERGHEM. — Vue intérieure d'une prison, d'apr. J. QUAGLIO. Avant toute lettre. 2 Est. en larg.

SCHLOTTERBECK, W. F.

3009 Vue près de Vietri; la grotte de Neptune à Tivoli. 2 Est. en larg, d'apr. PH. HACKERT.

3010 Une incendie, d'apr. VAN DER POEL. Paysage d'apr. J. BOTH. 2 Est. en larg. Epr. avant l. l.

3011 Voyage pitt. dans le duché de Salzbourg. Livre 1 à 6 cont. 20 Est. et texte.

Nro. 3012 Le Midi, d'apr. CLAUDE LORRAIN. Gr. Est. en
larg.

3013 Paysage, d'apr. J. BOTH. En larg.

SCHMIDT, G. F.

3014 Fr. Ben. Oertel, inv. et gr. par l'artiste.

3015 Fr. Le Chambrier, d'apr. H. RIGAUD.

3016 Le Comte Nicolas Esterhazy, d'apr. L. TOCQUÉ.

SCHMIDT, J.

3017 La chûte des anges rebelles, d'apr. P. P. RUBENS.
Gr. Est. en haut.

SCHMIDT, JOS.

3018 11 eau-fortes, d'apr. les dessins de REMBRANDT.
2 eau-fortes, d'apr. les dessins de HOEHENSTRADEN.
13 Est.

SCHMIDT, M. J.

3019 19 Est. gr. à l'eau-forte, d'apr. ses tableaux.
Son Portrait peint et gr. par P. HAUBENSTRICHER.
20 Est.

SCHMUZER, J.

3020 Taureau, d'apr. l'antique. — Buste de guerrier,
d'apr. l'antique. 2 Est.

3021 Ulysse enlevant le fils d'Andromaque, d'après
LE CALABRÈSE. En haut.

3022 La même Est. sup. Epr. mais les marges coupées.

3023 Martin Meytens, d'apr. lui-même. — J. A. Comte
de Questenberg, d'apr. CH. SEYBOLD. 2 Est.

3024 Portrait en profil du Prince W. de Kaunitz,
d'apr. un bronzé de J. HAGENAUER.

3025 St Sébastien, d'apr. P. DI CORTONA. — Le plat
cassé, d'apr. GREUZE. 2 Est. en haut.

3026 Portrait de W. A. Comte de Kaunitz, d'après
TOCQUÉ.

Nᵒ. 3027 Combat d'animaux, d'apr. C. RUTHART. 2 Est.
Epr. avant l. l.

3028 Mutius Scevola, d'apr. P. P. RUBENS. Belle Epr.
avant l. l.

SCHNELL, A.

3029 Lady Gilford née Comtesse de Thunn, d'après
GRASSY. Avant toute lettre.

SCHÖNBERGER.

3030 10 Paysages gr. à l'eau-forte.

SCHONFELDE, J. H.

3031 Diverses têtes inv. et gr. à l'eau-forte par l'artiste. 10 pet. Est.

SCHRECK, JAC.

3032 Armamentarium heroicum. 79 Est. prem. Epr.

SCHRÖTER, J. F,

3033 Portrait de Rembrandt, d'apr. lui-même gr. à
l'eau-forte.

SCHRÖTTER, B.

3034 Fr. de Zauner, peint et gr. par l'artiste, en
ovale.

SCHRORER, H. F.

3035 Ornemens, allégories etc. 13 Est. à l'eau-forte.
Portrait de l'artiste, d'apr. lui-même, gr. par
G. CH. KILIAN. 14 Est.

SCHÜTZ, H.

3036 Paysages et animaux, d'apr. H. ROOS. Gr. Est.
en larg.

SCHÜTZ, H. J.

3037 Vue de Tivoli, d'apr. J. MOUCHERON. En haut.

SCHULTZE, c. g.

Nro. 3o38 J. F. Reifstein, d'apr. SCHENAU. — A. Fr. Oeser,
d'apr. a. GRATF. 2 Est.

3o39 Jeune homme tenant un chien, d'apr. GREUZE.
— Tête d'homme, d'apr. P. GREBBER. Gr. à
l'eau-forte. 2 Est.

3o4o Tête de Christ, d'apr. ANN. CARRACCI. — Le
Christ au roseau, d'apr. G. RENI. 2 Est. en
haut.

3o41 La madeleine pénitente, d'apr. P. BATTONI. En
larg. Epr. avant l. l.

SCHUMANN, j.

3o42 Vues de la Suisse saxonne, d'apr. JENTSCH. 4 Est.
en larg. avec texte.

SCHUPPER, p. v.

3o43 Hard. de Perefixe de Beaumont Archévêque de
Paris, d'apr. c. LE FEVRE. Sup. Epr.

3o44 Maximilien Henri Archévêque de Cologne.
Magnifique Epr.

3o45 Lud. Mar. Armandus de Simiares, d'après c.
LEFEVRE. Sup. Epr.

3o46 Portrait de Colbert, d'apr. PH. DE CHAMPAGNE.
Les alentours allégoriques peints par CH. LEBRUN.
En larg.

3o47 La même Est. sup. Epr.

3o48 Portrait de Borri, Médecin, d'apr. J. OVENS.

3o49 La même Est. Epr. avant les 4 emblèmes dans
les coins, avant le mot: »BURRUS« sous les armes,
et avant l'inscription latine. Très-belle Epr.

3o5o La Vierge allaitant l'enfant Jésus, d'apr. STELLA.
En haut. Belle Epr. les armes en blanc.

3o51 J. L. de Fromentières.

3o52 Martin de Barcos, d'apr. PH. DE CHAMPAGNE.

3o53 Eustache Le Sueur, d'après son propre tableau.

3o54 Jean Verjusius, d'apr. LOIR.

3o55 Pierre de Monchy.

Nᵒ. 3056 Ch. Maurice Le Tellier, Archevêque.

3057 Portrait d'homme, gr. en 1664.

3058 Portrait d'homme, d'apr. J. DIEU. Gr. en 1657.

3059 Jacques Prince de Galles, d'après N. DE LAR-
GILLIÈRES.

3060 Gas. Th. Thomasserius, d'apr. A. QUENIN.

3061 St Paul porté au ciel, d'apr. PH. DE CHAMPAGNE.
En haut.

3062 Le roi David écrivant ses psaumes, d'après
PH. DE CHAMPAGNE. En haut.

3063 La même Est.

3064 Jeune homme marchant entre le vice et la vertu,
d'apr. PH. DE CHAMPAGNE. En haut.

SCHWAB, J. G.

3065 Narcisse, d'apr. J. SPILBERGER, en haut. 2 Epr.
dont une avant toute lettre. — Entretien des
villageois, d'apr. INN. DA IMOLA. 3 Est.

SCHWARZENBERG, PAULINE Princesse de.

3066 Seize Vues des terres du Prince Schwarzenberg
en Bohême, gr. à l'eau-forte. 17 Est. y compris
le titre.

SCHWEICKHARDT, H. W.

3067 Suite de 8 Est. rep. des paysans, inv. et gr. à
l'eau-forte par l'artiste. Sup. Epr. avant l. l.
et avant les numéros. En haut.

3068 Suite de 8 animaux, inv. et gr. à l'eau-forte,
par l'artiste. Sup. Epr. avant l. l. et avant les
numéros. En larg.

SCOTIN, J. B.

3069 La vie champêtre, d'apr. D. FETI. — Coupe et
élévat. de l'autel de la Ste Vierge à Versailles,
d'apr. BOULOGNE le jeune. 2 Est.

SCOTIN, G.

Nro. 3070 Bélisaire, d'apr. VAN DYCK. Gr. Est. en larg.

3071 La petite Ste Vierge presenté au temple, d'apr. CH. LEBRUN. En haut.

SCOTTI, A. M·

3072 17 Paysages dess. et gr. à l'eau-forte par l'artiste.

3073 11 eau-fortes, d'apr. J. E. WEIROTTER.

SCOTTO, J.

3074 David tenant la tête de Goliath, d'apr. M. A. DA CARAVAGGIO.

SEBENICCO, N. BONIFACIO DE.

3075 Travaux faits à Rome pour le transport de l'obélisque sur la place St Pierre. Gr. Est. en larg. de 3 feuilles réunis gr. à l'eau-forte.

SEUTER, J. G·

3076 Etudes des têtes, mains et pieds des plus beaux tableaux de RAPHAEL. Suite de 18 Est. en haut.

3077 Tête de la Ste Vierge, d'apr. SOLIMENA. Epr. avant toute lettre, en haut.

SEYFFER, A.

3078 Vue du château de Württemberg, dess. et gr. par l'artiste. Gr. Est. en larg.

3079 Paysages, gr. à l'eau-forte, d'apr. MOLITOR et autres, 11 Est.

SHARP. W·

3080 Ste Famille, d'après J. REYNOLDS. Gr. Est. en haut. Sup. Epr. avant l. l.

3081 La même Est. sup. Epr. avec l. l.

3082 La sorcière d'Endor, d'apr. B. WEST. Sup. Epr. avant l. l. Gr. Est. en larg.

Nro. 3083 Boadicea, Reine d'Angleterre, d'apr. T. STOTHARD. En larg.

3084 Le Roi Lear, d'apr. J. REYNOLDS, Pet. Est. en haut.

3085 Lucrèce se donnant la mort, d'apr. LE DOMINI-QUIN. Sup. Epr. avant l. l. en larg.

3086 Portrait de Robert Dundas, d'apr. H. RAEBURN. Sup. Epr. lettres tracées.

3087 Le Général Washington, en haut.

3088 Romeo et Juliette, Vénus et Europe, d'après B. WEST. 2 pet. Est. en larg.

3089 La Sortie de Gibraltar, d'apr. J. TRUMBULL. 1ère Epr. tirée de la planche à l'eau-forte pure. Gr. Est. en larg.

3090 La même Est. 2de Epr. tirée de la planche, plus travaillée.

3091 La même Est. 3me Epr. tirée de la planche plus travaillée.

3092 La même Est. 4me Epr. tirée de la planche plus travaillée.

3093 La même Est. 5me Epr. tirée de la planche plus travaillée.

3094 La même Est. 6me Epr. tirée de la planche plus travaillée.

3095 La même Est. 7me Epr. tirée de la planche, Epr. terminée avec lettres tracées.

3096 La mort du Général Montgomery, d'après J. TRUMBULL. gr. par J. F. CLEMENS. 1ère Epr. tirée de la planche à l'eau-forte pure. Gr. Est. en larg.

3097 La même Est. 2de Epr. tirée de la planche, plus travaillée.

3098 La même Est. 3me Epr. tirée de la planche, plus travaillée et retouchée à la sanguine.

3099 La même Est. Epr. terminée avec lettres tracées.

3100 La Bataille de Bunker's Hill, d'apr. J. TRUMBULL. Gr. par J. G. MÜLLER. 1ère Epr. tirée de la planche, non term. gr. Est. en larg.

Nro. 3101 La même Est., seconde Epr., tirée de la planche, plus travaillée.

3102 La même Est., Epr. terminée avec lettres tracées.

SHERWIN, J. K.

3103 La mort de Lord Rob. Manners, d'apr. STOT-
HARD. Gr. Est. en larg. Belle Epr. lettrés
tracées.

3104 Jésus - Christ apparoissent à la Madeleine, d'apr.
R. MENGS. En haut.

3105 La Ste Famille, d'apr. N. POUSSIN. Epr. avec
lettres tracées, en haut.

3106 Pericles et Aspasia; Catullus et Lesbia, d'apr.
A. KAUFMANN. 2 Est. en ovale.

SICHEM, C. VAN.

3107 La circoncision, d'apr. H. GOLTZIUS. Nro. 18
de son Oeuvre, gr. en bois. Au bas de la planche : H. G. In. C. V. SICHEM fecit 1629. Est.
en haut, non mentionnée.

3108 Le roi David représenté en buste etc., d'apr.
H. GOLTZIUS, gr. en bois, en haut. P. G. V. III.
p. 126. Nro. 2.

3109 Portrait d'un homme vû de trois quarts et dirigé vers la droite etc., d'apr. H. GOLTZIUS, gr.
en bois en haut. P. G. V. III. p. 126. Nro. 3.

3110 Jeune homme à mi - corps accompagnant du
timpanon le chant de 4 personnes, d'apr. H.
GOLTZIUS, gr. en bois, en haut. P. G. V. III.
p. 127. Nro. 4.

3111 St Pierre, St Jacques, St Simon, St Judas
Thadée, St Jean, St Thomas, St Jacques Mi.
neur, St Philippe. Gr. en bois, non mentionnées. 4 Est. en haut.

3112 23 divers sujets de l'histoire de la St Vierge
et de l'enfant Jésus, gr. en bois, non mentionnées. 23 Est. en haut.

46

Nᵒ. 3113 L'enfant Jésus dans une gloire. — Jésus-Christ
à la croix. — Même sujet. Trois Est., gr. à
l'eau-forte, non mentionnées.

3114 31 Gravures en bois pour le livre: Desideria
animae sanctae. Pet. Est. en haut., non mentionnées.

SILVIUS, B.

3115 Scènes de paysans, d'apr. B. BOS. 2 Est. en larg.

SIMON, P.

3116 Les trois enfants saints de l'apocryphe, d'apr.
W. PETERS.

3117 H. Serroni, Archevêque, d'apr. H. RIGAUD.

SIMONNEAU, CH.

3118 La Stᵉ Face, d'apr. D. FETI. — Deux vignettes. Trois Est.

3119 La Stᵉ famille, d'apr le tableau de RAPHAEL,
qui est à l'Escurial, en haut.

3120 Sujet allégorique, d'apr. A. COYPEL. — Christ
au roseau, d'apr. le même. — Renauld et Armide, d'apr. N. POUSSIN, gravées par PH. SI-
MONNEAU fils. 3 Est.

3121 Minerve assise tenant le portrait de Louis XIV.,
d'apr. A. COYPEL.

3122 Elisabeth Charlotte, Palatine du Rhin, d'après
H. RIGAUD.

3123 Allégorie sur la seconde conquête de la Franche
Comté, d'apr. CH. LE BRUN. Gr. Est. en larg.

3124 Le couronnement de la Stᵉ Vierge, d'apr. CH.
LE BRUN. Gr. Est. de 3 feuilles non réunis, en
haut. Sup. Epr.

SIMONNEAU, L.

3125 Martin de Harmois, d'apr. S. BOURDON.

SINTZENICH, H.

Nro. 3126 La Vierge et l'enfant Jésus, d'apr. RAPHAEL,
en haut.

3127 Tombeau de Fr. G. Maurice Alexandre Comte
de March, d'apr. G. SCHADO. Gr. Est. en haut.

SMITH, B.

3128 Alderman Newnham, prêtant le serment comme
Lord Mayor, dans la salle de Guildhall, d'apr.
W. MILLER. Gr. Est. en larg.

SMITH, GAB.

3129 Les aveugles, d'apr. TINTORETTO. — Tobie,
d'apr. S. ROSA. 2 Est.

SMITH, J.

3130 Vénus et Adonis, d'apr. N. POUSSIN. — Cupidon
pleurant la mort de Marie Reine d'Angleterre,
d'apr. G. KNELLER. 2 Est. en haut.

3131 Les fumeurs, d'apr. E. VAN HEMSKERK. — Ste
Marie Madeleine, d'apr. G. SCHALKEN. 2 Est.
en haut.

3132 Les amours des Dieux, d'apr. LE TITIEN. Suite
de 9 Est. et titre, en haut.

3133 Berger et bergère près d'une fontaine, d'après
LE TITIEN. En haut.

3134 Vénus et l'Amour, d'apr. LE TITIEN.

SMITH, J. R.

3135 Les enfants de Walter Synnot, d'apr. J. WRIGHT.
— Chrysas, prêtre d'Apollon etc., d'apr. B.
WEST. — Une Dame de Parme, d'apr. W. PE-
TERS. 3 Est.

SMITH, S.

3136 Tempête, d'apr. J. DE LOUTHERBOURGH. Avant
l. l. en larg.

SMITH, w.

Nro. 3137. Le jugement de Pâris, d'apr CLAUDE LORRAIN. En larg.

SNYERS, h.

3138 La Vierge et l'enfant Jésus, d'apr. LE TITIEN. en haut.

SOLE, j. b. del.

3139 Deux Est., gr. à l'eau-forte, d'apr. j. ch. STO-RER. En ovale.

SOLIS, VIRGILE.

3140 Adam et Ève, P. G. Vol. IX. p. 246. Nro. 4. — De son Oeuvre, Nro. 5, 6, 7, 8. Cinq Est.

3141 Nro. 11, 12, 13, 14, 15. Cinq Est.

3142 Nro. 54 à 62. Neuf Est.

3143 Nro. 63 à 71. Neuf Est.

3144 Nro. 92 à 103. Douze Est.

3145 Nro. 110, 112, 129, 131. Quatre Est.

3146 Nro. 133 à 136. Quatre Est.

3147 Nro. 137, 139 à 148. Onze Est.

3148 Les planêtes. Nro. 163, 164, 166 à 169. Six Est.

3149 Nro. 151, 198, 206, 216, 228, 230. Six Est.

3150 Nro. 234, 235, 237, 241, 247 à 249, 252, 254, 255. Dix Est.

3151 Nro. 256 à 259. Quatre Est.

3152 Nro. 266, 270, 264 (en 2 feuilles non jointes) 298. Cinq Est.

3153 Nro. 300, 364, 365, 366, 368, 370 à 374. Dix Est.

3154 Nro. 375 à 377, 379 à 387. Douze Est.

3155 Nro. 388, 391 à 393. Quatre Est.

3156 Nro. 433 à 436, 444, 448, 452, 454, 456. Neuf Est.

3157 Nro. 462 à 465, 471, 472. Six Est.

3158 Nro. 548 à 553. Six Est.

Nᵣₒ. 3159 Un soldat tenant une lance, court de la droite vers la gauche, à ses pieds sont deux sabres. Le chiffre est sur un tronc d'arbre sur la droite qui s'elève jusqu'au haut de la planche, non mentionnée. En haut.

3160 Chasse d'ours. A gauche un ours attaqué par un chasseur et deux chiens; à droite un chasseur et trois chiens accourant. Le chiffre est au haut de la droite. — Copie de ce morceau en contre-partie. 2 Est., non mentionnées.

3161 Différents oiseaux parmi lesquels on remarque au milien un vautour auquel un autre vautour déchire la poitrine; le chiffre est au haut de la droite. Est. en larg., non mentionnée.

3162 Différents oiseaux parmi lesquels on remarque trois paons à la gauche de l'estampe; le chiffre est au milieu d'en haut. Est. en haut., non mentionnée.

3163 Différents oiseaux parmi lesquels on remarque à gauche un vautour. Le chiffre est au milieu d'en haut. Est. en larg., non mentionnée.

3164 Divers papillons. Le chiffre est près du milieu d'en bas. Est. en larg., non mentionnée.

3165 Divers reptils. Le chiffre est au milieu d'en haut. Est. en haut., non mentionnée.

3166 Annibale à cheval traversant la mer tourné vers la gauche. On voit au fond de l'estampe trois vaisseaux de guerre. Au haut de la planche est gravé HANIWAL R. Le chiffre est vers la gauche d'en bas. Est. en haut., non mentionnée.

3167 Huit bustes de femmes sur la même planche; au-dessus de leurs têtes est gravé: Flandern, Saxen, Frankreich, Hispania, Prevsen, Nidlant, During, Meisen. Entre la première, seconde et troisième est gravé: Manier, aux deux côtés de celle du milieu: oder, et entre la sixième, septième et huitième Tracht. Le chiffre est au deux côtés de celle du milieu au-dessous du mot oder. Est. en larg., non ment.

Nro. 3168 Le jugement de Pâris. A la droite de l'estampe Pâris couvert d'une cuirasse est couché par terre et désigne de la main droite Vénus, à laquelle Mercure armé d'une cuirasse et d'un casque surmonté d'un coq, donne la pomme. Derrière Mercure on voit le cheval Pégase. Au côté droit de Vénus on voit Junon et Pallas tenant des palmes, une d'elles a des ailes l'autre a un bonnet avec plumes sur la tête. Près du coin gauche d'en haut on voit Cupidon volant et tirant une flèche sur Pâris. Le chiffre est vers la gauche d'en bas. Est. en larg., non mentionnée.

3169 Un vase, présqu'en haut duquel on remarque deux têtes de béliers. Le chiffre est vers la gauche d'en bas. Est. en haut., non mentionnée.

3170 Rinceau d'ornement, au milieu duquel on remarque un satyre surmonté d'une tête d'ange. Les lettres V. S. sont à la gauche et droite d'en haut. Est. en larg., non mentionnée.

3171 Rinceau d'ornement, dans lequel on remarque à gauche un satyre portant une lance, et à droite un vautour. Le chiffre est au milieu d'en bas. Est en larg., non mentionnée.

3172 Dessin de deux gaînes sur une même planche. On remarque dans le milieu de celui à gauche une cuirasse surmontée d'un casque etc. Le chiffre est au milieu du bas. Est. en haut., non mentionnée.

3173 Rinceau d'ornement au haut duquel on remarque au milieu une tête d'homme avec des cornes de bélier. Le chiffre est à la gauche d'en bas. Est. en haut., non mentionnée.

3174 Rinceau d'ornement au haut duquel on remarque de chaque côté un satyre. Les lettres V. S. sont graves au milieu près du bord gauche et droit de l'estampe, Est en haut., non mentionnée.

Nro. 3175 Deux dessins de jeanettes, on remarque à celui du côté gauche un satyre et une nymphe. Le chiffre est au milieu de l'estampe. Est. en larg., non mentionnée.

3176 Rinceau d'ornemens, au milieu du bas est gravé VIRGILLI SOLLIS, et. le chiffre est vers le coin droit du bas. Est. en larg., non mentionné.

3177 Copies des Nro. 11, 12, 13, 133, 134, 135, 177, 266. Neuf Est.

SOMER, van.

3178 Portrait de Carondelet, d'apr. RAPHAEL. En haut.

SORNIQUE, G. D.

3179 Danaë, d'apr. LE CORRÈGE. Est. en larg. portant le titre: Diane au lit. — Diane endormie; d'apr. le même, en haut. 2 Est.

SPIEGL, J.

3180 Femme au bain, d'apr. P. P. RUBENS. Epr. avant toute lettre. — Bacchus et Ariadne, d'apr. G. HAMILTON. 2 Est. en haut.

3181 Vénus et l'Amour, d'apr. N. POUSSIN. En larg.

SPILSBURY, P.

3182 Portrait d'homme, d'apr. REMBRANDT.

3183 Deux religieux de l'ordre de St Antoine, d'apr. P. P. RUBENS. En haut.

SPOONER, CH.

3184 Femme endormie, d'apr. G. SCHALKEN. Pet. Est. en haut.

STEEN, FR. VAN DE.

3185 Cupidon, d'apr. LE CORRÈGE. — Un vieillard et

4 *

sa femme comptant de l'argent, d'apr. TENIERS.
2 Est.

STEINER, E.

Nro. 3186 Six paysages gravés à l'eau-forte, en larg. —
Neuf eau-fortes gr. par C. STARK. 15 Est.

STEINMÜLLER, J.

3187 La Vierge, l'enfant Jêsus et St Joséph, d'apr.
SASSO FERRATO.

STELLA, CLAUDINE.

3188 Le frappement du rocher, d'apr. N. POUSSIN.
Gr. Est. en larg. avant l. l.

3189 St Pierre et St Jean guérissant un boiteux à la
porte du temple, d'apr. N. POUSSIN. Gr. Est. en
larg.

3190 Moyse exposé dans le Nil, d'apr. N. POUSSIN.
Gr. Est. en larg.

STENGEL, S. DE.

3191 Diverses eau-fortes, dess. et gr. par l'artiste.
24 pet. Est.

STERCKER, H.

3192 L'adoration des Bergers, en haut.

STOCK, A.

3193 L'adoration des bergers, en haut.

STRADANUS, J.

3194 Les chasses 5 Est. en larg, d'apr. J. STRADANUS.

STRÜDT, J. I.

3195 12 Vues du pays de Salzburg. 12 gr. Est. en
larg. col.

3196 Six vues du pays des grisons. 6 gr. Est. en
larg. col.

Nro. 3197 Vue de Passau. Gr. Est. en larg. col.

3198 Vue de Heidelberg. Gr. Est. en larg. col.

3199 Vue du château de Heidelberg. Gr. Est. en larg. col.

3200 Vue de Francfort s. M. gr. Est. en larg. col.

3201 Vue d'Aschaffenburg. Gr. Est. en larg. col.

3202 Vue du château Eltz, dess. et gr. par l'artiste, gr. Est. en larg. col.

STUBENRAUCH, PH.

3203 Conrade de Souabe en prison jouant aux échecs, d'apr. W. TISCHBEIN. En larg. avant l. l. — Sujet allégorique gr. à l'eau-forte, d'apr. H. FÜGER. En haut. 2 Est.

SUAVIUS, L.

3204 Un prince équitable entouré de ses conseillers etc. inv. et gr. par l'artiste. En haut.

SUBLEYRAS, P.

3205 La Madeleine lavant les pieds de Jésus - Christ à table chez le Pharisien; inv. peint et gr. par P. SUBLEYRAS. Gr. Est. en larg. 2 Epr. dont une avant les 2 lignes de texte au bas à gauche de la planche.

SUEUR, J. B. LE.

3206 Portrait de Rembrandt, d'apr. G. FLINCK. En ovale.

SUEUR, N. LE.

3207 Diane et Endymion, d'apr. S. CONCA, gr. en bois. — Phaeton, d'apr. P. FARINATI, gr. en bois. — L'Invention de la Ste Croix, d'apr. B. PINTURICCHIO, gr. à l'eau - forte et en bois. 3 Est. en haut.

SULLIVAN, L.

Nro. 3208 La tentation de St Antoine, d'apr. D. TENIERS.
— Vue de Ditchley près d'Oxford, d'apr. son
propre dessin. 2 Est. en larg.

SURUGE, L.

3209 Les différentes nations de l'Europe, de l'Asie,
de l'Afrique et de l'Amérique, d'apr. CH. LE
BRUN. 4 Est. en haut.

3210 Louis de Boulogne le père, d'apr. MATHIEU.

3211 Jos. Christophe de Verdun, d'apr. DROUAIS.

3212 Et. Fr. Geoffroy, d'apr. N. DE LARGILLIÈRE.

3213 Ste Marguérite, d'apr. RAPHAEL. — Projet d'un
Salon à St Cloud, d'apr. CH. COYPEL. 2 Est.
en haut.

3214 Le veau d'or, d'apr. N. POUSSIN. — Le père de
Rembrandt, d'apr. REMBRANDT, gr. par SURUGE
fils. — La France rend grace au ciel de la gué-
risson du Roi, d'apr. C. COYPEL. 3 Est.

SUYDERHOEF, J.

3215 Portraits des Princes de Nassau, d'apr. P. SOUT-
MAN et HONDTHORST, gr. par J. SUYDENHOEF et
P. VAN SOMPEL. Suite de 11 Est. en haut sup.
Epr.

3216 Portraits des Empereurs d'Allemagne, d'apr. P.
SOUTMAN, gr. par J. SUYDERHOEF et P. VAN SOM-
PEL. Suite de 14 Est. en haut. Sup. Epr.

SWANENBURCH, W.

3217 Portrait d'Ab. Bloemaert. — La vanité, d'apr.
A. BLOEMAERT. 2 Est.

TANJÉ, P.

3218 Portrait de Rollin, d'apr. C. COYPEL.

3219 Le corps mort de Jésus - Christ soutenu par les
anges, d'apr. SALVIATI. En haut.

Nro. 3220 Portrait d'homme, d'apr. LE CORRÈGE.

3221 Mars couronné par la victoire, d'apr. P. P. RU-
BENS.

3222 L'Enlèvement de Proserpine, d'apr. F. ALBANO.
— Le petit concert, d'apr. HEUGTEVELD. 2 Est.

3223 Vénus et Adonis, d'apr. N. POUSSIN. — Flore,
d'apr. ROCCO. 2 Est.

3224 Christine, reine de Suède, d'apr. S. BOURDON.

TARDIEU, J.

3225 Jésus - Christ à la piscine, d'apr. RESTOUT. —
Ch. Fr. de Lorme, d'apr. DUPLESSIS. Epr. nou
term. 2 Est.

3226 Ste Madeleine pénitente, d'apr. P. PAGANI. En
larg.

TARDIEU, N.

3227 Nic. le Camus, d'apr. H. RIGAUD.

3228 L'Annonciation, d'apr. C. MARATTI. — St Charles Boromée, d'apr. P. D'ULIN. — Jésus - Christ
apparoissant à la Madeleine, d'apr. LE TITIEN.
3 Est.

3229 Les adieux d'Hector et d'Andromaque, d'apr.
A. COYPEL. Gr. Est. en larg.

3230 Mars et Vénus, d'apr. A. COYPEL. — L'Amour
et Psyché, d'apr. le même. — Apollon et
Daphné, d'apr. le même. 3 Est.

3231 4 Est. d'apr. les tableaux de A. COYPEL, dans la
voûte de la galerie du Palais Royal. En larg.

3232 Plafond du milieu de la gr. galerie du Palais
Royal, d'apr. le même. 8 Est.

3233 Colère d'Achille, d'apr. A. COYPEL. En larg.

TARDIEU, P. A.

3234 G. Washington, d'apr. HOUDON. En rond.

3235 Portrait de Colbert, d'apr. PH. DE CHAMPAGNE.
sup. Epr. avant l. l.

TASSAERT, j. f.

Nᵒ· 3236 Collection de têtes d'expressions, tirés des plus
beaux tableaux du Musée de Paris. livr. 1, 2, 3,
cont. 18 Est. en haut avec texte.

TASSAERT, p. j.

3237 Bacchanale, d'apr. N. POUSSIN. En haut.

TER WESTEN, a.

3238 Moyse sauvé des eaux, d'apr. CASTIGLIONE. Gr.
à l'eau-forte, avant toute lettre. En larg.

TERTII, BERGOMATIS FRANC.

3239 Austriacae gentis imaginum. 48 Est. prem. Epr.

TESTA, p.

3240 La Saison de l'été. P. G. V. XX. p. 227, Nᵒ· 37.
3241 La Lune prenant la place du Soleil, P. G. V.
XX, p. 228. Nᵒ· 39.
3242 St Jérôme dans le désert, Est. en haut. cintrée.
non mentionnée.
3243 L'académie de Peinture. Copie de l'est. orig.
Nᵒ· 34. En larg.

TESTELIN.

3244 La Stᵉ Famille. — St Michel terrassant le dé-
mon, d'apr. RAPHAEL. 2 Est. en haut. gr. à l'eau-
forte.

TETRODIUS, g.

3245 Vénus, l'Amour et un Satyre, en larg.

TEUCHER, j. c.

3246 La mort de St Joseph, d'apr. RIBEIRA. En haut.

THAENERT.

3247 S. Gefsner, d'apr. A. GRAFF.

THIRY, LEON.

Nro. 3248 Divers sujets de la fable; gr. à l'eau-forte. 23
Est. en larg.

THOMAS, J.

3249 Intérieur d'un cabaret, d'apr. BOOT. En larg.

THOMASSIN, H. S.

3250 Minerve tenant le portrait de Louis XIV etc.,
d'apr. L. DE BOULOGNE. En haut.

3251 Portrait du Caravage, d'apr. lui-même.

3252 Coriolan cédant aux pleurs des femmes, d'apr.
LA FOSSE. En larg.

3253 Une femme sortant du bain, d'apr. P. P. RUBENS.
En haut.

3254 La Vierge et l'enfant Jésus, d'apr. J. DE TROY.
En haut.

3255 St Ambroise et Théodose le Grand, d'apr. B.
L. BOULOGNE. — Sujet allégorique peint par A.
COYPEL, dans la gr. galerie du Palais Royal.
En larg. 2 Est.

3256 St Paul porté au Ciel, d'apr. N. POUSSIN. En
haut.

3257 Les disciples d'Emaus, d'apr. P. VERONESE. En
larg.

3258 Portrait de Louis XIV, d'apr. H. RIGAUD.

THOMASSIN, PH.

3259 La Vierge tenant l'enfant Jésus, entourée de
Saints, d'apr. BART. BACHIAROTTO. En larg.

3260 Ste Cécile, Ste Marguerite, 2 Est., d'apr. RA-
PHAEL. En haut.

3261 Figure d'homme peinte par MICHEL ANGE. dans
la chapelle Sixtine. — Apollon et les Muses,
d'apr. BALT. PERUTIUS. 2 Est.

3262 La Vierge et l'enfant Jésus, d'apr. F. SALVIATI.
en haut.

Nᵒ. 3263 L'Ascension de Notre Seigneur, d'apr. J. ZUCCA. En haut.

3264 Jésus-Christ guérissant les malades, d'apr. F. ZUCCARO. En haut.

3265 Jésus-Christ aux limbes, d'apr. D. BECCAFUME. en haut.

3266 Le martyre de St Sébastien, d'apr. B. DE PASS.

3267 La vie de St François d'Assise. Suite de 52 pet. Est.

THOURNEISEN, J. J.

3268 La Vierge tenant l'enfant Jésus. St Joseph tenant l'enfant Jésus. 2 Est. d'apr. CAR. DAUPHIN.
— L'enfant Jésus dans une crêche. Jésus-Christ bénissant le pain etc. 2 Est. d'apr. T. BLANCHET.
— 2 Sujets allégoriques, d'apr. J. MIELLE. 6 Est.

TINTI, C.

3269 Le martyre de St Pierre, d'apr. G. RENI. En haut.

TISCHBEIN, J. H.

3270 La résurrection de Jésus-Christ. — Vénus et l'Amour. — Vénus et l'Amour endormis. 3 Est. d'apr. lui-même.

TISCHBEIN, J. H. fils.

3271 L'Emouleur, dapr. D. TENIERS. — J. Moore; A. de Veltheim; 2 port., d'apr. J. H. TISCHBEIN le père. 3 Est.

TISCHLER, A.

3272 Le duelliste blessé, d'apr. G. DOW. En haut.

TOMKINS, P. W.

3273 Affection et innocence, d'apr. F. BARTOLOZZI; en ovale.

TORTEBAT, F.

Nro. 3274 Suite de 13 Est., d'apr. S. VOUET.

TOURNIER, G.

3275 La Ste Famille, d'apr. ANN. CARRACHE. En haut.

3276 La même Est. sup. Epr. avant l'inscription. A la gauche d'en bas est gr. ANNIBAL CARRATIUS invent., et à la droite A. BLOOTELING excud. En haut.

3277 La Vierge, l'enfant Jésus et St Jean, d'apr. G. RENI. En haut.

TRABALLESI, J.

3278 Grand plafond, peint. et gr. par l'artiste. — St Martin, d'apr. B. FRANCESCHINI, 2 Est.

3279 Suite de 22 Est., d'apr. les meilleurs tableaux de l'école de Bologne. Gr. in fol.

TRAUNFELLNER, G.

3280 Femme se baignant, d'apr. F. OELENHAINZ. Gr. Est. en haut.

3281 Un homme plumant un oiseau, d'apr. QUADAL, avant l. l. En haut.

3282 La résurrection du Lazare, d'apr. REMBRANDT. Gr. Est. en larg.

TROGER, P.

3283 Divers Sujets, gr. à l'eau-forte. 14 Est.

TROLL.

3284 La Chûte du Rhin, dess. et gr. par l'artiste. En larg.

3285 Vue du Lac de Sarnen, dess. et gr. par l'artiste. En larg.

3286 Vue du Lac des 4 Cantons, dess. et gr. par l'artiste. En larg.

Nᵒ. 3287 Vue du Lac de Wallenstadt, dess. et gr. par
l'artiste. En larg.

TROUVAIN.

3288 Jésus-Christ guérissant les aveugles. Gr. Est.
en larg.

3289 La même Est. la bordure coupée.

TROYEN, J.

3290 Léopold-Guillaume, Archiduc d'Autriche, d'apr.
D. TENIERS. En haut.

UMBACH, I.

3291 Diverses eau-fortes. 13 pet. Est.

3292 Diverses eau-fortes. 25 pet. Est.

3293 Diverses eau-fortes. 25 pet. Est.

3294 Diverses eau-fortes. 25 pet. Est.

UNTERBERGER, J.

3295 Hébé, d'apr. lui-même. 2 Epr. dont une non
term.

3296 Vénus et les Amours. — Jeune femme tenant
un livre à la main. — Vieille femme lisant.
3 Est.

3297 Le buste du Prince W. Kaunitz, couronné par
l'immortalité etc. Gr. Est. en haut. 2 Epr.

3298 Fr. George de Kees. — Autre portrait d'homme.
2 Est.

3299 Rinceaux d'ornemens. 8 Est.

3300 Divers essais de gravure en manière noire.
7 Est.

VAILLANT, WALLERANT.

3301 Buste d'homme enveloppé dans un manteau
tourné vers la droite. Sup. Epr. avant toute
lettre. En haut.

Nro. 3302 Paysan assis le chapeau sur la tête tenant de la main droite une pipe et de l'autre un verre. Avant toute lettre. Sup. Epr. en haut.

3303 Portrait d'homme vu de trois quarts vêtu en noir ayant un collet blanc. En haut.

3304 Paysan assis sur une table, jouant du violon etc. Belle Epr. avant toute lettre.

3305 St Pierre. Est. en haut.

3306 Jeune dame parlant à une femme et un homme, d'apr. LE TITIEN. Sup. Epr.

3307 Au milieu de l'estampe un jeune homme assis à terre joue du luth ; près de lui un garçon et une femme. A droite une femme verse quelque chose dans un puit, d'apr. GORJON. En larg.

3308 Un homme et une femme dansant au son d'un luth etc. A la gauche d'en bas G. P. en larg.

3309 La peinture et le dessin, d'apr. G. RENI. En larg.

3310 Société gaie, d'apr. GERARS. En larg. Belle Epr.

3311 Vieille femme un capuchon sur la tête tenant une pincette. Sup. Epr. en haut.

3312 Les fumeurs. Est. en haut.

3313 Buste d'un oriental, ayant un turban sur la tête. W. VAILLANT fec. et pinx.

3314 Buste d'un guerrier à grande barbe, en cuirasse. Sup. Epr. en haut.

3315 Portraits de deux jeunes gens, dans des ronds, sur une même planche. En larg.

3316 Tête de garçon. En haut.

3317 Un enfant vu jusqu'aux genoux, appuyant ses mains sur un coussin. REMBRANDT pinx.

3318 Jeune femme tenant un enfant enmailloté ; près d'elle deux autres enfants. Sup. Epr. en larg.

3319 Portrait anonyme d'un homme vu jusqu'aux genoux et debout près d'une table, sur laquelle sont placés un globe, un buste etc., d'après A. Van DYCK.

Nro. 3320 Paysan assis jouant du violon. Sup. Epr. avant
toute lettre, en haut.

3321 Paysan écrivant, d'apr. A. BROWER. En haut.

VALCK, G.

3322 Guillaume I., Prince d'Orange, d'apr. A. Van
der WERFF.

3323 La toilette de Vénus; d'apr, A. CARRACHE. En
larg.

VALLÉE, E. DE LA.

3324 Diverses eau-fortes, inv. par E. DE LAVALLÉE,
et gr. à l'eau-forte par lui et par WEIROTTER.
Suite de 34 Est. en haut.

VALÉE, S.

3325 Portrait de Mad. Pecouël repr. comme Flore,
d'apr. H. RIGAUD.

3326 La mort de la Ste Vierge, d'apr. LE CARAVAGE.
— St Jean Baptiste, d'apr. RAPHAEL. 2 Est.
en haut.

3327 Le sacrifice d'Abraham, d'apr. A. COYPEL. —
Jésus-Christ bénissant les enfants, d'apr. CA-
ZES. 2 Est. en haut.

VALESIO, F.

3328 Les ermites Anub, Serapion, Helias et Didymo.
4 Est. en haut.

VALLET, G.

3329 Le mariage de Ste Catherine, d'apr. S. BOUR-
DON. — Sujet allégorique, d'apr. C. MARATTI.
2 Est. en haut.

3330 L'adoration des Rois, d'apr. N. POUSSIN. Gr.
Est. en larg.

VANDREBANE, P.

3331 Ste Famille, d'apr. J. BOURDON. En larg.

VANGELISTI, v.

Nro. 3332 Portrait de P. A. WILLE, d'apr. lui-même.

3333 Monument à la gloire de Louis XVI, d'apr. MONSIAU. Gr. Est. en larg.

VANNI, J. B.

3334 Le plafond du Dôme de l'église cathédrale de Parme, d'apr. LE CORRÈGE. 14 Est.

VANNI, v.

3335 Sept Est., d'apr. les meilleurs peintres d'Italie.

VASSEUR, J. CH. LE.

3336 Triomphe de Galathée, d'apr. DE TROY. — L'Education de l'amour, d'apr. J. F. ROMANELLI. Deux Est.

3337 Le jardinier fleuriste, le faucheur, le vigneron, le frilleux. Quatre Est., d'apr. TENIERS. En haut.

3338 Le passe-temps de soldats, d'apr. S. BOURDON. — Antiochus et Stratonice, d'apr. COLIN DE VERMONT. Deux Est.

VAUQUER.

3339 Sujets de l'ancien et du nouveau testament, gr. en rond. Suite de 9 Est.

VEAU, LE.

3340 Oeuvre complet de ses Est. 357 Est. dont 144 à l'eau-forte pure ou premières Epr., rel. en 1 Vol. en cuir de Russie, doré sur tranche.

VEITH, P.

3341 Deux Vues de Terracina, dess. et gr. par l'artiste. 2 Est. en larg.

VERKOLIE, JEAN.

3342 Petit chien épagneul, avant toute lettre.

Nᵒ. 3343 Jos. Van de Kapelle. W. V. H. del. En haut.
3344 Buste d'homme à grande barbe vu de profil.
J. V. K. F. En haut.
3345 Chien de Chasse courrant. En larg.

VERKOLIE, N.

3346 Carel Borchart Voet, peintre de fleurs. N.
VERKOLIE pinx. et fec. Sup. Epr.

VELDE, JEAN Van den.

3347 Le prophète Jonas; Sᵗ Jérôme, d'apr. W. BUY-
TENWEG. Deux Est. en haut.
3348 Vue de la ville de Bruxelles. Gr. Est. en larg.
3349 Foire de village. Suite de 8 Est. en larg.
3350 Divers habillemens d'hommés et de femmes.
Suite de 8 Est. en haut.
3351 Les musiciens. 3 Est. en haut.
3352 Paysage, d'apr. P. MOLYN. — Jeune homme et
jeune femme à table surpris par la mort. 2 Est.
3353 Le vieux Tobie reprimandé par sa femme, d'apr.
W. BUYTENWEG. — Vieille femme faisant des
pancouks. 2 Est. en haut.
3354 Tobie bénissant son fils, d'apr. WTENBROECK.
En larg.

VENDRAMINI, J.

3355 The storming of Seringapatam, d'apr. R. KER
PORTER. 3 gr. Est. en larg.

VENTURINI, J. F.

3356 La chasse de Diane, d'apr. LE DOMINIQUIN. En
larg.

VENTURINI, G. F.

3357 Bas-reliefs, d'apr. POLIDORO CARRAVAGGIO. 5 Est.

VERENDNET.

3358 La vieille gouvernante, d'apr. GREUZE. 2 Epr.
en larg.

VERINI, J.

Nro. 3359 Mercure remettant le jeune Bacchus aux Nymphes, d'apr. N. POUSSIN. En larg.

VERMEULEN, C.

3360 Fréd. Léonard, d'apr. H. RIGAUD.

3361 Louis de Clermont, Evêque, d'apr. H. RIGAUD.

3362 J. Bapt. Boyer, d'apr. H. RIGAUD.

3363 H. Meyercron, d'apr. H. RIGAUD.

3364 J. de Brunere, d'apr. H. RIGAUD.

3365 Portrait en pied de Mezetin, d'apr. F. DE TROY. En haut.

3366 Statue de Louis XIV., d'apr. CONTE, en haut. — La Musique, d'apr. P. MIGNARD. En larg. Deux Est.

VERNET, J.

3367 Le port neuf, ou l'arsenal de Toulon, gr. par C. N. COCHIN fils et J. PH. LE BAS.

3368 La même Est. Sup. Epr. avant l. l.

3369 L'intérieur du port de Marseille. Gr. par les-mêmes.

3370 La même Est. Sup. Epr. avant l. l.

3371 Vue du Golfe de Bardol. Gr. par les-mêmes.

3372 La même Est. Sup. Epr. avant l. l.

3373 L'Entrée du port de Marseille. Gr. par les-mêmes.

3374 La même Est. Sup. Epr. avant l. l.

3375 Le port vieux de Toulon. Gr. par les-mêmes.

3376 La même Est. Sup. Epr. avant l. l.

3377 La ville et la rade de Toulon. Gr. par les-mêmes.

3378 La même Est. Sup. Epr. avant l. l.

3379 Le port d'Antibes en Provence. Gr. par les-mêmes.

3380 La même Est. Sup. Epr. avant l. l.

3381 Le port de Cette en Languedoc. Gr. par les-mêmes.

Nro. 3382 La même Est. Sup. Epr. avant l. l.

3383 Vue de la ville et du port de Bordeaux. Gr. par les-mêmes.

3384 La même Est. Sup. Epr. avant l. l.

3385 Vue de la ville et du port de Bordeaux. Gr. par les-mêmes.

3386 La même Est. Sup. Epr. avant l. l.

3387 Vue de la ville et du port de Bayonne. Gr. par les-mêmes.

3388 La même Est. Sup. Epr. avant l. l.

3389 Vue de la ville et du port de Bayonne. Gr. par les-mêmes.

3390 La même Est. Sup. Epr. avant l. l.

3391 Le port de Rochefort. Gr. par les-mêmes.

3392 La même Est. Sup. Epr. avant l. l.

3393 Le port de La Rochelle. Gr. par les-mêmes.

3394 La même Est. Sup. Epr. avant l. l.

3395 Vue du port de Dieppe. Gr. par les-mêmes.

3396 La même Est. Sup. Epr. avant l. l.

3397 Le port et la ville du Hâvre. Gr. par les-mêmes.

3398 La même Est. Sup. Epr. avant l. l.

3399 Vue du port et de la ville de Rouen, dess. d'après nature par C. N. COCHIN, gr. sous la direction de LE BAS et CHOFFARD. Belle Epr. lettres tracées.

3400 Vue du port et de la ville de Rouen, dess. d'apr. nature par C. N. COCHIN, gr. sous la direction de LE BAS et CHOFFARD. Belle Epr., lettres tracées.

3401 Vue des Galères de Naples. Gr. par LE BAS.

3402 Vue des environs de Naples. Gr. par P. J. DURET.

3403 Vue de Naples. Gr. par LE BAS.

3404 Vue de Pausilippe près de Naples. Gr. par R. DAUDET.

3405 Port de Mer d'Italie. Gr. par J. PH. LE BAS.

3406 Fête sur le Tibre à Rome. Gr. par P. J. DURET.

Nᵣₒ. 3407 Vieux fort d'Italie. Gr. par P. J. DURET. Belle
Epr. avant l. l.

3408 Port de Mer, un phare à droite. Gr. par N.
DUFOUR et DUPIN fils. Belle Epr. avant l. l.

3409 Port de Mer, éclairé par la lune; sur le devant des pêcheurs occupés à sortir des filets
d'une barque. Gr. par P. J. DURET. Sup. Epr.
avant l. l.

3410 Vue de la ville d'Avignon. Gr. par P. A. MAR-
TINI.

3411 La pêche à la ligne. Gr. par P. BENAZECH.

3412 La même Est. Belle Epr. avant l. l.

3413 Le retour de la pêche. Gr. par P. BENAZECH.

3414 La même Est. Belle Epr. avant l. l.

VERNESSON.

3415 Dieu apparoissant à Moïse dans un buisson ar-
dent, d'apr. N. POUSSIN. Gr. Est. en larg.

VERSCHAFFELD.

3416 Vue de Ruines, gr. à l'aqua-tinta, d'après
VERSCHAFFELD. 2 gr. Est. en larg.

VICO, ENEA.

3417 Vulcain travaillant dans sa forge, d'apr. LE
PARMESAN. Seconde Epr. P. G. V. XV. p. 294.
Nᵣₒ. 27.

VICTORIA, VINC.

3418 La Vierge de Foligno, d'apr. RAPHAEL. En
haut.

VIDAL, G.

3419 Pâris et Hélène, d'apr. L. DAVID. Gr. Est. en
larg.

VIEIRA, F.

3420 La fuite en Egypte, d'apr. N. POUSSIN. En haut.

VILLAMENA , FR.

Nro. 3421 La présentation au temple , d'apr. P. VERONESE.
En larg.

3422 Figures allégoriques. 8 Est. en haut.

3423 St François Xavier à genoux adorant la Vierge
et l'enfant Jésus, d'apr. FERRAU FENSONIO. Gr.
Est. en haut.

3424 Silène ivre , d'apr. ANN. CARRACHE. 2 Epr. —
Plan de la ville de Lavalette. Trois Est.

3425 Sujet allégorique sur le Pape Paul V. — Autre
de même, d'apr. F. ALBANO. — Autre de même
sur Philippe III. Roi d'Espagne. 3 Est. en larg.

3426 Des mendiants, crieurs des rues etc. 4 Est.,
plus 3 copies, d'apr. F. VILLAMENA. 7 Est.

3427 St Bernard, d'apr. FR. VANNI. — St Jean Baptiste, St Jérôme, d'apr. FERRAU FENSONIO. 3
Est. en haut.

VINCI , L. da.

3428 Les caricatures de L. da VINCI d'apr. les dessins
de W. HOLLAR. 18 Est. y comp. le titre et le
portr. de L. da VINCI.

VINKELES , R.

3429 Vue intérieure d'une académie où des artistes
sont occupés à dessiner d'après un modèle, gr.,
à l'eau-forte , en larg.

VIOLLET , MADEMOISELLE.

3430 Le mauvais riche , d'apr. D. TENIERS. Sup.
Epr. avant toute lettre , en larg.

VISCHER , CORN.

3431 Portrait de J. Wachtelaer.

VISSCHER , J. DE.

3432 Jeune nègre , d'après C. de VISSCHER , JUSTUS
DANCKERTS excudit. En haut.

VISSCHER, N. J.

Nᵣₒ. 3433 Vue de la ville de Rome, d'apr. H. VAN CLEEF.
5 Est. en larg. et texte.

VITALI, P.

3434 Mausolée du Pape Clément XIV., d'apr. CANOVA.
Gr. Est. en haut.

VIVARES, FR.

3435 Portrait de Fr. Vivares, gr. par lui-même et
par CALDWAL.
3436 Vues prises du haut de Richmond Hill, d'apr.
JOLLY. 2 Est. en larg.
3437 Suite de 6 paysages, d'apr. lui-même en
larg.
3438 Deux paysages, d'apr. lui-même en larg.
3439 Suite de 6 Paysages, d'après lui-même en
larg.
3440 Vue du rocher de Craven; Vue d'une Cascade
dans Bolton Park; d'apr. lui-même 2 Est. en
larg.
3441 Paysage, d'apr. G. LAMBERT. En larg.
3442 Les amants champêtres, d'apr. TH. GAINSBOROUGH.
En larg.
3443 Les voleurs italiens; le partage du vol., d'apr.
FR. SIMONINI. 2 Est. en larg.
3444 Des ruines, d'apr. P. PANNINI. 2 Est. en haut.
3445 Paysage, d'apr. MARTORELLI. En larg.
3446 Le Matin; le Soir, d'apr. J. VERNET. 2 Est. en
larg.
3447 Deux Vues de Stour Head, d'apr. BAMPFYLD.
2 Est. en larg.
3448 Alfred dans l'isle d'Athelney, d'apr. N. BLAKEY.
En larg.
3449 Jésus-Christ appelant à lui St Pierre, d'après
P. DI CORTONA. En larg.

Nro. 3450 Castel Gandolfo , d'apr. FRANÇ. BOLOGNESE.
Gr. Est. en larg.

3451 Les buveurs Flamands, d'apr. TENIERS. — Le
paysan heureux , d'apr. BERGHEM. 2 Est. en
larg.

3452 Paysage, d'apr. G. POUSSIN. En larg.

3453 Le prophête Jonas jeté dens la mer, d'après
N. et G. POUSSIN. Gr. Est. en larg.

3454 Un Orage, d'après N. POUSSIN. Gr. Est. en
larg.

3455 Le tems de la récolte, d'apr. P. P. RUBENS. En
larg.

3456 La même Est. sup. Epr. avant toute lettre.

3457 La même Est. non terminée. Sup. Epr.

3458 Deux paysages, d'apr. les dessins de BOOTH.
2 Est. en larg.

3459 La vie champêtre; les pécheurs hollandois
d'apr. VAN GOYEN. 2 Est. en larg.

3460 Le soleil levant, d'apr. RUYSDAEL. — Le soleil
couchant, d'apr. D. SERRES. 2 Est. en larg.

3461 Le moulin, de REMBRANDT. Autre paysage,
d'apr. REMBRANDT. 2 Est. en larg.

3462 Suite de 6 pet. paysages, d'apr. A. WATERLOO.
En larg.

3463 Paysages, d'apr. TH. GAINSBOROUGH. 2 Est. en
larg.

3464 La conversation champêtre, d'apr. F. FARG.
2 diff. compositions, en haut. — Les baigneuses,
d'apr. le même, en larg. 3 Est.

3465 Paysages, d'apr. LE PRINCE. Suite de 6 pet.
Est.

3466 Vues des ruines de Rome , d'apr. PIRANESI.
Suite de 6 Est. en larg.

3467 Pièces d'architecture, d'apr. VISENTINI. Suite
de 5 Est. Les Nos. 1, 2, 3 doubles avec l'adresse
de WAGNER. 8 Est.

3468 Le Matin, le Soir, d'apr. A. CUYP. 2 Est. en
larg.

Nᵒ. 3469 Des Ruines, suite de 4 Est., d'apr. **M. RICCI**. En larg.

3470 Le passage du ruissau; les pêcheurs, d'après **F. BOUCHER**. 2 Est. en larg.

3471 Vue de la cascade de Matlock Bath, d'après **TH. SMITH**. En larg.

3472 Paysage, marqué au coin gauche du bas Nᵒ. 11, d'apr. **F. ZUCCARELLI**, En larg.

3473 Paysage, d'apr. le même. Nᵒ. 12 en larg.

3474 Paysage, d'apr. le même. Nᵒ. 15 en larg.

3475 Paysage, d'apr. le même. Nᵒ. 16 en larg.

3476 Paysage, d'apr. le même. Nᵒ. 31 en larg.

3477 Paysage, d'apr. le même. Nᵒ. 32 en larg.

3478 Vénus servie par les grâces, d'apr. **PATEL**, en larg. gr. par **VIVARES** et **BARTOLOZZI**.

3479 La même Est. sup. Epr. avant l. l.

3480 Paysage. d'apr. le même. Nᵒ. 6 en larg.

3481 Paysage, d'apr. le même, Nᵒ. 23 en larg.

3482 Paysage avec ruines, d'après le même en larg.

3483 La même Est. à l'eau-forte pure.

3484 Paysage au milieu duquel ou voit un temple ruiné, d'apr. le même en larg.

3485 La même Est. à l'eau-forte.

3486 Les ceuilleurs de houblon, d'apr. **G. SMITH**. En larg.

3487 Vue des environs de Naples, d'apr. **CLAUDE LORRAIN**. En larg.

3488 La même Est. sup. Epr.

3489 Le moulin de **CLAUDE**, d'apr. le même.

3490 Grand sacrifice dans l'isle de Delos, d'après le même, en larg.

3491 La même Est. sup. Epr.

3492 L'enlèvement d'Europe, d'aprés le même. En larg.

3493 Passant le Gué; les plaisirs champêtres; le berger soigneux; le berger joyeux, d'apr. **F. ZUC-CARELLI**. Suite de 4 Est. en larg.

Nro. 3494 Les noces champêtres d'Italie ; le Bal champêtre d'Italie, d'apr. le même. 2 Est. gr. par VIVARES et BARTOLOZZI. En haut.

3495 Vue de Chatsworth , d'après T. SMITH. En larg.

3496 Vue de Haddon, d'apr. le même, en larg.

3497 Vue du Ponte Rotto ; Vue du Colisée ; Vue du temple de Minerva Medica ; Vue du tombeau de Cécilia Metella. Suite de 4 Est., d'apr. le même en larg.

3498 Vue du tombeau de Cécilia Metella, d'après le même. Sup. Epr. avant l. l.

3499 Tinmouth Castle, d'apr. le même en larg.

3500 Kenilworth Castle, d'apr. le même en larg.

3501 Fountain's Abbey, d'apr. le même en larg.

3502 Kirkstall Abbey, d'apr. le même en larg.

3503 Vue d'un parc, d'apr. le même. Epr. avant l. l.

3504 Vue de Dunnington Cliff ; Vue de Anchor Church ; Vue de Hopping Mill Ware ; Vue de Lime Park. Suite de 4 Est., d'apr. le même en larg.

VIVARES, TH. FILS.

3505 Vue de Paris prise du Pont-neuf, d'apr. P. ROYER. En larg.

VIVIER, G. DE.

3506 Jésus-Christ mis au tombeau, d'apr. A. VAN HEUVEL. En larg.

3507 La tentation de St Antoine, d'apr. A. VAN HEUVEL. Gr. à l'eau-forte, en haut.

VOGEL, BERN.

3508 Suite de 76 Portraits, d'apr. J. KUPEZKY. Gr. par B. VOGEL et V. D. PREISLER. Plus le Frontispice et la table. Sup. Epr. 78 Est.

3509 Intérieur de Magazins, d'apr. J. M. QUAGLIO. 2 Est. en haut. avant toute lettre.

Nro. 3510 Ch. L. Agricola, d'apr. ROSALBA CARIERA.
3511 J. A. Leutner, d'apr. M. F. KLEINERT.
3512 J. B. Haage.
3513 M. N. Rauner, d'apr. PH. E. THOMAN.
3514 J. M. Weickmann, d'apr. J. C. EICHLER.

VOGEL, J. GH.

3515 Bern. Vogel, d'apr. G. DE MARÉE.

VOLPATO, J.

3516 Le martyres de St André, d'apr. G. RENI. Gr. Est. en larg.
3517 La Galerie du Palais Farnese, peinte par ANN. CARRACCI. Gr. à l'eau-forte par VOLPATO, et term. par P. BETTELINI. 5 gr. Est. Belles Epr.
3518 Didon et Enée, d'apr. G. POUSSIN. Gr. Est. en larg.
3519 Mansuetudo; Justitia; d'apr. RAPHAEL, gr. par J. LAZZARINI, terminé par VOLPATO. 2 Est. en haut. Sup. Epr.
3520 Tombeau d'Algarotti, d'apr. C. BIANCONI. En haut.
3521 Lucifer; la Nuit, d'apr. LE GUERCHIN. 2 Est. Sup. Epr. en larg.
3522 Rebecca, épousant Isaac; Laban cherchant ses idoles; Moïse sauvé des eaux; Moïse sacrifiant à Dieu, d'apr. AMICONI. 4 Est, en larg.
3523 Le printemps, l'été, d'apr. ZUCCARELLI. 2 Est. en larg.
3524 Les noces de Cana, d'apr. LE TINTORETTO. En larg.
3525 Deux Femmes dont une tient une fleure, vûe jusqu'aux genoux, d'apr. L. DA VINCI. Epr. avant toute lettre.
3526 Terza ed ultima parte delle logge di RAFAELE nel Vaticano. 14 gr. Est. en haut.

VORSTERMAN, L.

Nᵒˢ 3527 Sᵗᵉ Marguerite, d'apr. RAPHAEL. En haut.

VOS, MART. DE.

3528 Quatre sujets de l'histoire sainte, d'apr. son inv. 4 Est.

VOUILLEMONT, S.

3529 Sainte Famille, d'apr. A. DEL SARTO. En haut.

3530 Lucrèce se donnant la mort, d'apr. G. RENI. — Copie de cet Est. 2 Est. en haut.

VOYEZ, N.

3531 Sᵗ Grégoire fait des prières publiques, d'après C. VANLOO. — Sᵗ Grégoire optient un miracle à la messe, d'apr. le même gr. par F. VOYEZ. 2 Est. en haut.

3532 Josuë arrête le soleil, d'apr. J. PAROCEL. En larg.

VOYSARD, E.

3533 L'alaitement maternel encouragé, d'apr. A. BOREL. En larg.

VREDEMAN, FRISIUS.

3534 Divers jardins, Vues de villes, puits etc. 77 Est.

3535 Sujet tiré de l'histoire romaine en larg.

VROOM, H.

3536 La Flotte du Prince Maurice de Nassau, gr. Est. en larg. de 2 feuilles assemblées.

VRYDAG, D.

3537 Portrait de Guillaume I. Prince de Nassau, d'apr. J. BUYS.

VUIBERT, REM.

Nro. 3538 Sujet allégorique peint par RAPHAEL au Vatican, en haut.

WAGENSCHÖN, F.

3539 Diverses eau-fortes, 15 Est.

WAGNER, J.

3540 L'Assomption de la Ste Vierge, d'apr. AUG. CARRACCI. — St Dominique faisant brûler les livres hérétiques, d'apr. L. SPADA. 2 Est. en haut.

3541 Ste Anne enseignant à lire à la Ste Vierge, d'apr. AMICONI. — L'Autone, d'apr. ZUCCARELLI. — La passion, d'apr. G. ZOCCHI. 3 Est.

WALKER, J.

3542 Hércule enfant étouffant les vîpres, d'après SIR JOS. REYNOLDS. Gr. Est. en haut.

3543 Ste Anne enseignant à lire à la Ste Vierge, d'apr. REMBRANDT. Sup. Epr. en haut.

WALKER, W.

3544 Isaac bénissant Jacob. — Jacob faisant boire les troupeaux de Rachel. Deux Est., d'après TREVISANI. En haut.

3545 St Jean-Baptiste, d'apr. VAN DYCK. En haut.

WARD, W.

3546 Portrait d'un officier, d'apr. COMYNG.

WARENBERGER, S.

3547 12 Vues de la Bavière, d'apr. G. DILLIS. 12 Est. en larg. col.

WATELET, H.

3548 Diverses Figures, compositions etc. 29 Est.

Nᵒ. 3549 Divers habillemens. 7 Est.
3550 Divers portraits et têtes. 19 Est.
3551 Divers Ornemens, vignettes etc. 18 Est.
3552 Divers Vases. 10 Est.
3553 Divers paysages. 26 Est.

WATSON, CAROLINA.

3554 Garrick montrant la statue de Shakespeare etc.
d'apr. R. E. PINE. Gr. Est. en haut.
3555 Un garçon tenant un nid d'oiseaux, d'apr. B.
MURILLO. — Tête de Bacchus, d'apr. P. P. RUBENS.
2 Est. en haut.

WATSON, J.

3556 Portrait d'homme à barbe, un grand chapeau
sur la tête, d'apr. REMBRANDT. Sup. Epr. avant
toute lettre.
3557 Donna Nicoletta, d'apr. P. VERONESE. — J. Wenc.
Prince de Lichtenstein, d'apr. A. SANCHEZ d'AVILA.
2 Est.

WATTS, S.

3558 Quatre Turcs assis et prenant du cafée, d'apr.
un dessin de REMBRANDT. En haut.

WECHTER, J.

3559 Vue de la ville de Prague, d'apr. P. van der BOSCHE.
9 feuilles en haut. non assemblées.

WEERT, J. DE.

3560 6 petites Est. en larg. rep. les mois de l'année.

WEIBEL, S.

3561 Vue générale de la chaîne des Alpes depuis Neuchâtel, d'apr. F. Osterwald. 4 Est. en larg.
col.

WEINHER, P.

Nᵒ. 3562 Les armoiries de Bavière. P. G. V. IX. p. 557.
Nᵒ. 12.

WEISBROD.

3563 La présentation au temple, par REMBRANDT,
term. par LE BAS. — Moïse près du buisson ar-
dent, d'apr. D. FETTI, gr. par F. WERTHEIM.
2 Est. en haut.

WEISE, G. W.

3564 J. J. G. Am-Ende, d'apr. J. C. BESLER.

WEISS, D.

3565 Mˡˡᵉ Bigottini, d'apr. J. ISABEY.
3566 Maurice Prince de Liechtenstein, d'après J.
ISABEY.
3567 J. Weidmann. — Autre portrait d'homme. Epr.
avant toute lettre. 2 Est.
3568 P. Jordan, d'apr. J. KAPELLER. — Autre portrait
du même, Epr. avant toute lettre. 2 Est.
3569 Tête de la Sᵗᵉ Vierge, d'apr. C. DOLCE. En
haut.
3570 Jeune fille tenant un chien; Jeune garçon tenant un chat, 2 Est. en ovale, avant toute
lettre.
3571 La Vierge et l'enfant Jésus, d'apr. C. DOLCE.
en haut.
3572 Anatomie du Cheval, d'après CAUCIG. 2 Gr.
Est. en larg.

WESTERHOUT, A. VAN.

3573 La Vierge et l'enfant Jésus, d'apr. C. MARATTI
En haut.

WEYER, G.

3574 Suite de 12 Est. rep. des monstres marins, en
larg.

WHITE, G.

Nro. 3575 Un garçon riant et jouant du violon, d'après
F. HALS. En haut.

WIERX, A.

3576 Jésus-Christ tenant sa croix, d'apr. lui-même.
— Le sacrifice d'Isaac; l'adoration des Rois; la
foi, la charité, l'espérance, d'apr. M. DE VOS. —
La Vierge de douleur. 5 Est.

WIERX. JÉR.

3577 L'homme de douleur. — La trinité entourée de
fig. allégoriques. La Vierge de douleur. 3 Est.
en haut.

3578 La trinité, d'après J. STRADAN. — Le Martyre de Ste Barbe, d'apr. le même. 2 Est. en
haut.

3579 Les 7 demandes de l'oraison dominicale. 8 Est.,
d'apr. HEMSKERK. — St Bernard. 9 Est.

WIESNER, C.

3580 Vue de Gnadenberg. Voyageur se reposant,
d'apr. J. A. KLEIN. 2 Eau-fortes en larg.

WILDER, CH.

3581 32 petites eau-fortes, dess. d'apr. nature et gr.
par l'artiste.

WILKIN, C.

3582 Vénus couchée, d'apr. J. B. LOCATELLI. En larg.
Epr. avec lettres ouvertes.

WILLE, J. G.

3583 Agar présentée à Abraham par Sara, d'après
C. W. E. DIETRICH. En larg.

Nᵒ. 3584 Ch. , Foucquet de Belle - isle , d'après H. RIGAUD.

WINSTANLEY, H.

3585 Suite de 20 Est. d'ápr. les plus beaux tableaux des diverses écoles , gr. à l'eau - forte.

WITTINGHOFF , CH. Baron de.

3586 Diverses eau - fortes , dont 2 d'apr. A. CUYP. et 17 , d'apr. ses propres inventions. 19 Est.

WIZANI , C. A.

3587 Suite de 21 Vues de la Saxe , d'après EHRLICH. 21 Est. en larg. col. avec texte.

WOCHER , M.

3588 Portrait de J. H. Jung, dess. et gr. à l'eau-forte par l'artiste. En rond.

3589 Sujets champêtres dess. et gr. à l'aqua - tinta, par l'artiste. 7 Est.

WOLFFGANG , A. M.

3590 G. Ad. Jung.

WOOD , J.

3591 Seconde vue des environs d'Utrecht, d'après VAN DER NEER. En larg.

WRENK , FR.

3592 Cupidon, d'apr. SCHIDONE. — La Caverne, d'apr. J. VERNET. 2 Est.

3593 Sujet historique, d'apr. CAUCIG. En larg. avant toute lettre.

3594 La Madeleine pénitente, d'apr. FURINO, avant toute lettre. — Philosophe du vieux temps. d'apr. P. P. RUBENS. 2 Est. en haut.

Nᵣₒ. 3595 La Comtesse Wielhorska, d'apr. J. GRASSY.

3596 J. Hunczovsky, d'apr. H. FÜGER.

3597 J. G. Füger, d'apr. H. FÜGER. Gr. en 1791.
En haut.

3598 J. G. Füger, d'apr. H. FÜGER. Gr. en 1799.
En haut.

3599 Portrait de l'Archiduc Charles d'Autriche, d'apr.
J. B. SEELE. En haut.

3600 Orphée devant Pluton et Proserpine, d'après
H. FÜGER. Sup. Epr. avant l. l. en larg.

3601 La Charité, d'après FRANCESCHINI. Gr. Est. en
larg.

3602 Le Repos de la Stᵉ Famille, d'après OR. GEN-
TILESCHI. Sup. Epr. avant toute lettre, en
larg.

3603 La Madeleine pénitente, d'apr. OR. GENTILESCHI.
En larg. Sup. Epr. avant l. l.

3604 Le corps mort de Jésus - Christ, pleuré par la
Vierge et les anges, d'apr. A. VAN DYCK. Sup.
Epr. avant l. l. en larg.

3605 Jupiter et Mercure chez Philémon et Baucis,
d'apr. GERB. VAN ECKHOUDT. En larg. Sup. Epr.
avant toute lettre.

WRIGHT, J.

3606 Scènes champêtres, d'après G. MORLAND. 8 Est.

ZAAL, J.

3607 Chasse au sanglier, d'apr. F. SNYDERS. Gr. eau-
forte en larg.

ZATTA, P.

3608 Sujets du nouveau testament, 7 Est. d'une suite
plus nombreuse. En haut.

ZENOI, D.

3609 Henri II. Roi de France, entrant dans le

temple de l'immortalité et laissant derrière lui les vices et les foiblesses humaines , d'après MAITRE ROUX. En larg.

Nro. 3610 La même Est.

ZIMBAL , J. J.

3611 Jésus-Christ montant au ciel ; inv. et gr. à l'eau-forte par l'artiste. Gr. Est. en haut.

ZINGG , A.

3612 Première et seconde Vue d'Autriche , d'après BRANDT le fils. 2 Est. en larg.

3613 Paysage, d'apr. AGRICOLA. En larg. avant l. l. Allégorie sur Winkelmann , d'après OESER. 2 Est.

3614 Quatre paysages , d'après DIETRICH. — Trois Paysages dess. et gr. par l'artiste. 7 Est. en larg.

3615 Suite de 11 Vues de la Saxe, gr. à l'eau-forte et col. au bistre. 11 Est. en larg.

ZITTERER et SCHINDELMAYER.

3616 Portrait en pied de François II. Empereur d'Allemagne. Gr. Est. en haut.

ZIX.

3617 Etudes de 9 planches , gr. à l'eau-forte.

ZOCCHI , C.

3618 Le repentir de St Pierre, d'après G. RENI. — Le passage de la mer rouge , d'apr. LE BOURGI-GNON. 2 Est.

ZOFFANY , J.

3619 Homme debout une pipe à la main, d'après J. DIXON. En haut. Sup. Epr. Lettres tracées.

6

ZUCCHI, L.

N^{ro.} 3620 Apollon et Midas, d'après LANGETTI. — La
Vierge et l'enfant Jésus, d'après C. MARATTI.
2 Est.